O Livro Completo de Edgar Allan Poe

A vida, a época e a obra de um gênio atormentado

Conforme Novo Acordo Ortográfico

Shelley Costa Bloomfield

Prefácio de Jeffrey A. Savoye,
da *Edgar Allan Poe Society of Baltimore*

O Livro Completo de Edgar Allan Poe

A vida, a época e a obra de um gênio atormentado

Tradução:
Soraya Borges de Freitas

MADRAS

Publicado originalmente em inglês sob o título *The Everything Guide to Edgar Allan Poe*, por Adams Media e F + W Publications Company
© 2007, F + W Publications Company
Direitos de edição e tradução para todos os países de língua portuguesa.
Tradução autorizada do inglês.
© 2008, Madras Editora Ltda.

Editor:
Wagner Veneziani Costa

Produção e Capa:
Equipe Técnica Madras

Tradução:
Soraya Borges de Freitas

Revisão da Tradução:
Ana Carolina Verbena

Revisão:
Silvia Massimini Felix
Vera Lucia Quintanilha
Neuza Rosa

Dados Internacionais de Catalogação na Publicação (CIP)
(Câmara Brasileira do Livro, SP, Brasil)

Bloomfield, Shelley Costa
O livro completo de Edgar Allan Poe : a vida, a época e a obra de um gênio atormentado / Shelley Costa Bloomfield ; tradução de Soraya Borges de Freitas. — São Paulo : Madras, 2008.
Título original: The everything guide to edgar Allan Poe.
Bibliografia.

ISBN 978-85-370-0430-2

1. Poe, Edgar Allan, 1809-1849 2. Poesia norte-americana 3. Prosa norte-americana
I. Título.
08-10269 CDD-818

Índices para catálogo sistemático:
1. Poesia e prosa : Literatura norte-americana 818
2. Prosa e poesia : Literatura norte-americana 818

Proibida a reprodução total ou parcial desta obra, de qualquer forma ou por qualquer meio eletrônico, mecânico, inclusive por meio de processos xerográficos, incluindo ainda o uso da internet, sem a permissão expressa da Madras Editora, na pessoa de seu editor (Lei nº 9.610, de 19.2.98).

Todos os direitos desta edição, em língua portuguesa, reservados pela

MADRAS EDITORA LTDA.
Rua Paulo Gonçalves, 88 – Santana
CEP: 02403-020 – São Paulo/SP
Caixa Postal: 12299 – CEP: 02013-970 – SP
Tel.: (11) 2281-5555 – Fax: (11) 2959-3090
www.madras.com.br

Caro leitor,

Edgar Allan Poe foi o pai das histórias modernas de detetives, um dos pioneiros da ficção científica e o primeiro verdadeiro crítico literário americano. Em *O Livro Completo de Edgar Allan Poe*, descubra como ele era na escola, se seus colegas gostavam dele, o que aconteceu em West Point, o que o levou a pedir sua prima (de 13 anos) em casamento e o que ele pensava sobre: escritores de Boston, mulheres em geral, gatos, Deus, abolição – e sobre o Congresso. Aprecie amostras dos primeiros, melhores, favoritos, últimos e únicos dentre sua obra. Leia sobre seus romances, seus inimigos, sua influência duradoura e sobre a formação de seu mito. Saiba tudo sobre o homem que foi Edgar Allan Poe.

Shelley Costa Bloomfield

Agradecimentos

Agradeço a Michael, Jess, Bec e Lize por demonstrar interesse; a Marnie, por fazer as perguntas; e a RBS, por me ensinar como, todos esses anos atrás.

Índice

Os dez mais na lista de fatos sobre Poe 13
Prefácio 15
Introdução 17

1 A Queda da Casa de Poe 19
Nada menos que a Justiça Completa **20** Vida Dura nos Palcos **21** Promovendo o "General" Poe **22** A Vida Desperdiçada e Curta de David Poe Jr. **23** Corra, Eliza, Corra **24**

2 Os Velhos Pais Adotivos em Casa 27
Richmond em 1811 **28** Um Brinde ao Amargor da Vida – Com um "Twist" de Oliver **28** O Queridinho do Lar **29** Não Exatamente o Dotheboys Hall **30** O Lado Escuro da Praça Russell **32** Cultuando Edgar **33** Contra uma Poderosa Corrente **35** Mal-humorado e Resmungão **36** Escoltando o Marquês **37**

3 Indo à Luta 39
Nem Todo o Trabalho foi Duro... **40** Quem Quer Ser Multimilionário? **41** Trabalhando para Criar seu Mito **42** Onde Diabos está minha Sobrecasaca? **43** Cadeiras Vazias e Mesas Quebradas **45** Escritório de Contabilidade Bleak **46**

4 Partindo 49
O Byron de Boston **50** Verifique sua Estante **51** Você está no Exército, Agora **52** Um Agonizante Campo de Batalha **53** Consequências da Morte da Mãe **55** West Point: Brigando para Entrar **56** West Point: Brigando para Sair **58**

5 Encontrando a Família 61
Três Clemm e Três Poe **62** Henry e a Dívida de 80 Dólares **63** O Mistério de Rosalie Poe **64** A Dedicada Muddy **65** "Eu Sou Muito Feio" **66** O Melodrama EstáTodo no Interior? **68**

6 Na Passarela das Ideias Modernas 71
Antes do Cheesesteak **72** Se Você Conseguir Chegar Lá... **73** O Estado Mental Limítrofe **75** Qual é o Cumprimento Secreto? **76** Seja um *Whig* **77** A Vontade de Desiludir **78** Sinta as Protuberâncias na Minha Cabeça **79**

7 Começa o Trabalho 81
Contenho em Mim Multidões **82** Primeiro Conto Publicado **83** O Primeiro Grande Prêmio **84** O Conselho Certo na Hora Certa **86**

8 Carregando a Caneta com Ácido Cianídrico 89
Emprego Regular **90** O Fim da Editoração **91** O Homem da Machadinha **93** Por Dentro e por Fora da *Stylus* **95** O Problema de Personalidade **96**

9 A Caneta Reabastecida 99
Rebelando-se **100** Quando Ele Estava Certo... **101** A Guerra Longfellow de 1845 **103** Agrava-se a Guerra das Palavras – Todas de Poe **104** Subida ao Palanque **105** Onde está o Gancho Quando Precisamos Dele? **106**

10 Salões e Pessoas Intrometidas 109
Sissy e Edgar em Nova York **110** Intriga com Fanny Osgood **111** Escândalo **112** Os Inimigos do Amor **114** Margaret, Cheia de Contradições **115**

11 O Coração Delator 117
A Morte de Virgínia **118** Loui Shew e Annie Richmond **119** Uma Segunda Helena **120** O Ano de Galanteios Infrutíferos **121** A Volta da Garota Comum **123**

12 Os Mistérios Finais de Edgar Allan Poe 125
O Hábito da Melancolia **126** Um Demônio Diante de Mim **127** Em Meia Taça de Vinho **128** Escolha Seu Veneno **130** Reynolds! Reynolds! **131**

13 Horrores! 135
Uma Ilha no Mar **136** Mestre do Horror **136** Aventuras na Criptografia **139** "Supremacia Infinita" **141** O Feng Shui de Edgar Allan Poe **143** Bem-vindo à Decoração de Interiores de Poe **144**

14	**Quem Conta um Conto**	**147**

Edgar Allan Poe, Conheça William Wilson **148** A História por trás de "William Wilson" **148** Terminando a História **149** Imaginando uma Nova Fronteira **151** Curto e Doce **153** Diabolicamente Engraçado **154** Ora, seu animal... **157**

15	**Negócios e "Recusas" Únicos**	**159**

Ele Vende Conchas... **160** E o Framboesa de Ouro Vai Para... **161** Edgar Allan Poe Explica Tudo **162** O Destino de *Eureka* **164** A Febre Chamada Vida **166** Com uma Ajudinha de sua Enfermeira **167**

16	**Em Busca da Beleza – Os Grandes Poemas**	**169**

"Israfel" – Poesia Atemporal **170** Sucesso "Instantâneo" **171** Um Tema Preferido em um Poema Favorito **173** Ode a Jane **174** "Criação Rítmica da Beleza" **175** Nas Margens **176** Ele escreveu para *Mim!* **177**

17	**Crime Atrás de Crime 179**	**179**

Direto dos Folhetins Baratos... **180** A Primeira História de Detetive Moderna **181** Tenebrosa Fábula Moralizante **184** Quando a Sociedade é o Criminoso **185** Segredos Perversos **187** Suspense à Moda de Edgar **188**

18	**Deslocado na Escola Literária**	**193**

É Transcendental, Querido **194** "Homem dos *Jingles*" **195** A Vista de Bean Town **196** Uma Pequena Escuna Esplêndida **199** Homem Terrível **200** Os Recantos Lúgubres do Clube Literário **203**

19	**Derrotando o Verme Conquistador**	**205**

A Correção Francesa **206** Rumo ao Oeste, Poe **207** Nem Tudo Que Reluz é Poe **209** O Jogo não Terminou **211** Poe Vai Para Hollywood **212** Gótico Sulista **214**

20	**Em Busca de Eldorado**	**217**

Só mais um Gótico **218** E Como *Isso* Faz Você Se Sentir? **218** Siga-me Até a Sala do Corvo **220** Centavos por Poe **222** Rosas, Conhaque – E Quem Está Ganhando? **224** Para ... **225**.

A	**Servindo Calafrios**	**227**

"O Coração Delator" **228** "O Poço e o Pêndulo" **231**

B	**Cronologia da Vida de Edgar Allan Poe**	**243**
C	**Bibliografia**	**247**
	Índice Remissivo	**249**

Os dez mais na lista de fatos sobre Poe

1. Embora nascido em Boston, Edgar Allan Poe foi criado em Richmond, Virgínia, e foi um perfeito cavalheiro sulista antes da Guerra Civil.
2. Um amor precoce pelo Exército (e a vontade de sair da casa do pai adotivo) levou Poe a alistar-se sem o consentimento dos responsáveis no Exército dos Estados Unidos, onde serviu por dois anos.
3. Arrasado pela morte da mãe adotiva, e como um ataque ao pai adotivo, Poe provocou sua própria expulsão de West Point.
4. Aos 27, casou-se com a prima Virgínia Clemm, que tinha 13 anos na época. Foi uma cerimônia secreta por causa das objeções da família.
5. Poe é considerado o primeiro escritor americano profissional. Sua determinação em viver apenas do seu trabalho como escritor o condenou e a seus dependentes a uma vida de pobreza.
6. Com um senso de humor cara-de-pau e que tendia ao ridículo, Poe redigia vários trotes de forma tão convincente que um deles acabou sendo impresso como "fato" no Congressional Record [Registro do Congresso].
7. Poe foi ao mesmo tempo o pai da história de detetive moderna e um pioneiro da ficção científica. A descoberta de crimes era apenas outro quebra-cabeças para ele — que também era um especialista em criptografia.
8. Sua morte em Baltimore, em 1849, permanece um mistério. Quando ele foi encontrado, inconsciente, parecia estar usando as roupas de outra pessoa.
9. Por não saber julgar o caráter das pessoas, Poe confiou seu legado literário a um homem que o desprezava. Esse inimigo foi quase o único responsável pela opinião pública de que Poe seria um louco viciado em drogas.
10. Desde 1949, todo 19 de janeiro após à meia-noite, uma figura misteriosa coloca flores na sepultura de Poe para comemorar o aniversário do autor.

Prefácio

Edgar Allan Poe é um criptograma intrigante, um enigma, um quebra-cabeças sem resposta. Ele pode ser um personagem de um de seus próprios contos, ou um brincalhão zombando gentilmente dos leitores que ficam enfeitiçados por ele.

Poe ansiava por fama – que alcançou, mas nunca conseguiu conquistar o dinheiro que achava sua justa recompensa. Ele queria ser poeta, mas o destino forçou-o a encontrar outros meios para sustentar sua pequena família. Trabalhar como editor para várias revistas ajudou-o a pagar seu aluguel e a pôr comida na mesa, mas deixou-o com pouco tempo para seguir sua inspiração. Suas obras compiladas preenchem dezessete volumes, que são de longe superados pela quantidade de palavras que já foram escritas sobre ele. Sua reputação literária baseia-se hoje em um punhado de poemas evocativos e poderosos contos de mistério e horror.

A julgar pelas páginas gastas da maioria das coleções clássicas, o mundo de Poe parece ser habitado por loucos e mulheres frágeis e angelicais, todos destinados a um final infeliz trazido pela obsessão, por caprichos do destino ou por um conhecimento sombrio e quase esquecido. Quem foi o homem capaz de imaginar um Corvo melancólico, um gato demoníaco e um orangotango que sabe manejar uma navalha? Seria Poe o otimista provocador de "Israfel" ou o cínico distópico de "O Verme Conquistador"? Seria ele um propagador da verdade ou um charlatão? Um gênio, ou o "homem dos *jingles*", como Emerson o denominara?

Poe tem sido estudado e analisado, suas obras desconstruídas e examinadas sob o ponto de vista da psicanálise. Ele foi glorificado como o profeta do poema *Eureka* e vilipendiado como um bêbado imoral. Até mesmo durante sua vida, Poe foi um malcompreendido objeto de curiosidade. Alguns mitos sobre ele vieram de sua tendência em tecer contos para encobrir um passado infeliz, outros foram adicionados por pessoas que não o conheciam ou que sentiram o peso de sua crítica. Rufus Wilmot Griswold, um inimigo secreto cheio de ressentimento, tornou-se o primeiro biógrafo de Poe. Tentou destruir sua reputação com insinuações e acusações, omitindo as virtudes do escritor e exagerando suas falhas, chegando ao extremo de forjar cartas para provar suas alegações e afastar os amigos de Poe. Ironicamente, Griswold acabou criando uma figura mítica que cativou a imaginação de uma geração e causou problemas para estudiosos futuros, mas que levou as obras de Poe a um público maior do que ele jamais tivera quando vivo.

Leem-se ainda as obras de Poe, e seu nome é lembrado, mas o homem real foi superado pela lenda.

Por mais de 150 anos, os leitores têm buscado a fonte da qual jorravam Roderick e Madeline Usher, Montresor e Fortunato, Annabel Lee e Lenore. Alguns diziam que Poe se inspirava em sua própria vida, enquanto outros encontraram influências de vários escritores e até de jornais da época. A busca por uma resposta definitiva coloca o pesquisador na pele de Legrand, mordido pelo escaravelho de ouro, ou do cavaleiro sem nome em "Eldorado". Quando um tesouro se prova de tal forma evasivo, é provavelmente bom que sua busca seja tão prazerosa.

Jeffrey A. Savoye,
The Edgar Allan Poe Society of Baltimore

Introdução

Louco, pervertido, viciado.
Essa foi a reputação de Poe por quase 200 anos. Para jovens leitores americanos, quando o professor de Literatura chega no capítulo da antologia literária que fala de Poe, todos (incluindo o professor!) sentem um alívio geral em deixar para trás os outros capítulos sobre poemas, contos e ensaios entorpecedores. Ao terminar o estudo sobre sermões puritanos, sobre discursos políticos extravagantes e sobre obras com capítulos intitulados "Sentimento Natural de Propriedade Inerente ao Seio Feminino", você estará implorando para que venha um louco, pervertido e viciado.
Voltar dos mortos, retornar da morte presumida, multidões de ratos, tesouro enterrado, macacos esfaqueadores, corações que batem ensurdecedores – como é possível não gostar disso? Ele nos dá calafrios. Considerar Poe como um de seus próprios personagens acrescenta mais ao terror, ao misticismo, ao drama. Que mistura de perdas pessoais, de falhas e de esplendor o levaram a criar tais clássicos da literatura americana, como "O Coração Delator" e "O Corvo"? Teria sido sua própria vida um horror maior do que qualquer coisa que pudesse escrever?
Essas palavras que rodeiam Poe sentenciam o que pensamos dele: pobreza, tragédia, alcoolismo, abuso de drogas, doença mental – resumindo, o pesadelo americano. Mas, se Poe era de fato louco, pervertido e viciado, onde ele encontrava tempo para escrever tantos contos e poesia a ponto de encher os dez livros publicados durante sua curta vida? Escrever, na metade do século XIX, era um passatempo prazeroso, uma alegre distração para as classes sociais abastadas. Poe foi o primeiro americano determinado a viver como escritor profissional. Ele conseguiu, embora isso tenha custado, para ele e sua família, uma vida de impiedosa pobreza.

Capítulo 1

A Queda da Casa de Poe

Edgar Poe nasceu em uma nova nação e no seio de uma família de atores. As identidades nacionais e pessoais eram características variáveis, em 1809. Choviam possibilidades. Logo, Edgar aproveitaria o drama que inspirou seus pais e as tradições ao redor de seus ancestrais para se tornar um dos grandes nomes da literatura americana. Mas teve de superar muitas coisas. A perda prematura da mãe e do pai levou Poe a uma família adotiva que moldou irremediavelmente o curso de sua vida.

Nada menos que a Justiça Completa

A Boston de 1809, quando Poe nasceu, era uma cidade vibrante com 30 mil habitantes (incluindo mais de mil escravos) e um histórico de quase duzentos anos como colônia europeia. Boston, que era chamada de Berço da Liberdade por causa do seu papel central na Guerra de Independência – foi onde ocorreram a Revolta do Chá, o Massacre de Boston e as primeiras batalhas nas vizinhas Lexington e Concord –, era um porto internacional opulento na virada do século XIX. Peixes, tabaco, sal e rum eram os principais produtos de exportação nesse porto movimentado, cujos cidadãos estavam irados com a Lei do Embargo (uma tentativa do Congresso para manter a neutralidade no conflito entre a Inglaterra e a França, proibindo o comércio com potências estrangeiras).

> **Fato**
>
> Carver Street estava a dois minutos de caminhada do bairro dos teatros, e por isso muitos atores moravam lá quando Poe nasceu. Era uma rua estreita e charmosa, com lâmpadas a gás. Agora, chama-se Charles Street South e abriga o Massachusetts Transportation Building [Departamento de Transportes do Estado de Massachusetts].

Apenas duas semanas após o nascimento de Poe, o jornal *Gazzete*, de Boston, comentou que: "O espírito da Nova Inglaterra é lento na ascensão; mas, uma vez inflamado pela opressão, somente a justiça completa poderá reprimi-lo". Esse foi um ponto de vista fundamental da Nova Inglaterra (embora tenha sido possível ouvir seus ecos no discurso dos Confederados, uma geração depois) e havia nisso tanto uma lembrança histórica recente da Guerra Revolucionária de Boston quanto um presságio do porvir. Aquilo que, meio século adiante, se tornaria o movimento abolicionista de importantes consequências nacionais e humanitárias, começava a ferver, mas ainda não explodira. Com sua infraestrutura única, localização costeira e população descendente de pessoas que sempre brigaram por suas ideias, Boston estava pronta para seu papel no novo século.

Poe nasceu em Bay Village, um bairro que não era maior do que um quarteirão de 2,5 quilômetros quadrados, com casas geminadas, decoradas, de tijolos vermelhos. Se Beacon Hill era o lar dos Brahmin, os descendentes dos fundadores de Boston, Bay Village era o lar dos boêmios. Ao abrigar artistas, artesãos e donos de oficinas, o desenvolvimento

> "*O lema dos Estados Unidos*, E pluribus unum [*De muitos, um*], *pode ser uma discreta alusão à definição da beleza por Pitágoras – a redução de muitos em um.*" – Poe, *igualmente espirituoso, em 1845.*

dessa zona da cidade refletia a vitalidade econômica de Boston – e a ascensão da classe média. A primeira casa em Bay Village fora construída mais ou menos na mesma época em que os Arnold chegaram da Inglaterra.

Vida Dura nos Palcos

O casal Henry e Elizabeth Arnold era do teatro londrino e se apresentava no Covent Garden Theatre Royal, entre outros palcos da Inglaterra. Atores itinerantes tinham de lutar pelo sustento. Elizabeth ("Eliza"), sua única filha, nasceu em 1787 e uniu-se aos pais no palco quando ainda era bem jovem. O palco era seu trabalho, seu brinquedo, sua educação e sua vida – uma influência única e poderosa no desenvolvimento da criança que se tornaria a mãe de Edgar Allan Poe. O teatro, por causa de todas as privações, era tudo o que ela conhecia. Quando a vida ficou repentinamente mais difícil com a morte de seu pai em 1793, ela e a mãe continuaram a ganhar a vida como atrizes por mais três anos, até que a viúva decidiu que o palco americano poderia oferecer mais oportunidades para elas.

Partiram então para Boston, levando consigo Charles Tubbs, outro ator inglês que se tornou o padrasto de Eliza. Chegaram em janeiro de 1796. Três meses depois, Eliza estreou no Federal Street Theater, cantando um sucesso da época chamado "The Market Lass" [A Moça do Mercado] com voz clara e doce.

O público gostou tanto que a família achou que sua carreira americana estava lançada. Mas a vida no palco americano parecia-se muito com a vida na Inglaterra, e a mudança para o outro lado do Atlântico não melhorou nem a sorte nem o talento da pequena família de Eliza Arnold. No fim do século XVIII, o drama americano não passava de uma variação repetitiva dos espetáculos populares europeus. O teatro, como instituição estabelecida e que atraía atores, dramaturgos e públicos, ainda estava a meio século de distância.

"*O fato é que o drama não é apoiado atualmente simplesmente porque não merece apoio. Temos de queimar ou enterrar os velhos modelos – Nós precisamos de Arte... isto é, no lugar de convencionalidades absurdas, exigimos princípios de composição dramática baseados na Natureza e no senso comum.*" – *Poe, sobre o teatro na América.*

Então, o casal viajou para o sul com Eliza, de cidade em cidade, ao longo da costa leste, encontrando, por fim, alguma estabilidade ao se juntarem à trupe Charleston Comedians [Comediantes de Charleston], em 1798. Entretanto, nesse mesmo ano, Elizabeth Arnold Tubbs morreu de febre amarela. Eliza logo deixou os cuidados de seu padrasto, que se tornara diretor da trupe, e partiu para ser atriz sozinha.

Foi uma vida dura para uma adolescente, especialmente uma cujas impressionantes expressões sombrias eram motivo de comentário tanto quanto seu trabalho no palco. Com 15 anos, Eliza Arnold casou-se com outro jovem ator, C. D. Hopkins, e com ele trabalhou no circuito teatral da Virgínia. Três anos depois, também ele morreu de febre amarela. Eliza Arnold Hopkins havia se tornado viúva aos 18 anos, sem filhos e sem família, mas com um repertório considerável, quando conheceu David Poe Jr., um estudante de Direito.

Promovendo o "General" Poe

Estudante de Direito, David Poe Jr. era o filho mais velho de uma família grande de Baltimore com sete filhos. Quando ele nasceu, em 1784, os Poe eram a terceira geração de americanos que haviam se estabelecido no Novo Mundo como mercadores, patriotas e proprietários de terras.

Os bisavós de Poe, John Poe e sua esposa Jane McBride Poe, emigraram da Irlanda para a América (com seu filho David) e foram viver em Lancaster County, Pensilvânia, em 1750. David, avô de Edgar, era o mais velho de dez irmãos e apenas um dos três a ter seus próprios filhos. Em 1755, John e Jane Poe mudaram-se com sua família para Baltimore.

O avô paterno de Edgar, David Poe, era um patriota. Na verdade, era um fanático pela causa da independência das colônias da Inglaterra. Foi uma paixão que o mercador de tecidos e fabricante de rodas de Baltimore apoiou doando a incrível quantia de 40 mil dólares – uma fortuna naquela época.

> ### Pergunta
> **De quanto seria a doação de David Poe atualmente?**
> Para você ter uma ideia do quão extravagante foi a atitude de David Poe ao endossar suas ideias, sua doação de 40 mil dólares à causa da independência americana equivale a 475 mil dólares em valores atuais.

David Poe foi fundamental na expulsão dos Torie – simpatizantes dos britânicos – de Baltimore. Sua função principal no nascente Exército americano era o de um intendente, fornecendo materiais militares aos soldados patriotas. Até sua esposa, Elizabeth, mãe de dez filhos, contribuiu com a causa costurando uniformes. Era uma vida a serviço de uma causa gloriosa. Por seu trabalho como intendente, ele recebeu o título honorário de "General". E seria sempre "General" para seu jovem neto ambicioso, Edgar, cuja vasta imaginação romântica descobriu um interesse pelo Exército.

A Vida Desperdiçada e Curta de David Poe Jr.

David Poe Jr. tomou uma direção na vida diferente daquela que sua família planejara para ele. Enquanto estudava Direito em Baltimore, David Jr. reuniu-se com um grupo de homens de teatro amador chamado de Thespian Club, e o que começou como um passatempo logo se tornou a razão de ele abandonar seus estudos. Quando assistiu à apresentação de uma jovem atriz chamada Eliza Arnold Hopkins, apaixonou-se por ela e pela deliciosa possibilidade de viver como ator. Em uma nação cuja busca pela felicidade era algo recente, David Poe Jr. começou a promover-se como ator e cantor.

O restante da família Poe não ficou feliz com isso.

> **Fato**
> Começou a circular um rumor entre os cadetes de West Point de que o outro avô de Poe – não aquele a que Edgar mais tarde iria referir-se como o amigo "íntimo" de Lafayette – era Benedict Arnold. O nome de solteira de Eliza Poe, Arnold, causara o rumor; Edgar, que gostava da distinção de descender de heróis militares (e até dos traidores, ao que parece), não desmentiu o boato.

Não restou hoje nenhuma foto de David Poe Jr., mas uma resenha sobre sua estreia profissional declarou que tinha aparência "invejável". Um crítico o alfinetou, dizendo que, apesar do desempenho tímido, se encaixava em qualquer papel que precisasse de um caipira (o que, obviamente, não é o que se deseja ouvir quando se acredita ser o próprio Hamlet). David Poe tinha uma espécie de autoengano apaixonado pela profissão de ator, mas seus esforços não ganharam nada além de um entusiasmado desdém, o que feriu seu orgulho. Quando David e Eliza casaram-se, em 1806, ela já era veterana dele nos palcos há uma década, e era ela quem recebia todos os aplausos, ao invés do vaidoso marido. O casal teve dois filhos. William Henry Leonard Poe nasceu no fim de janeiro de 1807, seguido por Edgar (que recebeu esse nome por causa do filho legítimo na peça *Rei Lear*, encenada por Eliza e David à época) dois anos depois, em 19 de janeiro.

Teria David Poe ciúmes do sucesso de sua mulher? Seria ele um pai relutante? Estaria arrasado pela dificuldade financeira que os Poe pareciam incapazes de superar? Em três anos, David foi pai de dois filhos, colecionou muitas críticas ruins, desenvolveu um grave problema com álcool e ganhou reputação de belicoso. O casamento tornou-se turbulento e, em algum momento durante a infância de Edgar, seu pai desapareceu. A identidade do pai da irmã de Edgar, Rosalie, nascida mais de um ano depois que David Poe abandonou a família, permanece um mistério.

Corra, Eliza, Corra

Um dos eventos mais traumáticos da vida de Edgar Allan Poe foi a morte de sua mãe um mês antes de seu terceiro aniversário. Quinze anos após chegar a Boston com a mãe, Eliza Hopkins Poe atuara brilhantemente em 70 papéis, fizera 300 apresentações, viajara pela costa leste, enviuvara uma vez, fora abandonada uma vez e havia tido três filhos. Era uma atriz dedicada sem nenhum apoio que a permitisse amenizar a dificuldade financeira ou participar da educação de sua pequena família.

Tudo caía nas costas de Eliza.

A Saída de Eliza

Aos 24 anos de idade, Eliza acabou voltando para Richmond, falida e doente, com três filhos menores de 5 anos. Um anúncio no *Enquirer* de Richmond, em 29 de novembro de 1811, trouxe à atenção da comunidade de Richmond o sofrimento da atriz.

> ### Pergunta
> **O que dizia o anúncio?**
> "Ao Coração Humano", dizia a manchete. "Nesta noite, a sra. Poe, agonizante em seu leito de morte e cercada por seus filhos, pede sua ajuda, talvez pela última vez. O generoso público de Richmond certamente se comoverá."

Algumas mulheres, conscientes de seus deveres como cidadãs e tocadas pelo anúncio, visitaram a pobre Eliza Poe, abrigada na casa de uma chapeleira escocesa. Uma delas era Frances Allan, esposa de um mercador de tabaco de Richmond. A aflição de Eliza, porém, estava além de qualquer cura, e ela morreu no início de dezembro, em 1811, de pneumonia ou de tuberculose. Ao lado de seu leito de morte, em uma casa que não era sua, estavam o filho Edgar e a filha Rosalie. (Henry, o mais velho, já estava morando com seus avós paternos em Baltimore.)

Entra a Família Allan

Eliza Hopkins Arnold Poe foi enterrada na Old St. John's Church. Em virtude do aborrecimento que alguns membros da igreja demonstraram em ter alguém tão escandalosa quanto uma atriz enterrada em seu solo sagrado, seu túmulo ficou em um local o mais longe possível da igreja. Permaneceu não identificado até 1927.

Os filhos de Eliza foram mandados para diferentes lares adotivos. Poe foi viver com Frances Allan e seu marido, John. Tudo o que a desamparada Eliza lhe deixara era uma aquarela de Boston Harbor, que ela estimara e esperara que pudesse lembrá-lo de seu local de nascimento.

Para Aumentar o Drama

Embora haja discrepâncias no registro, o desaparecido David Poe Jr. morreu, em outro lugar, dias depois de sua esposa abandonada, provavelmente de febre amarela. E nem bem haviam se passado três semanas da morte de Eliza, o Teatro Richmond, em que ela se apresentava, incendiou-se. O cenário pegou fogo durante uma apresentação lotada. Por não haver saídas suficientes, 68 pessoas morreram no incêndio (algumas morreram pisoteadas), incluindo o governador do Estado da Virgínia. Foi como se o cotidiano teatral na história da família de Poe houvesse sido apagado, sinalizando mudanças que uma criança tão jovem não tinha condições de compreender.

O palco, como um meio de subsistência da família de Poe, havia desaparecido de sua vida. Mas o amor pela dramatização de histórias humanas, responsável por aproximar seus pais do teatro, era parte da natureza mais profunda do menino, e encontrou uma forma diferente de expressão enquanto ele crescia. Não é de se espantar que um menininho brilhante e sensível, que assiste à morte de sua mãe linda e talentosa – e assiste ao seu enterro –, retorne sempre ao tema da morte prematura de uma linda mulher em suas obras criativas? Ou que o tom dessas histórias seja sempre de horror?

Capítulo 2

Os Velhos Pais Adotivos em Casa

A próspera família Allan, de Richmond, Virgínia, proveu ao órfão Poe o amor da mãe adotiva e a indiferença do pai adotivo, que financiou oportunidades educacionais únicas para o menino, tanto na Inglaterra como na América. Mas, com a adolescência de Poe, vieram suas primeiras incursões no reino do romance, uma definição crescente de suas ambições artísticas, um reconhecimento de seus antepassados – e uma luta inevitável com John Allan.

Richmond em 1811

A Richmond onde Edgar Allan Poe foi criado por seus pais adotivos emergia como uma cidade pequena, mas importante. Afinal, tornara-se merecedora de suas condecorações durante o período revolucionário, e estava mais bem posicionada do que Charlottesville, sede da aristocracia agrária. Richmond parecia ser a cidade de Virgínia que melhor poderia aproveitar as atividades mercantis que os novos Estados Unidos se interessavam em empreender.

> *"É profundamente lamentável que as observações débeis de alguns profissionais da oposição tenham poder de impedir (...) a adoção de um nome para nosso país (...) Não deveria haver hesitação quanto ao nome 'Appalachia'. Em primeiro lugar, é distinto. Já 'América' não o é, e nunca poderá sê-lo (...) A América do Sul é América' e nunca desistirá dessa denominação (...) Tenho esperanças de que 'Appalachia' seja adotado." – Poe, sobre o nome de sua nação.*

Em 1800, Richmond tornou-se a capital do Estado – com um capitólio. Também já se recuperara de um incêndio acontecido 20 anos antes, nas mãos de Benedict Arnold. A cidade dividira-se em distritos eleitorais, e nela foram fundados um banco, uma biblioteca pública, linhas de carruagens e um serviço de barcos a vapor para subir e descer o Rio James. Virgínia foi o lugar de origem de algumas das melhores mentes e espíritos por trás da Revolução Americana – as coisas mais próximas de uma aristocracia que o país já conhecera.

Mas a Richmond de 1800 também teve um primeiro vislumbre do desastre nacional que viria a acontecer meio século depois. Uma revolta de escravos – os relatos variam entre mil e 4 mil escravos – havia sido reprimida nos limites da cidade.

Examinando o novo século que se estendia diante de si, Virgínia descobria em si as sementes de uma verdadeira nação, resultado da ascensão de uma classe mercantil e das oportunidades para o avanço geral de todo o seu povo – ou melhor, de seu povo livre. De seu povo livre *branco*. A Virgínia da juventude de Poe desenvolvia uma identidade sulista. Assim como ele, na verdade.

Um Brinde ao Amargor da Vida – Com um "Twist" de Oliver

Se você perguntasse a John Allan – mercador de Richmond que ascendera socialmente com trabalho duro – o que achava de não ter tido filhos no casamento até o fim de 1811, ele responderia que estava bom assim, obrigado por perguntar. Ou diria que, na verdade, nunca havia notado a ausência de uma prole. Richmond era uma cidade em ascensão, com suas crescentes indústrias de tabaco, farinha e carvão, onde uma já abastada aristocracia buscava os serviços de mercadores competentes.

John Allan era um escocês engenhoso que, com seu sócio Charles Ellis, constituíra um negócio próspero vendendo e comprando mercadorias e serviços. Mas o sucesso que Allan queria era mais do que financeiro. Ele também queria destaque na comunidade, o que significava idas manifestas à igreja, filantropia e participação nos assuntos cívicos. Ele próprio era um imigrante órfão, que valorizava a independência e o trabalho duro – praticamente a personificação do americaníssimo ideal de Benjamin Franklin: Poor Richard.*

> **Fato**
>
> Anos depois de sua adoção, no dia seguinte ao Natal de 1811, em resposta a um pai adotivo que cumpria com sua obrigação, mas sem ter, ou demonstrar, qualquer afeto para com o menino, Poe assinava apenas como "Edgar A. Poe", "Edgar Poe" ou "E. A. Poe".

No dia seguinte ao Natal, quando sua caridosa esposa Frances levou para casa um dos órfãos, Poe – na verdade, o último a encontrar um lar adotivo –, pode ter visto o evento como: oportunidade de cumprir com um dever cívico de longo prazo; experimento para moldar um exemplo da juventude da nação; ou simples passatempo para sua esposa sem filhos. Mas em lugar algum registrou-se que considerou a chegada de Poe, então com 2 anos de idade, como oportunidade para ser um pai amoroso. Ele próprio não tinha um modelo paterno. Além disso, era um homem ocupado. John Allan batizou a criança, mas, embora tenha adicionado seu próprio sobrenome ao nome de Poe, nunca o adotou formalmente.

Em 1811, os Allan viviam em uma sobreloja na esquina das ruas Main com a 13ª. Poe começava vida nova de criança, pois perdera os pais biológicos. A suave e amável Frances Allan era cuidadosa. Mas quais seriam os efeitos psicológicos da eterna recusa de John Allan em algo mais que uma criança permanentemente adotiva?

O Queridinho do Lar

O menino que chegara à casa da família Allan, naquele dia de dezembro, era encantador, com seus cachos pretos e olhos cinzentos. Por causa de Poe, Frances Allan descobriu a maternidade instantânea, e ela não estava sozinha. Sua irmã solteira, Nancy Valentine, morava com eles na época. A

---

*N.T.: Benjamin Franklin publicava um almanaque anual bastante popular nos Estados Unidos do século XVIII. Ele usava o pseudônimo de "Poor Richard" em seus artigos.

criança, que não conseguia entender onde fora sua mãe, viu-se de repente no centro do universo conjunto de duas mulheres estranhas e indulgentes. Ele era o queridinho, e elas o vestiam e mimavam. Frances e Nancy eram dose dupla de atenção, moldando de forma indelével a tendência do menino em recorrer às mulheres em busca de amor e aprovação. John Allan estava sempre ausente ou distante.

John Allan viu-se em uma encruzilhada. Seu dever indiferente em fazer o bem ao garoto – com um pouco de estímulo por parte da esposa – fez com que levasse Edgar com eles em viagens caras e o matriculasse em boas escolas. Por outro lado, embora Allan tenha visto nisso apenas outra tentativa de cumprir com seu dever ao menino, ele tentou compensar o mimo de sua esposa e de sua cunhada com uma grande opressão. Para o órfão, entretanto, os Allan eram sempre Ma e Pa, e seu desejo de ser tratado como filho e herdeiro foi uma fonte de conflito e mágoa em sua vida.

Mesmo assim, um John Allan austero enviou o menino para a escola aos 5 anos de idade.

Edgar foi novamente mandado, aos 6 anos, para uma escola para garotos, administrada por um diretor. Embora a educação formal de Edgar já houvesse começado, só em 1815 é que ele teve sua primeira aventura de verdade, quando John Allan mudou-se com a família para Londres para expandir seus negócios no exterior. Durante cinco anos, o pequeno nativo de Richmond tornou-se um estrangeiro americano – ou talvez, de seu ponto de vista, um estudante britânico.

> **Fato**
> No que dizia respeito à assistência ao menor nos Estados Unidos do início do século XIX, a adoção tornara-se cada vez mais estimulada, com Massachusetts na vanguarda. Crianças de outras cidades eram resgatadas de casas pobres e enviadas via "trens de órfãos" para o Meio Oeste, onde eram acolhidas por famílias de agricultores para trabalhar em troca de uma pensão completa.

Não Exatamente o Dotheboys Hall

Nos primeiros seis anos de sua educação formal, Edgar frequentou cinco escolas. Uma das influências significativas em sua vida foi a tensão entre sua necessidade de um lar seguro e organizado *versus* as diversas mudanças durante a vida. A vida itinerante tornara-se um traço seu, seja por necessidade, quando ele se mudou para procurar trabalho como escritor, ou por uma deliciosa questão de escolha, como homem livre em uma nova nação cheia de possibilidades. As experiências iniciais de Edgar – a mudança completa de circunstâncias familiares quando sua mãe faleceu, duas escolas diferentes em dois anos, depois ir viver em outro país por cinco anos cruciais – podem tê-lo tornado adaptável. Elas também podem ter persuadido o menino, de alguma forma, de que o mundo está cheio de surpresas perturbadoras e possibilidades severas, estado psíquico constatado repetidas vezes em seus contos macabros. Essas experiências podem tê-lo deixado inseguro.

A figura do "estrangeiro americano" só se tornou popular e só foi explorada por autores importantes, como Mark Twain, Henry James e Edith Wharton, uma geração depois que Poe desembarcara em solo britânico, aos 6 anos. E o crítico social Charles Dickens só trataria dos problemas da assistência ao menor (em lares, escolas e orfanatos "bem britânicos") 25 anos mais tarde. Quando Dickens escreveu *Nicholas Nickleby*, o local de seu relato era o ficcional Dotheboys – Dotheboys [prepare os meninos] – Hall.

Mas, em 1812, lá estava Edgar, o mimado menino americano, deslumbrado com a série de visitas que estava fazendo aos parentes escoceses de Allan em Ayrshire. Mais tarde, alojou-se em uma escola escocesa, enquanto Frances e John Allan seguiram sem ele para Londres. Logo se uniram novamente, e Edgar foi mandado por um ano a um internato em Chelsea, onde estudou ortografia, geografia e o catecismo da Igreja Anglicana – "igreja elevada", semelhante à Igreja Episcopal a que Allan aderira em casa. Cartas da época mostravam que Poe estava bem e feliz.

Fato

Durante a viagem de Charles Dickens pela América, em 1842, ele expressou o desejo de conhecer o homem que acertara corretamente o fim de seu romance em série, *Barnaby Rudge* – Edgar Allan Poe. Correu tudo bem no encontro, e os dois trocaram cartas. Dickens esperava encontrar um editor britânico que publicasse *Tales of the Grotesque and Arabesque* [Contos sobre o Grotesco e Arabesco], de Poe, e este esperava que Dickens enviasse um texto seu para ser publicado na *Graham's Magazine*, onde Poe trabalhava na ocasião. Ambas as esperanças foram em vão.

As mensalidades da educação de Poe, durante esses anos na Grã-Bretanha, eram enviadas para John Allan em nome do "Senhor Allan". Está claro que esses anos escolares na infância foram o mais próximo que o menino chegara de ser considerado filho dele. Finalmente, Poe matriculou-se na Manor House School, a alguns quilômetros de Londres, onde demonstrou pela primeira vez uma aptidão para línguas. Sob a tutela do diretor, o reverendo Bransby, estudioso dos clássicos, o "Senhor Allan" brilhava em grego e latim. Aqui ficou aparente, pela primeira vez, que o menino tinha algo que mais tarde lhe traria o respeito de seus colegas – uma verdadeira habilidade atlética.

O Lado Escuro da Praça Russell

Os anos na Inglaterra, entre 1815 e1820, haviam sido os mais estáveis na vida de Poe até aquele ponto. Sua casa era um apartamento na Praça Russell, em Londres, onde Frances tentava adaptar-se a uma mudança que ela não queria. A maior parte do tempo que Poe passou entre os estudantes britânicos fora na Manor House School. Havia uma espécie de estabilidade, mas havia três aspectos negativos dos anos que a família passara no exterior.

Eles disseram...

"Russell Square é, normalmente, um lugar muito agradável para caminhar. Se apenas aqueles incômodos vagões de trem e carruagens com mercadorias não viessem lotadas, fazendo barulho (...) pela praça (...) em seu caminho para King's Cross, 'La Place Roussell' seria tão confortável e tranquila quanto a 'La Place Royale' em Paris. Ela é tão vasta quanto Lincoln's Inn Fields, mas sem sua imundície." – Uma resenha "contemporânea" na *St. James's Magazine* sobre a vizinhança da Praça Russell que os Allan chamavam de lar.

Uma Mãe Adotiva Doente

Frances, a mãe adotiva que Poe chamava de Ma, sofria de uma série interminável de queixas vagas – sinusites, dores de cabeça, dores de garganta, falta de ar e catarro. Não se sabe o quanto de sua saúde frágil durante esses anos resultava do clima – ou se, de qualquer forma, seria uma resposta psicossomática ao clima, que ela achava bem menos apropriado do que aquele deixado para trás em Richmond. Como resultado disso, ela sempre se deitava e repousava em um lugar separado na casa, e Poe perdeu um pouco de seu acesso à mulher que o resgatou e mimou. Ma fora afastada. É claro que ele temia que ela morresse – outra perda de uma figura materna. A possibilidade era insuportável, principalmente em uma casa onde a ambivalência era o máximo de afeto que o pai adotivo oferecia a ele.

Um Negócio Problemático

Outra fonte de problemas durante o período estável no exterior havia sido o motivo principal da mudança – os planos comerciais de John Allan. A princípio, a expansão de sua empresa de tabaco no mercado londrino prosperara. Mas Allan foi incapaz de escapar de um colapso comercial em Londres, em 1819. Em pouco tempo, viu-se entre credores exigentes e clientes insatisfeitos – e com uma dívida de 250 mil dólares. Ficou claro para o empresário Allan que era hora de reduzir seus prejuízos e elaborar um cronograma de compensação das dívidas que satisfizesse seus credores. Allan decidiu se mudar com sua família de volta a Richmond. A família voltou no verão de 1820, quando Edgar tinha 11 anos.

Uma Educação Sufocante

Durante os cinco anos nas escolas britânicas, Poe descobrira seus talentos intelectuais, sua habilidade para brilhar em um rigoroso sistema educacional e sua destreza atlética.

"Eu mesmo não vi o torneio; pouco me interesso por proezas de força meramente física, ou de agilidade, quando desempenhadas por seres racionais. A velocidade de um cavalo é sublime – a de um homem, ridícula. Eu sempre me pego imaginando como ele poderia ser rapidamente derrotado por um burro." – Poe sobre uma corrida.

No verão de 1820, quando estava prestes a entrar de novo nas escolas de Richmond, o relacionamento do garoto com a educação formal era hostil. O "Senhor Allan" saíra de um sistema onde uma memorização repetida dos textos era o padrão de excelência. Pouco valor era depositado em encorajar o comprometimento ativo do estudante com o material didático. Como um menino, cuja imaginação e curiosidade já estavam se afirmando, se adaptaria a isso?

Cultuando Edgar

Nos anos após o retorno da Inglaterra em 1820, as famílias Ellis e Allan passaram bastante tempo juntas, porque os homens eram sócios e as mulheres, primas. Um pouco mais novo que Poe, Thomas Ellis o idolatrava, dizendo: "Nenhum menino me influenciou tanto quanto ele", acrescentando que era belo e corajoso. As anedotas de Thomas Ellis sobre o adolescente Poe mostravam uma gama de travessuras pueris: esconder-se, caçar, andar pela mata, assustar as garotas – ele parecia, dessa forma, uma estrela no bando de meninos locais.

> **Fato**
>
> Um dos amigos de infância de Poe, Robert Sully, disse que Poe sempre o incluía nos jogos quando eram jovens, defendendo-o contra a provocação dos outros meninos. A escola era difícil para Sully, que era surdo, então o esperto e generoso Poe o ajudava. Sully cresceu e tornou-se um pintor.

Foi Poe quem ensinou Thomas Ellis a patinar, nadar e caçar, embora as lições viessem acompanhadas de uma surra em Edgar, ou de uma experiência de quase morte para Thomas. Os meninos atiravam em pássaros no Belvidere Estate, propriedade de um proeminente juiz local, e Edgar sempre levava uma surra quando John Allan descobria. Já a aula de natação que Edgar deu a seu amigo consistiu em jogar Thomas no rio e depois – quando rapidamente ficou claro que o instinto de autopreservação não criava, necessariamente, habilidades de natação – pular atrás dele para evitar que se afogasse.

Thomas ficou encantado quando seu ídolo ganhou um torneio de soletração local, e também quando Edgar e alguns amigos da escola armaram uma tenda para um palco em um terreno baldio, cobrando do público alguns centavos para assistir a suas "apresentações teatrais".

Em uma ocasião, o salão dos Ellis estava arrumado com várias mesas para jogos de cartas para o Gentlemen's Whist Club [Clube de Uíste para Cavalheiros], um jogo de cartas precursor do *bridge*. De repente, o jogo foi interrompido por um "fantasma" (já nessa época lençóis de cama eram usados na brincadeira) e o grupo de jogadores ficou devidamente assombrado até que o espectro fosse finalmente encurralado por um médico com a ajuda de ninguém mais, ninguém menos do que o general Winfield Scott. Scott, conhecido como "Old Fuss and Feathers" ["Velho Espalhafatoso"], era um herói de guerra que se tornaria um candidato à presidência e um famoso estrategista. Sua Tática Anaconda, de bloquear os Estados Confederados, foi decisiva para a vitória dos Estados da União na Guerra da Secessão.

É característico de Poe que, mesmo cercado por seus inimigos, ele os enfrentava, nunca era vítima dos sustos que maquinava – uma bravura imperturbável diante da adversidade. Naquela noite, deposto, o animado Poe ria com os outros.

Em todos os anos de convívio, Thomas Ellis lembra-se ape-

"O jogo de uíste há muito é famoso por sua influência sobre a denominada faculdade de calcular; é sabido que homens da mais elevada categoria de intelecto deleitam-se de forma aparentemente inenarrável com o jogo, ao passo que evitam o xadrez por considerarem-no frívolo."
– Poe sobre o jogo de uíste em Os Assassinatos da Rua Morgue.

nas de "um pouco de maldade" perpetrada por Poe. Em um Natal, a família Ellis celebrava a festa com o clã dos Allan. Um dos brinquedos era uma cobra de brinquedo segmentada, unida por fios, daquele tipo que quando é segurada parece que está viva. Aparentemente, a diversão da noite para Poe consistia em uma clássica provocação pueril: cutucar com a cobra a filha de Ellis, Jane, "até quase deixá-la maluca".

Contra uma Poderosa Corrente

Não era um órfão, mas também não era filho. Não era britânico, mas também não era nativo da Virgínia. Dos 11 aos 17, quando fez as malas e partiu, ainda jovem, para a nova Universidade de Thomas Jefferson, em Charlottesville, certas coisas sobre Poe estavam ficando claras. Ele era atlético, romântico e literário. Ele já tentava reconciliar seus dons consideráveis com a profunda insegurança que o impedia de acreditar em si mesmo. Suas façanhas começaram a significar muito para ele, talvez porque, com a insegurança que o consumia em qualquer lugar que fosse, precisasse lutar para conseguir o que meninos mais despreocupados faziam com mais facilidade.

Edgar era um nadador e um praticante de salto em distância. Suas conquistas – e sua natureza amável – lhe haviam dado alguma notoriedade entre os outros meninos, mas ele ainda tinha uma reputação de indiferença.

Seus estudos o apresentaram aos ideais românticos de Byron e Keats, e, de certa maneira, já tentava imitá-los. No verão em que estava com 15 anos, nadou 11 quilômetros contra a poderosa corrente do Rio James, seguido de um ansioso professor em um bote para o caso de algo dar errado. Ele comparava esse exercício ao feito famoso de Lord Byron. Byron foi a primeira pessoa a nadar no Helesponto, o perigoso estreito de um quilômetro entre a Europa e a Ásia. O elemento de risco engrandecia a experiência e tornava-a estimulante.

Com o grego e o latim que aprendera na Inglaterra (e continuara

Eles disseram...

"Esta instituição de meu estado nativo, o passatempo da minha velhice, será baseada na liberdade infinita da mente humana para explorar e expor qualquer objeto suscetível à sua contemplação." – Thomas Jefferson e sua visão sobre sua nova universidade, que continha um *campus* com dez pavilhões, sendo o ponto central uma biblioteca com 7 mil livros, 1820.

aprendendo em Richmond), ele lia histórias sobre os feitos dos heróis gregos e romanos. Com a "nova" poesia romântica de Byron, Shelley e Keats, tinha visões de um individualismo extravagante. Classicista? Romântico?

Outra coisa? Novas influências poderosas infiltravam-se no adolescente Poe e, enquanto continuava a brilhar na escola, ele também começava a entrever possibilidades de ter criações próprias. Sua vida era algo que ele podia transformar em uma verdadeira obra de arte – mas como?

E então ele conheceu Helena, também chamada Jane Stith Stanard. Ela não era uma garota qualquer da vizinhança ou da escola para moças mais próxima. A Helena de Poe, o objeto de sua paixão aos 14 anos, era Jane Stith Stanard, mãe de um de seus amigos da escola. Jane Stanard tinha certas vantagens como inspiração para um jovem poeta. Sua beleza era clássica, lembrava-o de sua mãe morta, Eliza; também era deliciosamente inatingível por ser uma mulher casada; e mostrava um interesse sincero nele e em seu potencial. Mas, no fim de abril de 1824, Jane Stith Stanard faleceu, e Poe perdia, pela segunda vez, uma mulher que lhe era muito cara. A morte de sua mãe quando ele tinha 2 anos foi um tipo de perda que se espalhou por sua natureza enquanto ele crescia. A perda de Jane Stith Stanard ocorreu quando ele tinha 15, idade suficiente para senti-la em muitos níveis – e lamentar profundamente.

Mal-humorado e Resmungão

Nessa época ainda não existia a terapia, e um adolescente de luto era uma figura difícil de ter em casa. Poucos anos depois, Poe escreveria o poema em que ele chamava Jane de sua Helena, "para a glória que foi a Grécia", em memória dessa mulher idealizada que provou ser desoladoramente mortal. Com a morte de Jane, em 1824, outra fonte de apoio saiu de sua vida. Durante esse período, John Allan comentou em uma carta para o irmão de Edgar, Henry, que seu protegido estava "mal-humorado e resmungão", mas não mencionou a causa. Na verdade, Allan começava a se sentir maltratado por seu filho adotivo, reclamando que, depois de tudo que ele dera ao menino, não recebeu nenhum afeto ou gratidão. Mas os negócios de Allan ainda passavam por dificuldades financeiras, e essas pressões podem ter limitado sua tolerância para com Edgar naquele período.

Edgar tinha 15 anos, estava nos infortúnios da adolescência. Ele perdeu mais alguém que amava, uma mulher cuja crença em seu potencial artístico havia sido até então inédita. Em um ano importante para seu desenvolvimento pessoal e artístico, Poe conheceu e perdeu sua primeira verdadeira confidente e protetora. Na época em que Jane Stith Stanard faleceu, seu casamento era infeliz. Assim como o Ishmael de Melville, que observa trinta anos depois em *Moby Dick* que "há uma aflição que é loucura", a depressão dela transformou-se em algo que parecia insanidade, o que também podia ser um sintoma do tumor cerebral responsável por sua morte. O registro não é claro.

"Essa dama, ao entrar na sala, pegou-lhe a mão e falou-lhe palavras gentis e graciosas de boas-vindas, que penetraram de tal forma em seu sensível coração de órfão que lhe tiraram o poder da fala", escreve Helen Whitman, uma das noivas de Poe, lembrando como ele descrevia Jane Stanard. "Essa dama tornou-se, mais tarde, confidente de todas as suas aflições pueris, e era ela a única influência redentora que o salvava e guiava em seus primeiros dias de juventude turbulenta e apaixonada."

*"Quando eu era um infante, terei implorado (sic) por sua caridade e proteção, ou foi por sua própria vontade que ofereceu seus serviços em meu favor? Todos sabem (...) que meu avô (meu protetor natural à época em que você interferiu) era abastado e que eu era seu neto favorito – Mas as promessas de adoção (...) induziram-no a colocar o meu cuidado completamente em suas mãos."
– Poe para John Allan.*

Mas, além do que essa mulher significava para ele (muitos anos depois, em uma carta a outra amiga, ele chamava Jane de seu "primeiro amor ideal"), a morte de sua "Helena" fora significativa de outra forma mais sinistra. Foi a primeira aparição da melancolia que definiu muito de sua vida adulta. Para um John Allan sem compaixão, o jovem estava mal-humorado e resmungão, uma espécie de garoto endiabrado. Para si, entretanto, Poe começava a se familiarizar com uma parte de sua psique que nada tinha a ver com as inspirações clássicas de Jane Stanard – uma parte inconsolável de sua alma, que acabaria buscando formas perigosas de aliviar a dor.

Escoltando o Marquês

Seis meses depois da morte de Jane Stith Stanard, Edgar passou a servir como tenente no Junior Morgan Riflemen Club of Richmond, uma companhia voluntária de garotos que havia tido a honra de escoltar o velho herói da Guerra da Independência, general Lafayette, durante sua visita a Richmond. Lafayette era querido pelos cidadãos do ativo centro mercantil da Virgínia, porque, em 1781, sob ordens do próprio George Washington, ele e 1.200 tropas alcançaram Richmond a tempo de defendê-la contra o lorde Cornwallis.

Quase meio século depois, o presidente Monroe convidou Lafayette para viajar pelo que eram os 24 Estados da União na época, e o velho general chegou à cidade de Nova York em agosto. Por uma graciosa coincidência, quando Lafayette marchava em Nova York no desfile em sua homenagem, escolheu um menininho da multidão, carregando-o – era Walt Whitman, então com 6 anos.

A turnê do herói durou um ano. No fim de outubro, Lafayette visitou Williamsburg e inspecionou a fragata com 65 canhões *North Carolina*. Em Richmond, a parada incluiu os Junior Morgan Riflemen, e a recepção tinha 40 veteranos da Guerra da Independência. Em algum momento durante as festividades, ele colocou uma coroa no túmulo do "general" David Poe, chamando seu velho camarada de "um coração nobre"; isso tudo enquanto Poe, uniformizado, assistia. Depois disso, o marquês de Lafayette fora às corridas de cavalos e uma semana depois foi para Monticello, a convite do ex-presidente Jefferson.

Eles disseram...

"Antes de o sr. Poe vir para Nova York, viajou muito, dentro e fora do país. Havia sido parcialmente educado em West Point, mas sua mente não era nem matemática, nem militar, ou subordinada à disciplina marcial, como se pode ter pensado. Por esse motivo, sua relação com o aspecto militar fora dissolvida, embora ele sempre conservasse um inseparável ar de treinamento militar." – Elizabeth Oakes Smith, escritora nova-iorquina, 1867.

Muitos anos depois, Thomas Ellis, filho do sócio de John Allan, afirmava que "não havia menino mais brilhante, gracioso ou atraente na cidade do que Edgar Allan Poe". Thomas Ellis lembrava-se do momento em que se sentira mais orgulhoso de seu ídolo: quando o viu vestindo o uniforme do Junior Morgan Riflemen, unidade que fora selecionada a dedo pelo próprio Lafayette e cujos membros seriam seus guarda-costas honorários. O cortejo seguiu a carruagem de Lafayette por Richmond até a Praça Capitol, onde o general passou as "tropas" em revista.

Para Edgar, que ainda não completara 16 anos, a ocasião foi sua primeira, poderosa, experiência com o passado militar de seu avô, algo honroso para um jovem lutando com sua própria identidade. O lado Poe da família do jovem escritor representaria uma parte mais proeminente na vida de Edgar e na sua percepção de si mesmo nos anos seguintes. Ali havia parentes de sangue, histórias, aventuras transmitidas e glórias refletidas. Como neto do general Poe, o jovem Edgar entendia as façanhas heróicas, as causas nobres e as oportunidades para o heroísmo que ele associava com o serviço militar – sem mencionar o esplêndido papel que seu avô tivera na solicitação de admissão de Edgar em West Point.

Capítulo 3

Indo à luta

O talentoso Poe matriculou-se na Universidade da Virgínia, e ali brilhou durante o ano em que a frequentou. Acreditando que seria herdeiro de John Allan, Poe passou a apostar com a mesada, considerada por ele muito baixa, mas pelo pai adotivo como forma de ensinar ao garoto o valor de um dólar. As primeiras noções do talento literário de Poe já eram evidentes.

Nem Todo o Trabalho foi Duro...

Na época da visita do marquês a Richmond, Poe soube de uma nova informação que piorou o relacionamento com seu pai adotivo. Descobrira que John Allan, tão trabalhador e religioso, durante anos conseguira tirar uma folga das preocupações com seus negócios para ter casos extraconjugais. Tinha vários filhos morando em Richmond. Rumores dessas histórias chegaram a Frances, que ficou devastada. Poe aliou-se a ela.

Em seis meses, Poe lidou com a morte de Jane Stanard, com a descoberta da infidelidade de seu pai adotivo e com o surgimento de questionamentos sobre sua própria identidade. Sua experiência durante a visita de Lafayette como um Junior Morgan Rifleman ligou-o novamente à sua família biológica, os Poe. Para o amargo e irritado John Allan, seu filho adotivo era instável e ingrato; para Poe, o ambicioso sedutor Allan era um hipócrita. Até esse ponto em suas vidas, as inadequações do relacionamento entre pai e filho eram toleráveis – Allan dava o apoio financeiro e Poe brilhava na escola e nos esportes. Apesar da falta de afeto, o relacionamento funcionava, desde que os papéis estivessem bem definidos.

> ### Eles disseram...
> "(...) você jamais demonstrou qualquer disposição em satisfazer meus desejos (...) seu coração lhe contará, caso não seja feito de mármore, se tive ou não bons motivos para temer por você, de muitas maneiras. Você poderia me culpar, justamente, por tê-lo repreendido por seus erros, se eu tivesse tido qualquer outro objetivo que não o de corrigi-los." – John Allan para Poe, 1827.

Mas, com a descoberta da infidelidade de Allan, Edgar tornou-se claramente um oponente para seu pai adotivo, e o conflito entre eles agravou-se. Deve ter sido um momento definidor para o escritor, descobrir o lado secreto do comportamento adulto em sua casa, sentir sua própria reação e finalmente se pôr a defender (mesmo indo contra seus próprios interesses) o que ele valorizava – nesse caso, Frances Allan. À parte ter colocado um uniforme e marchado atrás da carruagem de Lafayette, ter praticado uma maratona "radical", nadando 11 quilômetros contra uma corrente forte; à parte qualquer desafio que o jovem houvesse enfrentado, confrontar o pai adotivo com relação a seus casos foi comoventemente adulto.

Mas John Allan não era moleza. Ele reagiu contra a perigosa descoberta de Poe com uma descoberta sua. Parece que, quando a mãe de Poe morreu, o órfão chegou com os pertences da falecida Eliza, incluindo algumas cartas comprometedoras. Embora elas tenham sido destruídas depois (a pedido de Poe), acredita-se que mencionavam a ilegitimidade da irmã mais nova de Poe, Rosalie. Por causa dessas cartas, John Allan e Poe chegaram a um empate – a indiscrição pela indiscrição.

Quem Quer Ser Multimilionário?

A ideia de ter um tio rico que morre e deixa-lhe uma fortuna na hora certa é um sonho que virou realidade na vida de Poe – só que não para ele. Edgar não tinha parentes ricos, mas John Allan sim. O tio de Allan, William Galt, era proprietário de moinhos, serrarias, uma tabacaria, um banco, terras e vários imóveis. Um imigrante escocês, Galt via traços em seu sobrinho que ambos valorizavam: uma boa cabeça para os negócios, respeito com o dinheiro e uma ética profissional feroz.

Foi Galt quem deu a John Allan e a seu amigo Charles Ellis uma oportunidade nos negócios, onde os dois jovens ganharam treinamento na prática e uma invejável vantagem no mundo mercantil de Richmond. Ellis e Allan viraram parceiros e seguiram adiante. Um dia, em 1825, William Galt seguiu adiante também – de uma forma permanente e dramática – enquanto tomava café-da-manhã com seu sobrinho John. Ele simplesmente morreu sentado onde estava. Quando o testamento foi lido, John Allan – que lidava com as infinitas queixas de sua mulher sobre a saúde, conflitos com aquele ingrato do Edgar, as complicações das várias infidelidades e a dissolução de sua sociedade com Ellis – herdara um terço da fortuna de Galt.

Era uma fortuna inacreditável e, a curto prazo, John Allan pagou seus credores e comprou uma elegante casa colonial de dois andares, "Moldávia", na parte alta de Richmond. Ele, Frances e Edgar mudaram-se. A casa ostentava alpendres superiores e inferiores, uma sala de jantar octogonal e um salão de festas com espelhos.

Fato
Em valores atuais, a herança de Galt equivaleria a mais de 13 milhões de dólares. Com menos de 15 mil, John Allan comprou Moldávia, casa de um modista próspero, que assim a denominara. Moldávia era, na época, um principado europeu que em 1829 se unira a outro principado, Wallachia, formando a atual Romênia. Para o antigo dono, pode ser que o nome tivesse um quê de romântico.

O que se seguiu foram as circunstâncias de vida mais confortáveis que Edgar jamais tivera. Mas o único período de tempo mais longo em que ele as desfrutou foram os primeiros seis meses, até fazer as malas e ir para a Universidade da Virgínia, 96 quilômetros a sudoeste de Richmond, em Charlottesville. Depois desse período, com exceção de idas e vindas que deveriam somar uns quatro meses, ele nunca viveria de novo sob o mesmo teto de John Allan – e nem um centavo da herança fabulosa de Galt iria para seus bolsos cada vez mais vazios.

Edgar encontrou a felicidade na casa nova, especificamente na amizade com uma vizinha de 15 anos, Sarah Elmira Royster. Ninguém era contra: afinal, o esperto e atlético Edgar não era o herdeiro de John? Por que não aprovariam? Elmira e Edgar começaram a namorar secretamente. Talvez o segredo atraísse o senso de drama do garoto de 17 anos, ou talvez, em algum nível, sentisse que uma forte repriemnda paterna estava a caminho. Foi, então, embora para a Universidade da Virgínia. Mas não demorou muito para o namoro ser revelado. Na melhor tradição do melodrama, cartas de amor foram interceptadas e o namoro foi terminado – pelos pais dela, que não gostavam tanto assim do vizinho esperto e atlético. Que tipo de vida Elmira teria como esposa de um pobre poeta? Sua família casou-a com outro homem, Alexander Shelton, que tinha perspectivas melhores.

Trabalhando para Criar seu Mito

O primeiro caderno de Edgar Allan Poe foi ele mesmo. Ele era sua própria matéria-prima original. Muitas de suas invenções – ou o que Huck Finn chamaria de "balelas" – datavam de sua juventude, quando tentava encontrar seu caminho durante os longos períodos de desavenças com John Allan. Depois que casou e lançou-se como um escritor profissional, a necessidade de criar um personagem ou de enfeitar o currículo diminuíra. Ele era um marido, um escritor profissional lutando contra as dificuldades financeiras, descobrindo como a vida real fica no caminho dos sonhos. Mas o desejo de dramatizar continuava, e saltavam para as páginas o personagem trágico, o criminoso, o filósofo, o detetive – talvez apenas diferentes Poe em potencial que nunca vestiriam o sobretudo preto dele.

"A experiência demonstrou e a Filosofia sempre demonstrará que grande parte, talvez a maior parte, da verdade, surge do que é aparentemente irrelevante." – Poe, sobre a verdade.

Mentirinhas

No início das *Aventuras de Huckleberry Finn,* Huck avisa os leitores que o livro anterior de Mark Twain não era de todo verdadeiro. "Umas coisas ele inventou, mas a maior parte era verdade." O desejo de Huck em deixar as coisas claras é brincalhão em muitos níveis: a obra é uma ficção, em primeiro lugar; Mark Twain fala por meio de Huck, e, embora Huck mencione essas invenções, ele não as condena. Quando *Huck Finn* chegou às prateleiras em 1885, as invencionices desfrutavam de uma presença na literatura americana há algum tempo. Se você acredita que a arte imita a vida, talvez isso explique o amor dos americanos pelas invenções – contos fantásticos e boatos literários – como o resultado literário natural das figuras americanas do herói folclórico e do golpista.

Até Poe entrar em cena – ao fim da adolescência, quando lutava para encontrar seu caminho –, lendas fantasiosas e boatos eram simples e engenhosos. Sabia-se que o Cavaleiro Sem Cabeça não era realmente sem cabeça. Sabia-se que David Crockett não poderia chicotear um lince com uma força equivalente ao seu peso. Mas, em uma nação nova e independente "esforçando-se" para se libertar dos grilhões do colonialismo e da ortodoxia, as possibilidades eram tão vastas e abundantes quanto a fronteira convidativa. As possibilidades de grandeza, riqueza, heroísmo, romance – tudo estava presente na mente e na literatura americanas. Os ânimos estavam elevados, e o exagero era corrente. Lendas pessoais eram inventadas.

O Limite entre Mentir e Contar Histórias

Era um lugar e uma época em que tudo o que contava eram as referências – para conseguir emprego, empréstimo bancário, educação, cônjuge, nomeação. Assim, a inocência das lendas fantasiosas e dos boatos, em que a pândega era sempre compartilhada como brincadeira, passara por mudanças. As terras sombrias da terra das oportunidades exerciam a tentação da autopromoção. O indivíduo tornara-se a lenda, o boato. Para um jovem ambicioso e inseguro como Poe, as invenções passaram a ser bastante atraentes. Com uma imaginação que renderia, em vida, dez volumes de poesia, ficção e ensaios, ele começou a escrever sua primeira criação verdadeira – ele mesmo.

Ao contrário do que grasnou o Corvo ["Nunca mais!"], em um poema que faria muitos anos depois, Poe seria para sempre um enjeitado. Um enjeitado com dons raros, uma natureza complexa e um pai adotivo que até certo ponto o sustentou, mas sem amá-lo. Suas perdas foram reais e dolorosas. Seus talentos eram reais, também – e eles floresceram. Há uma região limítrofe em que não há placas demarcando os limites entre realidade e ficção.

Onde Diabos está minha Sobrecasaca?

Quando as portas da Universidade da Virgínia se abriram em 1824, seu fundador e arquiteto Thomas Jefferson imaginou um centro de aprendizado que atraísse e desenvolvesse a mente humana erudita. Era a biblioteca em estilo grego (que *não* é uma capela, perceba) o principal prédio do *campus*.

Era significativo que a universidade (a conquista pessoal que Jefferson mais adorava) não fosse afiliada a nenhuma igreja, diferentemente das rivais ao norte, Harvard e Princeton. A primeira turma tinha 123 alunos, em sua maioria filhos de fazendeiros.

O ideal jeffersoniano da mente humana erudita parecia tomar como certo que bons estudantes teriam bom comportamento. Mas à "vila acadêmica", de gramados planos e edifícios clássicos graciosos, chegara uma turma arruaceira de rapazes vindos das fazendas pré-Guerra Civil, em busca da feliz mistura entre faculdade (filosofia, artes, línguas, ciências, direito e medicina) e vida estudantil.

> "Dixon fez um ataque físico a Arthur Smith (...) – e 'um companheiro muito gentil' – ele o golpeou com uma pedra grande na lateral da cabeça – e então Smith puxou uma pistola (que é a maior moda por aqui) e, se ele não tivesse errado o tiro, teria colocado um fim à controvérsia." – Poe, descrevendo uma briga entre dois colegas de classe, em uma carta a John Allan, 1826.

Eram garotos de vida privilegiada, cujo lugar na ordem social (graças à economia escravocrata que parecia inexpugnável) era seguro como o nascer do sol.

Poe chegou no segundo ano, levando consigo a experiência com os confortos da Moldávia e a repercussão gloriosa da herança Galt. Quando se é um desconhecido, pode-se ser quem se quiser. Apesar do relacionamento amargo com seu pai adotivo, Edgar levou alguns a acreditar que Allan era da nobreza fundiária, e não apenas um comerciante imigrante; e levou outros a acreditar que ele era seu filho adotivo e herdeiro. A compreensão de suas perspectivas determinava seu comportamento como estudante de Letras antigas e modernas no *campus* de Jefferson.

Sua mente rápida respondia não apenas ao estímulo intelectual, mas também à percepção de que havia algo novo no ar: tanto Poe como a nova nação formulavam ainda suas identidades. Foi simbólico o fato de que, quando Thomas Jefferson morreu, no dia 4 de julho, o jovem Poe compareceu a seu funeral em Monticello. Uma vez que a geração de fundadores da nação morria, a tarefa de definir a América e os americanos ficava a cargo de mãos mais jovens. A nação era apenas mais um adolescente tentando descobrir quem é. Poe era atleta, poeta, herdeiro e a personificação da resposta de Richmond a Lord Byron, de todas as maneiras possíveis. Membro da segunda turma a entrar na universidade de Jefferson, comprou roupas caras e contratou um pajem pessoal (de um grupo de escravos locais) a quem mal podia pagar. Allan dera-lhe menos da metade do dinheiro que Poe achava necessário para pagar as mensalidades e socializar-se com os filhos dos grandes fazendeiros, como se fosse um deles.

Cadeiras Vazias e Mesas Quebradas

Em se tratando de seus estudos na Universidade da Virgínia, Poe era o primeiro da classe, passando nas provas de Francês e Latim com as maiores honras. Suas falhas nunca predominaram sobre seu intelecto, seus poderes criativos ou sua integridade artística. Mas a verdade de seu começo como órfão era algo que ele sempre tentava compensar ao falar e agir como um jovem cavalheiro sulista. Mas seria possível tirar a criança enjeitada de dentro do rapaz – especialmente quando o pai adotivo o mantinha, sem razão aparente, em uma posição ambígua? Poe tinha 17 anos quando se matriculou na Universidade da Virgínia – era dois anos mais jovem que seus colegas. Talvez essa combinação entre extrema juventude e insegurança, ou o despertar da imaginação para a chance da criação própria, tenham-no trazido as dificuldades. Ali, no lugar para as mentes eruditas que Jefferson tornara realidade, foi onde Poe se embebedou e perdeu tanto no jogo que passou a ter uma dívida de 2 mil dólares.

Apesar da opinião popular de que ele era um alcoólatra, os relatos de primeira mão geralmente concordam que era incapaz de beber grandes quantidades de álcool. Menos de um copo de vinho era o suficiente para deixá-lo quase inconsciente. A bebedeira crônica de Poe não passaria despercebida ao corpo docente, a funcionários ou diretores da universidade, mas os relatos mostram que ele nunca foi repreendido – por nada. "Divertimento" ocasional? Certamente.

"A faculdade expulsou Wickliffe noite passada por má conduta em geral – mas mais especificamente por morder o braço de um dos alunos com quem brigava – (...) As mordidas iam do ombro até o cotovelo – é provável que pedaços de carne do tamanho da minha mão terão de ser extraídos. Ele é de Kentucky." – Poe, para John Allan.

Foi a dívida de jogo que pôs um fim à sua educação universitária, apenas dez meses depois que ela começara. Edgar discutiu com um irado John Allan dizendo que o jogo fora uma tentativa de aumentar sua mesada inadequada. Allan recusou-se a investir em mais educação – ou em aventuras para tentar aumentar a mesada – pela Universidade da Virgínia, e Edgar voltou para Richmond. Talvez ele quisesse abrandar "Pa", porque seu castigo foi trabalhar no escritório de Allan.

Fato

Com relação à sua educação, de acordo com Poe, formou-se na Universidade da Virgínia com distinção. Embora realmente tenha conseguido a maior distinção em duas matérias, largou da universidade após um ano, quando John Allan recusou-se a financiar sua educação.

O bibliotecário da universidade lembra-se de ter visitado Edgar em seu quarto, em uma noite fria de dezembro, e de tê-lo observado alimentar a lareira com algumas velas derretidas e fragmentos de uma mesinha que ele quebrara para usar como lenha. Em um tocante arroubo investigativo, que deixaria orgulhoso o futuro personagem de Poe, o detetive Auguste Dupin, o bibliotecário concluiu que aquela deveria ser a última noite de Poe em Charlottesville, pois, "por não ter mais uso para sua mesa e suas velas, fez delas combustível".

Escritório de Contabilidade Bleak

Deve ter parecido servidão para Edgar trabalhar no "escritório de contabilidade" de Allan, que era uma espécie de Bob Cratchit antes mesmo de Dickens sequer tê-lo imaginado. Mas durou apenas dois meses. Havia uma tradição entre os grandes autores desse período da história literária americana, que consistia em ter tipos diferentes de trabalhos paralelos, que pareciam a antítese absoluta de quaisquer impulsos imaginativos.

Nathaniel Hawthorne trabalhou por três anos como pesquisador para o Porto de Salem até ser demitido. Herman Melville, durante as duas últimas décadas de sua vida, trabalhou como inspetor aduaneiro nas docas da cidade de Nova York. Henry David Thoreau trabalhou em uma fábrica de lápis – embora esse emprego talvez tivesse *alguma* relevância para um autor.

Poe, em sua vida adulta, nunca ganhou dinheiro com nada que não fosse ligado a escrever, com exceção de suas economias da vida militar. Essa postura determinada é parte de seu legado literário. Ao optar pelas dificuldades financeiras de abrir caminho como escritor na vida americana, ele insistia, sem alarde, que fazer literatura era uma profissão honrável.

"A simplicidade não é sempre estupidez – e, como um acréscimo a essa proposição, nós podemos observar que, se tivéssemos oportunidade de ludibriar o típico astucioso, estaríamos mais certos de atingir nosso objetivo fazendo uso de uma conduta claramente franca e verdadeira do que pelos processos mais elaborados de astúcia." – Poe sobre as aparências.

> **Eles disseram...**
>
> "Eu ficaria satisfeito se você me escrevesse como amigo, até; não deve haver nenhum mal em você admitir candidamente que não tem dinheiro, se não tiver nenhum. Mas você pode dizer quando poderá me pagar, se não puder agora. Quando eu estava em Richmond, soube que o sr. Allan o aliviaria de todas as suas dívidas." – Edward Crump, um dos credores de Poe, escrevendo-lhe com relação a uma dívida pendente.

A labuta infeliz no escritório de contabilidade de Allan e a paz inquietante entre ele e seu pai adotivo terminaram quando os credores de Poe apareceram na porta de Allan e o velho explodiu. Negou-se categoricamente a cobrir quaisquer outras dívidas que Poe contraísse, cutucando de forma bem eficiente as velhas feridas tanto dele como as de Poe.

O servo aprendiz resolveu sair, deixando a casa, o escritório e a autoridade de John Allan para trás. Ele foi ficar com um grupo de amigos locais, sem deixar endereço para correspondência. Nessa época, Edgar já estava usando um nome falso, Henry Leonard (emprestado de seu irmão William Henry Leonard Poe), para confundir seus credores em Charlottesville. Ele e um amigo foram para Norfolk, onde Edgar usou outro nome falso, Henri Le Rennet – intensamente romântico –, e viajaram para Boston. Seu amigo logo reconsiderou a aventura e voltou para casa, deixando Edgar prosseguir sozinho. É possível que o jovem poeta e cavalheiro sulista tenha considerado Boston, sua cidade natal, um lar mais verdadeiro do que qualquer outro que os Allan pudessem fornecer. Ou, talvez, conforme crescia a poesia nele, tenha simplesmente desejado se jogar naquela que ainda era a capital literária dos Estados Unidos.

Vários anos depois, o humorista de San Francisco Bret Harte visitou Boston e comentou que "era impossível dar um tiro sem acertar o autor de uma obra de dois volumes". A cidade, portanto, era atraente para um escritor em desenvolvimento. De qualquer forma, Henri Le Rennet chegou com apenas uma pequena quantia de dinheiro que sua mãe adotiva, Frances Allan, lhe dera.

Capítulo 4

Partindo

Sozinho, Edgar alistou-se no Exército e começou a vida como poeta declarado. Frances Allan faleceu, e não havia mais ninguém para suavizar a relação entre John e Edgar. Porém, os dois reuniram-se quando Edgar recrutou a ajuda de seu distante pai adotivo para entrar em West Point. Acreditando que o rapaz problemático encontrara uma carreira sensata e abandonara a poesia, Allan utilizou-se de sua influência. Mas West Point também não era para Edgar Allan Poe.

O Byron de Boston

Deve ter sido pura libertação para o jovem Poe viajar de Norfolk para um futuro aparentemente nebuloso. Esse foi o período que mais tarde inspirou sua história romântica sobre ter viajado através do Atlântico para lutar pelos gregos em sua Guerra de Independência do Império Otomano – que governara a Grécia continental por aproximadamente 400 anos. Os interesses marítimos levaram os gregos a ter mais riqueza, educação e consciência geral da história da Europa em formação. Houve também o exemplo emocionante da Revolução Francesa e, mais tarde, o da Revolução Americana. Isso era puro alimento para a alma de um romântico do século XIX.

> **Eles disseram...**
> "(...) ele merecerá um lugar elevado – muito elevado – na estima da fraternidade de gênios. Mas se ele *conseguirá* isso, porém, vai depender não tanto de seu valor agora na poesia, mas de seu mérito daqui por diante em algo ainda mais grandioso e generoso: (...) a magnânima determinação que capacita um jovem a suportar o presente, (...) na esperança, ou pelo menos na crença, crença fixa e decidida, de que no futuro ele encontrará sua recompensa." – John Neal, em sua resenha sobre a primeira coleção de poemas de Poe, 1829.

Quando Edgar tinha idade o suficiente para determinar seu próprio rumo dramático – e criar o personagem do jovem e bravo poeta da Virgínia –, a guerra pela independência grega já "convocara" o ícone do movimento romântico inglês, Lord Byron, em 1824. O aclamado aristocrata, tachado de "louco, mau e perigoso de se conhecer" por lady Caroline Lamb, alistara-se nas forças rebeldes gregas, unindo-se aos rebeldes, projetando planos de batalha com eles e até comandando alguns, até que morreu de febre, sem chegar a ver uma batalha. Seu corpo voltou para a Inglaterra para o enterro, mas seu coração permaneceu literalmente na Grécia. Tudo isso era algo poderoso e impetuoso para o jovem Poe, que reagia de forma genuína às obras dos poetas românticos ingleses, especialmente Byron, Coleridge e Keats.

O herói byroniano, inspirado diretamente na vida e na obra de Lord Byron, encontrou um lar na alma do jovem Poe, em que cabia a figura do solitário taciturno e introspectivo. Na versão idealizada de sua própria história, Poe não parara em Boston, mas partira para São Petersburgo, na Rússia, onde fora impedido de se unir aos gregos. O poeta de Boston, James Russel Lowell, acabou acreditando na história; anos mais tarde, descreveu que a tentativa malograda de Poe em lutar pela independência grega "(...) terminara em São Petersburgo, onde ele teve dificuldades por falta de passaporte, tendo sido então resgatado pelo cônsul americano e mandado para casa."

Verifique sua Estante

Quatro meses depois da chegada de Poe em Boston, um editor local – que também imprimia rótulos de boticas – publicou *Tamerlane and Other Poems* [Tamerlão e outros poemas], o primeiro volume de poesia de Poe. Era um pequeno livro de 40 páginas com uma capa escura. Há discrepâncias com relação à tiragem da primeira impressão (20, 50, 200), mas sabe-se o paradeiro de apenas 12 cópias desse primeiro volume, entre bibliotecas e coleções privadas – inclusive na de um criminoso, porque a cópia da biblioteca da Universidade da Virgínia foi roubada. Há 20 anos, um desses primeiros volumes foi vendido na Sotheby's em Nova York por 198 mil dólares. Considerando que fora seu primeiro livro publicado e que a tiragem era muito pequena, *Tamerlane and Other Poems* é provavelmente a obra de Edgar Allan Poe que você mais desejaria encontrar em sua estante.

No verão de 1827, o surgimento de *Tamerlane* não rendeu resenhas e houve apenas algumas notas na imprensa local. No prefácio, Poe afirma que todos os poemas foram escritos quando ele tinha 13 anos, e que, no longo poema "Tamerlane", uma narrativa feita pelo guerreiro mongol em seu leito de morte, empenhara-se em "expor a insensatez de guardar os melhores sentimentos do coração no relicário da Ambição". Essa era uma insensatez que o próprio Poe evitava, tentando manter tanto o amor como a ambição à tona em sua vida, mesmo que isso trouxesse uma dificuldade financeira real e duradoura.

Eles disseram...

"(...) excessivamente pueril, fraco e deficiente nas características comuns da poesia, mas depois nós temos (...) trechos (...) que nos lembram de ninguém menos que Shelley. O autor, que parece ser muito jovem, é um grande gênio, mas carece de bom senso, experiência, tato." – John Neal sobre os primeiros poemas de Poe.

Henri Le Rennet, que sempre se mostrara orgulhoso e chamara a si mesmo de "nativo da Virgínia", exilou-se portanto de seu lar adotivo sulista, e estava ocupado construindo uma vida e uma carreira em Boston. O Berço da Liberdade tornou-se o berço da liberdade pessoal de Poe, naqueles primeiros anos fora de Richmond. Ele tinha 18 anos quando seu primeiro livro foi publicado, e *Tamerlane* é outro exemplo da busca do jovem por uma identidade pessoal, pois a capa trazia o evasivo não-nome "Um Bostoniano" como sendo o autor. Chamar-se bostoniano é interessante de muitas formas: sugere uma identificação vitalícia com a cidade; sugere uma autodescaracterização peculiar e é um primeiro exemplo de como Poe se deleitava com mistérios.

O que Huck Finn chamaria de invencionices, dos dias universitários de Poe – ser "filho e herdeiro" de John Allan, o guarda-roupa caro, o pajem –, estavam mudando. Como um homem livre por aí no mundo, ele poderia testar nomes diferentes e ver onde eles o levariam.

Às vezes, esconder-se é apenas uma maneira de mostrar algo de uma forma diferente.

"E assim, quando o adorável sol de verão/ De nossa juventude, seu curso tiver terminado:/ E tudo que vivemos para aprender – esteja já aprendido;/ E tudo que buscamos manter – houver escapado:/ Com a beleza do meio-dia, que é tudo./ Deixai a vida, então, cair como a flor diurna/ A tênue, apaixonada flor diurna/ Murchando ao pôr-do-sol." – *"Tamerlane"*. Nessa passagem, Tamerlane retorna a um lar e um amor desaparecidos.

Você está no Exército, Agora

No dia 18 de novembro de 1827, o soldado Perry, então com 22 anos e membro da Bateria H da Primeira Artilharia, embarcou no bergantim* Waltham no Forte Moultrie, em Charleston Harbor, Carolina do Sul. Era o final de uma viagem de dez dias para os 30 soldados da Bateria H que haviam sido transferidos do Forte Independence, quartel-general do regimento em Boston. O pagamento de um soldado era de cinco dólares por mês, mas o soldado Perry, considerado capaz e confiável, vira seu pagamento dobrar no tempo que passara no Forte Moultrie – o primeiro ano de seu compromisso de cinco anos com o Exército.

Poe alistou-se no Exército dos Estados Unidos aproximadamente dois meses antes do lançamento de *Tamerlane*. Na época ele tinha 18 anos, na verdade – e não 22. Até o fim dos anos 1800, a idade mínima para o alistamento era 16, e o novo recruta, "Edgar A. Perry", como ele se chamava,

> **Fato**
> Mesmo que Edgar Allan Poe tenha aumentado sua idade em quatro anos para alistar-se no Exército sem consentimento paterno, muitos anos depois ele continuava a reduzir de dois a quatro anos da idade verdadeira – o que, nesse caso, era um ótimo truque, considerando que sua mãe morrera dois anos antes da data de nascimento falsificada.

cumpria esse requisito. Mas havia outra lei que ele esperava evitar: quem tiver menos de 21 anos deve ter o consentimento paterno por escrito para alistar-se. Como ainda era recente o último rompimento com seu pai adotivo – que acreditava que Edgar viajara "em busca de sua fortuna" (estaria

---
*N.T.: Bergantim: navio de dois mastros.

Allan sendo romântico ou simplesmente cínico?) –, Poe não ansiava por nenhum contato pessoal. Por isso, Henri Le Rennet, um bostoniano, tornou-se Edgar A. Perry naquele verão, envelhecendo quatro anos com uma canetada.

A vida militar sempre atraíra Poe. Apesar dos rompimentos profundos em sua vida familiar, suas associações com o Exército americano sempre foram positivas. Seu avô, "General" Poe, fora reverenciado por aquele herói da Guerra da Independência, Lafayette, e havia também a experiência do próprio Poe ao se alistar no Junior Morgan Rifleman Club. Essa

> **Pergunta**
>
> **O que uma pessoa como Poe fazia no Exército?**
> Por ironia, até o fim do posicionamento da Bateria H no Forte Moultrie, "Perry" progrediu em um trabalho que requeria habilidades como ferreiro e mecânico. Qual era o nome de seu cargo, desse jovem destinado a tornar-se uma figura importante na literatura americana, desse jovem que trabalhou duro forjando um personagem? "Artífice."*

história pessoal e familiar deu-lhe um ponto de apoio emocional no Exército, e a vida militar atendia a parte de sua natureza que precisava de ordem, estabilidade e respeito. Coincidentemente, ele serviu como o intendente da companhia, responsável pela comida e pelos suprimentos – a mesma atividade que seu avô exercera havia todos aqueles anos.

Trinta e cinco anos depois da estadia de Poe no Forte Moultrie, o Exército deslocou-se para uma posição mais forte no Forte Sumter, logo bombardeado pelos Confederados na salva de tiros de abertura da Guerra Civil Americana. Mas, em 1827-28, reinou a paz – mantida, na verdade, por um cerco a Charleston, depois de uma rebelião escrava malograda conduzida por Denmark Vesey, cinco anos antes. As leis restritivas que afetaram as comunicações e os movimentos entre os negros livres e os escravizados não tiveram impacto sobre o lânguido estilo de vida costeiro experimentado pelo jovem soldado Perry, que tinha bastante tempo livre para absorver a atmosfera – tudo como uma preparação para escrever.

Um Agonizante Campo de Batalha

Edgar acabou revelando seu paradeiro para a família. Suas cartas, durante os dois anos de Exército, asseguraram a seu pai adotivo que ele mudara, não tinha vícios e estava construindo um futuro honrado para si.

---

*N.T.: Trocadilho com a palavra em inglês *artificer*, que também pode ser traduzida como "inventor".

A permanência de Poe na Carolina do Sul durou um ano, e depois veio a transferência para a Fortaleza Monroe, perto de Richmond. Foi o mais próximo que ele ficou de sua família adotiva desde a partida turbulenta, e coincidiu com uma deterioração grave na saúde de Frances Allan.

"Ma" sempre tivera uma saúde frágil. Era possível que sua doença crônica fosse genuína. É provável, no entanto, que suas ausências da cena familiar – marido e filho adotivo – tivessem algo a ver com ela ter eliminado quaisquer possibilidades de arriscar-se a dar à luz. Não deve ter sido um lar confortável, dadas as infidelidades de John Allan e o atrito crescente entre John e Poe. Ou talvez ela sofresse da indisposição das mulheres de vida confortável – poucos estudos e tempo demais nas mãos. Sem propriedade, educação, trabalho significativo ou direito a voto, as mulheres que não estivessem criando filhos sentiam-se como enfeites. Seu filho adotivo Poe dera alegria a Frances. Mas, depois que ele fora forçado a deixar a Universidade da Virgínia, porque o "Pa" não iria mais financiar sua educação, Edgar desapareceu no inverno de 1827, quando seu relacionamento com John Allan explodiu. A cavernosa Moldávia deve ter parecido um suntuoso sepulcro.

Foram provavelmente tempos difíceis para essa mulher afetuosa, que havia 18 anos respondera a um anúncio de jornal sobre o falecimento da atriz Eliza Poe e sobre seus filhos, que haviam então ficado sem lar. Edgar era sua boneca, seu brinquedo, seu filho único – algo de valor em sua vida com um homem cuja ética profissional feroz a sustentava financeiramente, mas cujo parco amor não poderia satisfazê-la.

Em uma das cartas de Edgar a seu pai adotivo, apenas três meses antes de Ma morrer, ele pede a Allan para enviar-lhe notícias sobre a saúde da mãe, adicionando: "...é apenas na ausência que podemos reconhecer o valor de uma amiga – espero que ela não deixe meu temperamento genioso destruir o amor que costumava sentir por mim". Ninguém sabe se Frances Allan recebeu a mensagem. Uma das respostas clássicas de John Allan para seu filho adotivo era não responder nada. Meses de silêncio seguiram-se, e as cartas de Edgar ficavam mais dolorosas e desesperadas, preenchendo os vazios.

Quando ficou claro para Frances que estava morrendo, em fevereiro de 1829, pediu a Allan para chamar Edgar. Não está claro se a demora de seu marido demonstrava sua negação de que ela estava morrendo, ou se era uma maliciosa inércia designada para magoar Poe. De qualquer forma, essa não-ação de Allan fez com que Frances não conseguisse ter seu último desejo atendido, e Edgar não pôde vê-la pela última vez. De fato, quando Poe foi liberado para o funeral, ela já havia sido enterrada. Frances Allan foi tirada de sua vista todas as formas possíveis – até morta. Para completar, o normalmente econômico Allan comprou para Edgar um terno novo para o funeral ao qual provavelmente sabia que o garoto nunca conseguiria comparecer.

Consequências da Morte da Mãe

Um ano depois, a ferida ainda não cicatrizara quando Poe atacou seu pai adotivo: "Se ela não tivesse morrido enquanto eu estava fora, não haveria nada de que me arrepender. Mas de você, nunca valorizei seu amor – já

> **Fato**
>
> Frances Keeling Valentine Allan foi enterrada em 1820 no Cemitério Shockoe Hill. Foi o primeiro cemitério municipal de Richmond, tinha quatro acres e estava em um terreno de propriedade do município, localizado ao lado da Câmara Municipal. Era semelhante a um parque, e acabou se tornando área de piqueniques e outros passeios. John Marshall, quarto chefe de justiça da Suprema Corte dos Estados Unidos, está enterrado ali – e durante a Guerra de Secessão, 200 soldados Confederados e 577 soldados da União também foram colocados lá para descansar.

ela, creio eu, amava-me como seu filho (...)". Poe não conseguia mais ser introspectivo com relação a John Allan, a ponto de perder o discernimento. A frase "nunca valorizei seu amor" pode magoar tremendamente um homem que, apesar de grandes falhas, costumava contar aos outros, triste e em segredo, que o garoto parecia não ter nenhum afeto por ele. Mas, considerando-se que o relacionamento deles era confuso e emocional, é de se perguntar se Edgar não podia admitir até para si mesmo o quanto ele queria o amor de seu pai adotivo.

"Eu não podia deixar de pensar que você me considerava infame e desfavorecido, e que qualquer coisa era preferível ao meu retorno para casa, confrontando-o com a minha infâmia. Mas em nenhum outro período da minha vida vi-me com tal profunda satisfação – ou vi meu coração cheio do mais honrável orgulho." – Poe, para John Allan, do Forte Moultrie.

Edgar sucumbiu à sua usual autossabotagem, alternando entre persuadir e censurar John Allan. Poe não parecia entender o fato de que nenhuma das abordagens funcionava com o homem. Para Allan, ações diziam tudo: se Poe tivesse entrado na Faculdade de Direito e nunca mais escrito outro poema, Allan poderia ter sido mais brando. Palavras – fossem elas arrogantes, ofensivas, nobres ou de qualquer outro tipo – eram apenas palavras.

West Point: Brigando para Entrar

Edgar Perry, o disfarce, continuou por dois anos. Depois de um ano no Forte Moultrie, a Bateria H foi enviada para o norte, na Fortaleza Monroe, em Chesapeake Bay. Edgar A. Perry acabara de ser promovido a sargento-major, o posto mais alto que um oficial sem patente poderia alcançar. Ficar aquartelado em Chesapeake Bay era como voltar para casa. Para avançar a partir desse ponto, ele teria de ir a West Point e conseguir uma patente, mas ainda não havia se decidido com relação ao Exército. Por um lado, estava bem adaptado à vida militar, saindo-se bem com a estrutura e as exigências. De certa forma nascera para essa ocupação, porque ela satisfazia às suas necessidades que nunca haviam sido atendidas, e evocava certos talentos em si. Além disso, suas notas de aprovação eram altas, e jamais houvera qualquer registro de mau comportamento. Mas o romântico e o artista nele sofriam. Se deixasse o serviço militar, quais seriam suas perspectivas?

Saindo do Exército

Em parte por causa da sua natureza competitiva, seu desejo por respeito e sua necessidade de restabelecer laços com o pai adotivo repressor, Edgar Perry decidiu desistir do restante de seu compromisso com o Exército (por volta de três anos). Reassumiu, então, sua identidade verdadeira como Edgar Poe, e inscreveu-se para entrar na Academia Militar em West Point. Para isso, precisava da ajuda de John Allan, e apostou na possibilidade de o velho apoiar esse tipo de busca. Ele tinha razão. Em primeiro lugar, o Exército não era como a Universidade da Virgínia, onde o jovem Poe podia usar sua mobília como lenha ou fechar tudo e ir embora. Não cumprir o compromisso de cinco anos poderia levar a um período de cinco anos de outro tipo: na prisão. Também havia o pequeno problema de encontrar um substituto, alguém disposto a preencher a vaga deixada por quem interrompe sua obrigação. Poe encontrou um tal de "Bully" Graves para ficar em seu lugar, mas teria de lhe pagar 75 dólares. Aparentemente, isso era bem mais do que a taxa usual. Mas o acordo era particular entre Poe e Bully, e Poe podia pagar apenas 25 dólares adiantados – o resto seria coberto por John Allan, que parecia disposto a apoiar o desejo do rapaz de sair do Exército e entrar em West Point. O substituto estava convocado, mas e a dispensa?

"Joguei-me no mundo, como um conquistador normando na costa da Grã-Bretanha, e, por minha declarada confiança na vitória, destruí a frota que sozinha podia proteger minha retaguarda – devo, portanto, conquistar ou morrer – progredir ou desgraçar-me."
– Poe, para John Allan, enquanto tentava obter a ajuda dele para ser dispensado do Exército.

O comandante do jovem Poe era amigo de John Allan, e fez o desmascarado Edgar Perry prometer que se reconciliaria com Allan em troca de uma dispensa, sem restrições. Pelas razões complexas usuais que simbolizavam o relacionamento entre o pupilo e seu pai adotivo, os dois concordaram em inscrevê-lo para West Point.

Apesar dos valores e dos temperamentos profundamente incompatíveis que esses dois tinham entre si e de seu relacionamento emocional, esforçaram-se em conjunto para que Poe entrasse em West Point. Isso acabou exigindo uma reviravolta para ambos.

Inscrevendo-se para entrar em West Point

A admissão na academia militar era competitiva e sempre havia uma lista de espera. Na época em que Poe fizera sua inscrição, o secretário de Guerra disse-lhe que havia outros 47 candidatos na frente. Enquanto esperava por dispensas, rejeições e afastamentos que fizessem a lista andar, Edgar resolveu enfeitar o currículo. Para começar, foi uma sugestão de John Allan ressuscitar "General" Poe, e fazer do avô intendente, que servira na Guerra da Independência, um detalhe atrativo em sua candidatura.

Eles disseram...

"...pelo interesse mostrado pelo secretário de Guerra, você tem grandes chances de ser um dos selecionados para setembro (...) estou autorizando um cheque da [Virgínia] no Union Bank of Maryland (nessa data) de Baltimore, no valor de 100 dólares, para você descontar; seja prudente e cuidadoso". – Allan escreve para Edgar durante a época em que trabalharam juntos para que Edgar entrasse em West Point, 1829.

Se os pais biológicos de Edgar, David e Eliza Poe, estivessem vivos para ver sua candidatura a West Point, teriam ficado surpresos ao saber que haviam falecido juntos no incêndio do teatro Richmond, em 1811. A verdade era patética, mas, para West Point, era preciso algo especial para explicar a ausência dos pais biológicos do jovem. Esse algo foi, então, o espetacular e famoso incêndio, em que vidas reais haviam perecido. Com essa única explicação dramática, o candidato Poe justificou o sumiço de seu pai, a conduta profissional de sua mãe e as circunstâncias abjetas de sua família.

John Allan provavelmente não podia acreditar quando se viu escrevendo, em sua carta de recomendação para o secretário de Guerra, que Poe era um candidato perfeito a uma patente – referindo-se especificamente aos "sentimentos honráveis" e "ânimo elevado" do garoto. Esses sentimentos honráveis conflitavam com os seus – e o "ânimo elevado" era, certamente, um eufemismo para o que Allan via como o comportamento selvagem e instável de Poe.

É um mistério a opinião do comitê de admissão de West Point sobre essa aparente contradição: em sua solicitação, Poe escreveu que era filho e herdeiro de John Allan de Richmond. John Allan, em sua carta de recomendação separada, disse que o garoto não tinha nenhuma relação de parentesco com ele.

> "*O exame de admissão acabou – muitos cadetes de boas famílias (...) foram rejeitados por serem inadequados. Dentre eles estava Peyton Giles, o filho do governador (...) acho que terei muitas vantagens e deverei esforçar-me para melhorá-las.*" – *Poe em carta a John Allan sobre a chegada a West Point, 1830.*

A Briga Recomeça

Levou cerca de um ano para sair a aprovação em West Point. Durante esse doloroso período de espera, a cooperação peculiar que Poe e seu pai adotivo conseguiram ter, unidos no esforço para que o jovem entrasse em West Point, acabara. Allan convencera-se de que seu pupilo o havia enganado com relação a suas perspectivas de obter uma patente, e menosprezou as tentativas de Poe para publicar seus escritos. Poe, por sua vez, voltou aos velhos modos, acusando Allan de nunca sustentá-lo o suficiente, financeiramente. Quando finalmente a aprovação saiu, o jovem entrou em West Point, onde brilhou mais uma vez.

Em determinado momento durante seu período na academia militar, Poe jogou sua aprovação na cara de John Allan, afirmando que ele a tinha conseguido sozinho. Por alguma razão, o cadete Poe não reconheceu o fato de que foi o empurrão político importante de seu pai adotivo que garantira sua nomeação.

West Point: Brigando para Sair

Se a vida caseira em Moldávia não houvesse passado por tantas mudanças, talvez Poe tivesse trancado o curso em West Point. Os exercícios, paradas e formações lhe eram familiares de seus dois anos no Exército. Além disso, as habilidades acadêmicas consideráveis que ele demonstrara na Universidade da Virgínia também haviam se destacado em West Point: francês e matemática.

Poe estava mais do que apenas levando a academia – ele brilhava. E, socialmente, como notara outro cadete, se Poe não fizera amigos duradouros, também não fizera inimigos, e dava-se bem com seus colegas. Em casa, John Allan casou-se de novo, e sua nova esposa sentiu uma profunda antipatia à primeira vista por Poe.

> **Fato**
>
> Poe e outro cadete, Thomas Gibson, pregaram uma peça em West Point. Destrincharam um ganso recém-abatido (uma iguaria em jantares especiais), e Gibson entrou cambaleante no quartel empunhando a faca ensanguentada e anunciando que um dos professores não o incomodaria mais. Então arremessou o ganso na única vela do aposento e, no escuro, os colegas horrorizados confundiram o objeto com a cabeça do professor.

A mensagem era clara. O homem que, segundo Poe, teve simpatia por ele quando este era órfão, que praticamente implorou ao avô, General Poe, pela permissão para adotá-lo, abria-se a uma nova família – uma que parecia mais merecedora de todos aqueles milhões Galt. Poe estava certo. Ele apenas se enganou ao pensar que Allan deixaria alguma herança para ele. Suas próprias perspectivas pareciam sombrias. Seria o Exército uma boa jogada – mesmo como oficial – para um jovem sem perspectivas e esperanças de receber uma herança? O cadete resolveu que não, e, estimulado pela percepção crescente de seu destino como escritor, decidiu largar West Point.

Mas falar era fácil.

Sendo Expulso

Aparentemente não havia uma maneira simples de sair; não bastava arrumar as malas e acenar adeus cordialmente. Um cadete não poderia sair a não ser que fosse expulso. Depois de John Allan esforçar-se, como não era de seu costume, para conseguir uma nomeação para Poe, o cadete contou-lhe que estava saindo. Foi uma ação realmente digna de seu último conto, "Imp of the Perverse" [O Ímpeto da Perversidade], que discorre sobre um elemento no ser humano que o faz agir contra seu próprio interesse. Allan nada respondeu. Então, Poe bolou uma trama detalhada e convincente para fazer o que fosse necessário para conseguir ir à corte marcial e ser dispensado de West Point. O plano não era complicado. Aparentemente, se um cadete falhasse em comparecer a chamadas, formações, exercícios, aulas e – ah, claro – à igreja, havia motivos para uma dispensa.

Ele achava que havia conseguido entrar na academia militar sozinho, sem levar em conta os esforços de Allan; agora, no entanto, podia afirmar honestamente que saíra por conta própria. Poe foi levado à corte marcial e dispensado. No dia 19 de fevereiro de 1831, um mês depois de seu aniversário de 22 anos, Poe voltou para sempre à vida civil, com poucos centavos em seu bolso. Foi um presságio de seu futuro como escritor profissional nos Estados Unidos.

Capítulo 5

Encontrando a Família

Depois de anos de dificuldades com o pai adotivo, Edgar Allan Poe encontrou um refúgio emocional real em Baltimore, com membros da família Poe. Lá, sentiu a devoção incansável de sua tia Maria e da filha mais nova desta, Virgínia, que mais tarde se tornaria sua esposa. Ele não era mais um menino e, sem John Allan para sustentá-lo, Poe entrou no mundo real munido de apenas uma percepção literária aguçada para guiá-lo.

Três Clemm e Três Poe

Eddie, Sissy e Muddy formavam a pequena constelação que deu a Edgar Allan Poe a maior felicidade em todos os seus 40 anos. Poe ficara pela primeira vez com seus parentes quando da entrevista para West Point em Washington, D.C., onde fora atrás de editores para sua poesia. Encontrou-se ali com o secretário de Guerra John Henry Eaton, que lhe disse haver dez candidatos à sua frente na lista de espera para West Point, mas que certamente uma vaga abriria. Poe foi morar com seus parentes de Baltimore mais uma vez, em 1831, duro e sem-teto, tendo sido expulso de West Point. Até onde Poe conseguiu ir com os 24 centavos que tinha no bolso quando saiu da academia militar é um mistério. O fato é que ele conseguiu aparecer em Baltimore, na casa de parentes já sobrecarregados.

Agora que virara um sem-teto, Richmond parecia inacessível; e ele precisava de um lugar para ficar por um longo tempo. Deparou-se então com as únicas boas-vindas incondicionais que jamais recebera: cinco Poe vivendo amontoados no andar de cima de uma minúscula casa em Baltimore. A chefe da casa, na prática, era sua tia Maria Clemm, uma viúva com dois filhos jovens, Henry e Virgínia. Elizabeth Poe, a avó paterna de Poe, também morava ali, assim como o irmão dele, William Henry Leonard Poe, que vivia com os avós desde que Edgar fora levado para a casa da família Allan, em 1811.

Eles disseram...

"...os homens o elogiam como o "patrono" de Edgar Poe. Aos meus olhos, ele cometeu um erro atroz. Quando assumiu a responsabilidade desse garoto, era seu dever ir até o final... Foi... [cruel] jogá-lo, indefeso que era, aos cruéis patrões do mundo (...) se esse jovem tornara-se um monstro, isso acontecera sob os olhos de seu próprio tutor". – Romancista Elizabeth Oakes Smith sobre John Allan.

Era como o lar Micawber, em *David Copperfield*: pobre, lotado, atarefado e conformado. De repente, o espirituoso e extraordinário Edgar – neto, sobrinho, primo, irmão – juntou-se a eles. Naquele lugar, sua aceitação fora instantânea. Ao contrário da situação sob o grande telhado de John Allan, com a tia Maria,"Muddy", não havia nada frio, ambíguo ou submisso.

Ele tinha uma família.

Henry e a Dívida de 80 Dólares

Quando Eliza faleceu, em dezembro de 1811, seu filho mais velho Henry já vivia com os avós paternos, o ilustre "General" e sua esposa. Rosalie, apenas um bebê na época da morte da mãe, foi levada por uma família fina de Richmond, os Mackenzie, que a mantiveram e sustentaram por mais de 50 anos até perderem seu dinheiro na Guerra da Secessão.

Mas quem eram Henry e Rosalie? Que tipo de relacionamento esses três filhos da atriz Eliza Poe tinham um com o outro? Henry cresceu em Baltimore e, embora a distância fosse de apenas 241 quilômetros, o acesso a seus irmãos não era fácil. Principalmente porque Frances Allan, temendo que os avós de Poe o quisessem de volta e o tirassem dela, desencorajava um encontro entre irmãos. A grande distância de cinco anos na Inglaterra ajudou na separação, mas quando os Allan voltaram para Richmond, e os irmãos estavam mais velhos, deram um jeito de se ver duas vezes em 1825.

"Eu estava em uma situação muito desconfortável — sem nenhum centavo de dinheiro — em um lugar estranho, de forma que rapidamente entrei em dificuldades depois dos graves infortúnios aos quais acabara de escapar — Minha avó é paupérrima e doente (paralítica)[.] Minha tia Maria está ainda pior, seja isso possível, e Henry completamente entregue à bebida e incapaz de ajudar a si mesmo, muito menos a mim." — Poe, agradecendo a John Allan pelo dinheiro que lhe dera quando visitou seus parentes Poe pela primeira vez.

Henry Poe, de acordo com a opinião geral, era uma sombra pálida de seu brilhante irmão mais novo, como os dois William Wilsons que Edgar descreveu mais tarde em seu famoso conto sobre o assassinato da consciência de um homem. Ambos os irmãos eram pálidos, magros, elegantes e tinham cabelos escuros. Mas Edgar era o que tinha estilo. Em Henry, tudo parecia mais fraco. Henry era um escritor, como seu irmão, mas escrevia bem menos que Edgar, e nada além das coisas convencionais do dia-a-dia. Seus poemas e relatos de viagens foram publicados com um conto chamado "O Pirata". Esses ele extraíra de suas longas viagens (nesse ponto, Henry superava seu irmão) provavelmente durante o período que passara na Marinha Mercante. Ele teve paradas em lugares muito distantes, como América do Sul, O Oriente Próximo, As Índias Ocidentais e O Mediterrâneo.

> **Fato**
>
> Assim que os irmãos restabeleceram seu relacionamento, passaram a compartilhar "material", e podem até ter colocado seus nomes no trabalho um do outro. Não está claro se Henry tinha a permissão de Edgar de considerar alguns dos poemas do irmão como seus. No entanto, nada interferia em seu relacionamento e na reunião dos dois como colegas de quarto sob o telhado de Maria Clemm. Isso até a morte de Henry, que aconteceu cinco meses depois da chegada de Edgar, após sua expulsão de West Point.

Poe tinha problemas com o álcool e lutou contra isso durante toda a vida adulta; Henry, como seu pai David, era um alcoólatra, e já estava com a saúde deplorável quando Poe juntou-se à família em Baltimore. Ele morreu em agosto de 1831, possivelmente de tuberculose ou cólera. Ironicamente, a única "herança" que Poe recebeu do irmão Henry foi uma indesejável dívida de 80 dólares. Como o novo "chefe da família", Poe ficou legalmente responsável pelas dívidas de Henry – e quando ele não conseguiu pagá-las, os credores de Henry mandaram prendê-lo. Sem alternativa, ele escreveu várias vezes ao pai adotivo, John Allan, pedindo ajuda. Enfim, ela veio.

Mas não antes de Poe ficar na cadeia por cinco semanas.

O Mistério de Rosalie Poe

Rosalie Mackenzie Poe (como os Allan, os pais adotivos da menina adicionaram o nome da família dela no batismo) não fez viagens, não escreveu poesia e não tinha perspectivas reais de uma vida adulta independente. Como Poe, Rosalie foi criada em Richmond. Embora Rosalie tenha vivido mais que seus irmãos, morrendo em uma casa paroquial quando tinha 64 anos, aparentemente ela nunca progredira além da idade de crescimento de 12 anos. De acordo com a opinião geral, era uma irmã simples, comum e afetuosa que brincava com sua priminha Virgínia, 15 anos mais nova. Ela amava Poe e o deixava perplexo – ele sempre tentava descobrir por que ela usava penteados e vestidos tão fora de moda.

> **Fato**
>
> Uma vez, quando ele recitava "O Corvo", por exigência dos familiares reunidos, Rosalie apareceu e sentou-se em seu colo justamente no ponto em que o poema falava dos pássaros pousados na "porta do quarto". Os convidados amaram. Poe era tolerante e brincou que ela iria junto com ele na próxima vez para interpretar o Corvo.

Foi Rosalie Poe, e não seus irmãos, quem trouxe um mistério consigo. Quem era seu pai? Há certamente dúvidas de que fosse David Poe Jr., que abandonou a família um ano antes do nascimento de Rosalie. A inferência é que as "cartas comprometedoras" de Eliza Poe, que chegaram às mãos de John Allan, sugerissem outra paternidade. O rumor, na época, dizia que o lindo jovem ator John Howard Payne era o pai. Payne apresentava-se em Boston com Eliza na época, mas ele passou os 20 anos seguintes nos palcos londrinos. Se era o pai, é possível que nunca tenha sabido. Sua carreira teatral incluía até escrever peças, mas Payne tinha dois outros pontos altos notáveis em sua vida de sucesso. Foi o primeiro cônsul americano em Túnis, e escreveu aquela música sentimental muito popular, "Home Sweet Home" [Lar, Doce Lar].

A Dedicada Muddy

Maria "Muddy" Clemm era grande, firme e atenciosa. Conforme a necessidade, ela recebia hóspedes, trabalhava como modista e até pedia doações, escrevendo cartas tristes e discretas para qualquer conhecido que achava que pudesse ajudar. Muddy, a antítese das frágeis moças que morreram enquanto cuidavam de Poe (Eliza, Jane Stanard, Frances), era seu porto seguro. Ela viveu mais que todos os próprios filhos, incluindo seu Eddie e todos os seus encarregados, morrendo em 1871 no Baltimore Church Home and Hospital (onde Eddie morreu também). Esgotara todos os donativos dos amigos, e seguiu adiante, miserável até o fim.

Ninguém era mais dedicada a Poe do que sua tia Maria, "Muddy". Ela acreditava profundamente no talento e nas perspectivas de Poe, e oferecia-lhe todo o apoio prático que podia, mantendo a casa nos trilhos, mesmo que para isso precisasse pedir dinheiro aos outros.

Virgínia Clemm, a prima que Poe sempre chamava de Sissy, era 13 anos mais nova do que ele; completou 8 anos na mesma época em que ele se mudou para Baltimore, depois da estadia em West Point. O outro

Maria Poe Clemm, sogra de Edgar Allan Poe. Reprodução de daguerreótipo, 1916.

filho de Muddy, Henry, aparece no censo de 1830, mas desapareceu depois disso.

"Eu Sou Muito Feio"

Há oito daguerreótipos autênticos de Poe, além de retratos pintados e esculpidos. Os originais estão em vários lugares – bibliotecas de universidades, sociedades históricas, museus – e alguns desapareceram, ao que tudo indica, em meio a coleções particulares (e, em pelo menos um caso, na coleção de um larápio). O interessante é a variedade desses retratos. Ora ele reparte seu cabelo para a esquerda, ora para a direita. Ora ele tem bigode, ora não tem. Tem costeletas, ou não. A esse respeito, Poe não difere muito de seus contemporâneos: basta examinar retratos de Longfellow, Lowell e Whitman ao longo dos anos para jurar que são na verdade uma dúzia de homens diferentes, ao invés de três. Posar para retratos era sempre uma ocasião rara e formal, e as poses não eram sempre naturais ou características – ou confortáveis!

Mas há algo de irritante nas mudanças nos retratos de Poe, em se buscar um retrato seu que seja único, final, simples e incontestável. Não importa se uma hora Walt Whitman aparece de barba branca espessa em um retrato, e que outra hora apareça de cara limpa, ou ainda com um bigode desleixado. Poe faz querer respostas inequívocas, quase que em contraste direto com suas provocações, seus mistérios, boatos e horrores – todos os truques literários que o mantêm perturbadoramente misterioso.

Retrato de Poe, sem data.

Os retratos de Poe

Havia uma xilogravura em particular que desconcertava Poe. Ela mostrava um homem descansando em uma cadeira, parecendo raivoso e sobranceiro. "Deus sabe que sou muito feio, mas não tanto assim!", ele escreveu a um amigo. Seis meses depois ainda coçava a cabeça (escura, ondulada) a respeito desse mesmo retrato, falando para James Russell Lowell que ele "(...) não é minimamente fiel à minha pessoa." No ano seguinte, mais uma vez reclama a Lowell que seu último retrato "quase não se parece comigo". Era bom saber, já que o companheiro retratado parecia letárgico e estúpido.

> ### Fato
> Ironicamente, um dos primeiros retratos de Poe de que se tem notícia era uma gravura derivada de uma pintura a óleo de Samuel Stillman Osgood, marido de um dos "namoricos" de Poe, Fanny. Osgood pintou Poe por volta de 1845, quando ele tinha 36 anos. Embora ainda exista um mistério sobre o relacionamento entre Poe e Fanny, foi o próprio Osgood que contribuiu para a instabilidade do casamento com suas próprias aventuras extraconjugais.

Pelo menos dá para ter uma impressão geral da aparência de Poe com os daguerreótipos e aquarelas. O homem também conhecido como O Corvo tinha olhos intensos, expressão fechada, testa larga e cabelo escuro. O famoso "Ultima Thule" – assim chamado por sua amiga e interesse amoroso, Helen Whitman, que o achava um retrato trágico de um homem levado além dos últimos limites – fora escolhido para ilustrar capas de livros, canecas e revistas porque parecia satisfazer a ideia de o que era um artista sofredor: bigode desigual, boca torta, olhos virados para fora; toda sua expressão é assimétrica, atormentada e vulnerável. Esse é o retrato que levou um pesquisador recente a concluir que Poe sofria de envenenamento por monóxido de carbono. Estaria drogado, demente, moribundo? Seriam esses os efeitos de excesso de tristeza, pobreza, álcool? Com certeza é um retrato áspero e provocante. Entretanto, foi necessário ir mais a fundo para descobrir que ele foi tirado em Providence, Rhode Island, apenas quatro dias depois de uma tentativa de suicídio com uma overdose de láudano. Poe entrou em um estúdio para comemorar a devastação, na verdade.

O retrato "Ultima Thule" de Poe. Daguerreótipo de W.S. Hartshorn, Providence, Rhode Island, novembro, 1848.

Olhos de quem vê

Os relatos da aparência geral de Poe durante sua vida são uma leitura fascinante. O que é interessante é a diferença das observações das pessoas que realmente o conheciam. Há alguns pontos de concordância, mas, no tópico sobre a cor de seus olhos, leem-se relatos de que eles eram azuis, cinza, violeta ou cor de mel. No tópico sobre sua cor de pele, diziam que era clara, escura ou que era cor de oliva. Todos parecem concordar, porém, que ele era lindo, tinha um bom porte e uma bela voz. Além disso, seu cabelo era crespo. Embora adotasse um guarda-roupa inteiro preto que parecia quase militar, alguns registros mostram Poe usando um chapéu panamá, uma capa espanhola ou balançando com graça sua bengala de nogueira. Outros acrescentaram sugestivos comentários sobre suas mãos delicadas, ou as ocasionais contrações de seu lábio superior, ou ainda, de acordo com Thomas Wentworth Higginson, mentor de Emily Dickinson, que o rosto de Poe era "uma face que ninguém se sentiria seguro em amar".

> **Pergunta**
>
> **Qual era a altura de Poe?**
> O próprio Poe dizia que sua altura era de 1,73 metro.
> O general Ulysses S. Grant também media 1,73 metro.
> Em 1840, a altura média de um homem branco americano era de 1,66 metro.

Às vezes, uma descrição de outro ser humano quase diz mais sobre quem descreve do que aquele que é descrito. Um exemplo disso foi o comentário feito por Rufus Griswold, crítico, escritor e editor nada talentoso que não perdia uma chance de rebaixar Poe. Eis o que disse Griswold, em um relato famoso e rancoroso que, durante um século, prejudicou a imagem de Poe: "Pessoalmente, ele era mais baixo que a estatura média, magro, mas firme e, em seus melhores momentos, ele tinha, em um grau eminente, aquele ar de cavalheirismo que homens de uma classe inferior raramente conseguem adquirir". O comentário de Griswold, dissimulado e reprovativo, dizia na verdade que era incrível que uma criatura de um ambiente tão vil houvesse alcançado tanto. Mas ele também literalmente diminui Poe, registrando sua altura como abaixo da estatura média. Outros que vieram depois notaram a atitude de Griswold, e outros biógrafos e críticos o rotularam como pequeno e magro. Registros em primeira mão dizem que media entre 1,68 metro e 1,73 metro – visto que Muddy acreditava na primeira medida, e o médico que o atendeu quando morreu, na segunda.

O Melodrama Está Todo no Interior?

Como era a vida emocional do homem que escreveu sobre os seres humanos em todo tipo de situação limite? Em suas histórias, encontram-se aventureiros descuidados em precipícios, egotistas analíticos resolvendo crimes e egotistas apaixonados cometendo crimes. Há homens e mulheres obstinados e perversos. Há também homens e mulheres cujos laços emocionais são tão fortes que literalmente desafiam a morte. Os poemas de Poe também contam histórias – os temas do amor perdido e da morte precoce estão por toda parte. Mas será que os contos e os poemas nos transmitem um retrato completo de Poe? Ele realmente escrevia a biografia de sua natureza emocional?

Sem dúvida utilizou-se de suas experiências para dotar seus personagens de toda riqueza emocional de que precisavam, e assim atingir o efeito literário desejado. Exemplo disso é o jocoso e engenhoso Montresor, de "O Barril de Amontillado". Para escrever de modo convincente sobre a vingança do personagem sobre seu inimigo, teria Poe utilizado sua reserva pessoal de sentimentos quanto aos "litterati" que o haviam prejudicado? Uma história convincente precisa pegar uma verdade emocional e dramatizá-la, espremê-la. É possível presumir que Poe não era diferente de seus lunáticos confessionais (senão como poderia tê-los concebido?), porque é difícil ver onde termina o criador e começa a criatura.

"Nós devemos considerá-la a primeira dentre as escritoras americanas. O caráter de sua escrita é essencialmente feminino... o manejo delicado, mas pitoresco; a graça, o calor e o brilho; o conteúdo refinado e criterioso..." – Poe, sobre a romancista Catharine Sedgwick, *1835*.

Mas há diferenças.

Longe de ser o lunático, o demônio ou o viciado em drogas como todos o consideraram por mais de 150 anos, Poe tinha um lar pequeno e aconchegante (gato, esposa e sogra inclusos), e não era dado a festas, preferindo caminhadas no campo. Para um homem que vivia em grandes áreas urbanas da América do século XIX, ele gostava de paz e silêncio. Tinha uma educação sulista impecável naquele período antes de a nação se dividir na Guerra da Secessão, e uma integridade artística irrepreensível. Em relação à literatura, ele era um purista absoluto. Era capaz de perceber os rumos que o mundo estava tomando, e sabia que esse futuro incluiria uma excelente literatura americana. Tudo isso era verdade sobre o homem Edgar Allan Poe, é difícil encontrar essas qualidades no que ele chamava de seus "grotescos", aqueles deliciosos pequenos melodramas sobre crime e insanidade.

Capítulo 6

Na Passarela das Ideias Modernas

Poe passou sua vida adulta em quatro cidades – Richmond, Filadélfia, Nova York e Baltimore. O clima político da época era turbulento, com Andrew Jackson reunindo o homem comum ao seu redor, mas alienando muitos em seu partido. Poe foi levado por algumas das modas de seu tempo, incluindo a frenologia, que alegava descobrir o caráter de uma pessoa baseando-se na sensação ao tocar seu couro cabeludo.

Antes do Cheesesteak*

Depois que saiu de West Point, Edgar Allan Poe passou mais anos na Filadélfia do que em qualquer outra cidade. Houve um período longo e ininterrupto entre 1838 e 1844, que foi uma época de intensa atividade criativa e de tranquilidade doméstica para Poe. Em casa – em cada uma das cinco casas que alugaram ao longo do tempo – moravam Virgínia, Muddy e a adorada gata Caterina. Poe celebrava sua estabilidade incomum comprando uma mobília mais cara, incluindo um piano e uma harpa para Virgínia. No lar da família Poe, a vida organizava-se em uma rotina diária de disputados cuidados com a casa e, à noite, de redação, depois que Poe voltava de seu trabalho.

Fato

Em 1830, Louis A. Godey criou a primeira revista bem-sucedida direcionada às leitoras, *Godey's Lady's Book*. Além das fotos de moda, modelos de vestidos e partituras de músicas populares, a revista recorria a artigos de grandes escritores americanos da época. Poe publicou artigos e resenhas na *Godey's* e os editores tinham de publicar um aviso distanciando-se das opiniões do sr. Poe – que suscitavam queixas daqueles a quem eram dirigidas.

Mas o cenário da Filadélfia, fora dos vários lares da família Poe, era bem diferente. Talvez tivesse algo a ver com sua localização, na fronteira com a Virgínia e com Maryland, como uma espécie de encruzilhada entre Norte e Sul, tanto geográfica quanto ideologicamente. No mar, havia o levante dos escravos a bordo do navio espanhol *Amistad*. Em terra, havia Filadélfia. Se Boston era o centro internacional da nação, a Filadélfia era seu laboratório, com os primeiros parques públicos, escolas públicas, para-raios, departamento de bombeiros voluntários, companhia de seguros contra fogo, reformatório, hospital, Faculdade de Medicina, Faculdade de Direito, clínica médica para os pobres, companhia teatral, instituição científica, expedição norte-americana ao Ártico, Sociedade Antiescravagista e Congresso Americano.

A Filadélfia estava na dianteira do progresso em quase todas as coisas. Apenas quatro meses depois da mudança dos Poe para lá, em 1838, uma multidão raivosa atacou o Pennsylvania Hall, que acabara de ser aberto como um fórum para a abolição e outros assuntos importantes. Durante as cerimônias de abertura, a abolicionista Angelina Grimké continuava a falar enquanto a multidão arremessava pedras pela janela. "De que adian-

---

* N.T.: *Cheesesteak*: Sanduíche típico da Filadélfia feito com carne e queijo derretido.

taria quebrar todas essas janelas? De que adiantaria demolir esse Hall? Isso trará evidências de que estamos errados, ou que a escravidão é uma instituição boa e salutar?", perguntava ela.

A revolta antiabolicionista aconteceu dois dias depois do casamento de Angelina Grimké, um romance interracial considerado pela imprensa local como "misturado demais" para o gosto deles. Angelina casara-se com Theodore Weld, outro importante abolicionista.

Grimké conseguira evitar maiores desastres naquela noite, mas, três dias depois, os revoltosos incendiaram o Pennsylvania Hall. Ele ficava a quatro quarteirões da casa dos Poe. No dia seguinte, a multidão incendiou o Abrigo para Órfãos Negros. E foi aí que os abolicionistas perceberam que os inimigos da sua causa não estavam apenas no Sul. Em 1838, havia impressionantes 100 mil membros espalhados por várias filiais locais da Sociedade Americana Antiescravidão, que fora fundada na Filadélfia. Agora sabiam que podiam esperar uma violência reacionária dos nortistas que se sentiam ameaçados pelo que consideravam rupturas na confortável velha ordem social – o que devia ter mais a ver com o fato de a "mulherada" sair de casa para tomar posições de liderança em fóruns públicos do que com o abolicionismo em si.

"*O fato é que, nos esforços para nos elevarmos acima de nossa natureza, caímos abaixo dela. Seus semideuses reformistas são meros demônios às avessas.*" – Poe, sobre a reforma social.

A Filadélfia era um cadinho de invenções, inovações, atividades e crenças visionárias. Tudo isso era um estímulo para Poe, que estava ocupado estabelecendo uma identidade profissional. Foi nesse período de seis anos na Filadélfia que ele surgiu como crítico literário, escreveu seus melhores contos (como "A queda da casa de Usher") e seu conto favorito ("Ligeia"), inventou a história de detetive moderna e publicou sua primeira coletânea de contos. Mas não havia trabalho suficiente, fosse com revisão ou edição, para Poe manter sua pequena família; então, ele teve de arrumar as trouxas e se mudar para a cidade de Nova York, em 1844. Na América, afirmava, "ser pobre é ser desprezado mais do em qualquer outro lugar na face da Terra". Na década seguinte, outros escritores – cansados da falta de apoio e da homogeneização crescente das ideias – transferiram-se para Nova York.

Se Você Conseguir Chegar Lá...

New York, New York. Como era a cidade, especialmente a região sul de Manhattan, para onde Poe se mudara na primavera de 1844?

Exceto por duas localidades fora do centro, como Fordham Cottage, onde Virgínia faleceu, a família passou grande parte de seus anos nova-iorquinos na região sul dos bairros de Manhattan e Greenwich Village.

Poe e Virgínia moravam a dois quarteirões do Washington Square Park. Apenas 20 anos antes de Poe e Virgínia chegarem, o parque fora cemitério de vala comum – e um cemitério realmente enorme, considerando-se que 10 mil vítimas de febre amarela foram anonimamente enterradas lá. Um olmo sobrevivente, perto da esquina de Waverly Place, era usado como forca para execuções públicas até 1835, quando Nova York foi pioneira em passar a realizar execuções em áreas fechadas, longe do público – não importava se a multidão consistisse em pobres ou elite. Quando os Poe chegaram ao coração de Greenwich Village, o espaço verde das forcas do cemitério passara a ser usado como parque público.

"(...) suas faces são todas moldadas em metal, e eles carregam seus cérebros e almas no bolso." – Poe, sobre os motoristas de táxi de Nova York dos anos 1840.

Embora a história do parque como um local de rituais públicos estivesse ofuscada, a apenas alguns quilômetros de distância dos Poe, na direção sudeste, ficava um fenômeno urbano conhecido como Five Points [Cinco Pontos]. Bairro violento, cheio de imigrantes, Five Points era visto pelos de fora como um horripilante "antro de iniquidade". Para os residentes de Five Points, era um bairro formado por membros da classe trabalhadora, onde imperava a lei das ruas. A superpopulação e a pobreza levavam à violência e ao crime. Havia tráfico de drogas, prostituição e jogo. O alicerce da vizinhança era a velha Cervejaria, que se tornara um cortiço onde, segundo registros, acontecia um assassinato por noite.

A apenas alguns quarteirões ficava o ateliê da escultora Anne Lynch, em Waverly Place, onde os *literatti* se reuniam. Poe reuniu-se com eles, até sua reputação ser tão manchada pela má-fé alheia que a artista fechou-lhe as portas.

Eles disseram...

"Devo dizer-lhe quanto prazer eu tive ao ler seus contos e em saber que eles são uma seleção de 70, os quais espero ler todos. Eles são insuperáveis por qualquer história que já li, em termos de poesia da linguagem e do fogo da imaginação. Traga-me mais para ler quando nos encontrarmos." – Anne Lynch, em uma carta para Poe antes de perder seus favores, 1845.

Faltavam poucos anos para o início "oficial" da vida boêmia de Nova York no Greenwich Village, onde escritores, artistas, compositores e filósofos se reuniriam e tentariam ganhar a vida. A cervejaria de Charlie Pfaff, no número 653 da Broadway, foi o ponto de encontro da primeira "elite" da contracultura na América – incluindo o falecido poeta e contador de histórias Poe, aquele artista pobre, porém brilhante, que virou o ícone do primeiro grupo de boêmios de Greenwich Village.

O Estado Mental Limítrofe

Baltimore, onde Poe vivera pouco mais de cinco anos (entre idas e vindas) e onde demorara menos de uma semana para morrer, era um verdadeiro microcosmo variado da América pré-Guerra de Secessão. Em seus dias, também, a Filadélfia histórica, um centro literário, ainda estava ávida para ver seus importantes pioneirismos nas manchetes. Boston, coberta por hera, seguia pelo mesmo caminho, como a incubadora intelectual da nação. Richmond, a empreendedora, emergia como uma vitrine sulista. E Nova York era, bem, Nova York: uma metrópole em formação onde despontava o futuro americano, ímã para os esforços artísticos de todos os tipos, e jovem centro financeiro – era o carro-chefe do empreendedorismo americano. Apesar da luta de classes na Filadélfia e dos problemas sociais surgidos com a superpopulação imigrante em Nova York, Baltimore, em Maryland, era a cidade que de fato refletia o caráter americano naquelas décadas, antes de a Guerra de Secessão despedaçar o lindo vitral ornamentado da nova república.

Fato

Maryland era um Estado de fronteira em toda sua extensão, um lugar de dualidades de todos os tipos. Seu brasão carrega o lema "Obras fortes, palavras gentis". Sua fronteira setentrional (compartilhada com a Pensilvânia) fica literalmente na linha Mason-Dixon, estabelecida em 1767, representativa da divisão cultural Norte/Sul que a linha passara a simbolizar.

A Posição do Terreno

Maryland é quase dividida pela Chesapeake Bay, que separa as áreas urbanas da bucólica costa oriental. Desde sua fundação, em 1729, Baltimore sempre fora um centro comercial (sua indústria principal era a construção naval), com seu grande porto, protegido geograficamente, e suas ferrovias comercializando tabaco e grãos. Maryland – e Baltimore – eram centros de comércio que continham mais do que mercadorias. Com sua história, geografia e população, Maryland era cenário do "comércio" de algumas das ideias mais indigestas e conflitantes da época.

Os britânicos haviam atacado o Forte McHenry durante a Guerra de 1812, em uma tentativa de expulsar os "piratas" que eles achavam que

Baltimore acolhia. Essa batalha, é claro, influenciou o poema de Key, "The Star-Spangled Banner" [A bandeira estrelada]. Baltimore fora o cenário das primeiras fatalidades da Guerra de Secessão, quando os simpatizantes sulistas confrontaram um regimento da União. Em 1863, a batalha de Antietam foi o dia mais sangrento de toda a guerra.

As Canetas Poderosas de Baltimore

Baltimore foi o viveiro para uma nova geração de escritores que internalizaram as dualidades de seu tempo e de seu lugar. Enquanto Poe ainda era estudante, outros "homens de letras" – homens de temperamentos e gostos muito diferentes – haviam encontrado um lar naquela cidade.

As raízes do poeta byroniano Edward Coote Pinkney em Baltimore incluíam um pai que servira no corpo diplomático. Embora a carreira do pai abrisse um mundo de possibilidades para Pinkney, ele abdicara da vida na Marinha em nome do papel de poeta faminto. Assim como Poe em sua juventude, Pinkney sentiu-se atraído pela obra de Byron, e sua obra pouco convencional não o fez cair no gosto de um público de sensibilidade convencional (e sulista).

Eles disseram...

"Você tem uma carreira agradável e próspera diante de si, se dominar essa inclinação sorumbática e agourenta de sua mente. Seja alegre, acorde cedo, trabalhe metodicamente – digo, com horários bem definidos. Tire uma folga regular diária. Ande apenas nas melhores companhias. Controle-se, corpo e mente, de forma rígida – e asseguro-lhe (...) que terá todo o sucesso e conforto pelos quais anseia." – John Pendleton Kennedy, para Poe, 1836.

Os textos de jornal e revista do colega escritor John Pendleton Kennedy favoreciam tanto a parte norte como a sul da Mason-Dixon Line. O sucesso de Kennedy marcou Baltimore como um lugar amigável ao desenvolvimento literário americano – e o próprio Kennedy viraria amigo de Poe.

Qual é o Cumprimento Secreto?

A América do início do século XIX estava cheia de atividade intelectual e era um porto para ideias importadas. As modas culturais da época eram absorvidas, alteradas, rejeitadas. A independência da Inglaterra fora conquistada duas gerações antes, e as memórias daquela luta desapareciam à medida que a geração mais velha desaparecia. Agora havia todos os tipos de questões novas e intrigantes para ponderar. Algumas tinham a ver com o que a nova nação poderia ser; outras tinham a ver com consertar o que já parecia estar errado. O regionalismo Norte/Sul ficava mais visível e o movimento liceu montara um fórum público em que oradores abolicionistas condenavam a posse de escravos. Com o aumento do "mercado de mídia", as teorias mais recentes da época recebiam muita atenção em jornais, periódicos, revistas e romances. Muitas dessas novas ideias se centravam em questões de filosofia sociopolítica e espiritualidade. Em uma era marcada pela tolerância às buscas espirituais e ao questionamento, havia evidentes afastamentos do comportamento predominante.

Poe não internalizou nada da visão de mundo calvinista americana. Apesar dos esforços convencionais dos Allan para transmitir a fé religiosa tradicional a seu filho adotivo, Poe sempre parecera mais interessado nisso como uma curiosidade do que como uma fonte de conforto pessoal ou um caminho para a salvação. O demônio, para Poe, era mais uma figura popular de divertimento infinito. Poe desprezava alguns resultados da era romântica, como o Transcendentalismo. A respeito do sofrimento humano e do crime, ele se interessava bem mais pela psicologia da anormalidade do que pelo problema do mal. Sempre um solitário independente, ele ficava naturalmente desconfiado de qualquer coisa que atraísse "a multidão", mesmo uma multidão de seres humanos pensativos e razoáveis. Ele tinha necessidade de gravitar em torno de novas ideias que fossem fruto de imaginações de outros. Para ele, sua própria imaginação já era uma fonte renovável.

Seja um Whig

Com a partida real dos fundadores e de seus herdeiros imediatos, a herança política americana estava disponível. Na briga pelo poder, os partidos políticos, durante a vida adulta de Poe, tinham pouca semelhança com o sistema bipartidário que existe hoje nos Estados Unidos. O quanto teria Poe internalizado das filosofias políticas conflitantes de sua época? Qual era sua posição? Isso importava para ele?

"Declarar algo como imoral (...) em todas as ocasiões é uma coisa – declarar algo como imoral no domingo, e daí proibi-lo nesse dia, é outra bem diferente. Por que não proibir no sábado, dia sagrado para os judeus?" – Poe, sobre o fechamento das tavernas aos domingos, no artigo "Ações da Aldeia", 1844.

Poe escreveu durante um período de relativa paz, no qual a guerra de 1812 era apenas uma memória e a conversa secessionista ainda não começara. A industrialização mantinha todos ocupados, fosse tratando da possibilidade de riqueza ou apenas ganhando seu sustento enquanto os outros ficavam ricos. Politicamente, havia preocupações quanto ao governo em si, e a influência de Andrew Jackson começou a polarizar as pessoas. Old Hickory (Velha Nogueira), herói de guerra populista do interior, ganhara poder considerável – e sua presidência tomou posição contra a aristocracia fundiária.

Sob o governo de Jackson, o sufrágio aumentou para incluir todos os homens brancos, mesmo os que não possuíssem propriedade. O homem comum (bem, o homem branco comum) finalmente podia votar, e muitos deles votaram em Andrew Jackson. Ele apostava em recompensar a lealdade política com cargos governamentais, política essa que, obviamente, consolidou seu poder. Suas diretrizes causaram um racha no próprio partido, que formou duas entidades separadas – o Partido Democrata, que apoiava Jackson, e o Partido *Whig*, que se opunha a ele.

As visões de Poe

A natureza de Poe se opunha ao que ele chamava de "multidão democrata", e, como habitante da Virgínia, não era o único a pensar assim. A multidão tinha o voto, e agora ela trabalhava em Washington. Onde é que as coisas iriam parar? Se os territórios a oeste se tornassem Estados livres, o que aconteceria à economia e ao modo de vida do sul? Em Richmond, na época de Poe, o partido emergente dos *Whigs* já tinha força.

Poe contribuiu com uma revista *Whig* e tinha relações amigáveis com seu fundador John Pendleton Kennedy. Mas Poe, apesar de algumas simpatias naturais, não era um ativista político, não encarava a política nem como passatempo.

"Não faço objeção a que cavalheiros 'se candidatem ao Congresso' (desde que se candidatem por um só partido), nem quanto a 'competirem pelo Congresso' (se tiverem muita pressa de chegar lá); mas seria uma bênção se alguns deles pudessem ser convencidos a sentarem-se quietos, no Congresso, depois de ali chegarem." – Poe, sobre os políticos.

Como artista fervoroso, usava as questões políticas de vez em quando; como homem absorvido pela criação rítmica da beleza – ou melhor, Beleza –, seus olhos prendiam-se mais à estratosfera do que à esfera política.

A Vontade de Desiludir

Quando perguntado sobre sua fé religiosa, Poe respondeu: "Minha fé é só minha". Sem maiores explicações. Ele não era um homem que deixasse entrar em sua vida aquilo que o restante da sociedade não questionava. Era inteligente, solitário e cético demais para não questionar as normas. Se uma igreja aceitava o adúltero John Allan, o que poderia esperar dela o ofendido e rejeitado Edgar? E se um jornal ou uma revista pudessem oportunisticamente pagar o mínimo possível a um autor pela publicação de seus escritos – e menos ainda para republicá-los –, como poderiam considerar-se faróis do pensamento esclarecido?

Mas, ao ver com ceticismo as instituições públicas, para que outra instituição se poderia voltar o olhar? Poe não tinha interesse nos movimentos reformistas da época. Ele era um artista conciliando suas visões de excelência com responsabilidades domésticas sérias. O que via quando olhava ao redor eram clichês confortáveis e complacências inabaláveis das classes altas entrincheiradas.

O zelo reformista espiritual deve ter parecido o trabalho de um indolente. Em sua natureza profunda e artística, Poe era um aventureiro no "coração das trevas", a mente humana, bem antes de a psicologia tornar-se uma disciplina. Ele não estava sozinho. Na Nova Inglaterra, Hawthorne identificava seu interesse permanente no que denominava o repositório torpe do coração humano. Pairando ao redor dos maiores escritores americanos desse período, havia um otimismo crédulo que devia parecer ingênuo e perigoso para escritores como ele e Poe. Eles ouviam os outros falarem que a Utopia era possível; bastava apenas sair e formar uma comunidade agrícola com alguns bons amigos. Se esses céticos, esses escritores, suspeitassem de motivos autoilusórios ou egoístas no conselho para ser um não-conformista, podiam escolher desobediência civil, encontrar Deus em uma folha de grama ou acreditar em seu poeta interior.

"Sem dúvida, é uma coisa muito recomendável e confortável ao Professor sentar-se tranquilamente na poltrona de biblioteca e escrever versos instruindo os sulistas a entregarem tudo de boa vontade, e ofendendo-os caso se recusem a fazê-lo (...)." – Poe, sobre os poemas antiescravagistas de Longfellow.

Para um homem de inclinações tão clássicas como Poe, que não tinha uso para a "multidão" e suas crenças sem questionamento, até que ele tinha um gosto bastante verdadeiro pelas tendências pseudocientíficas da época – como a frenologia e o hipnotismo.

Sinta as Protuberâncias na Minha Cabeça

Esqueça os quadris! Na época de Poe, os crânios é que estavam na moda. Bem mais de um século depois, tudo o que você pode fazer é coçar seu crânio curioso sobre o fenômeno conhecido como frenologia, a crença de que o caráter e a capacidade mental podem ser "lidos" em uma espécie de Braille craniano. O médico vienense Franz-Joseph Gall, o primeiro a desenvolver essa teoria, acreditava que a superfície do cérebro armazenava 26 "órgãos", cada um servindo como a sede de uma faculdade mental. Gall acertou ao suspeitar que as funções mentais, como a percepção, o intelecto, as emoções e assim por diante, localizavam-se no cérebro; mas demorou um bom tempo para que os verdadeiros cientistas fossem capazes de desacreditar a noção de que sentir protuberâncias na cabeça de um homem era uma forma de julgar seu caráter ou de prever seu comportamento. Uma faculdade mais desenvolvida significava um "órgão" mais muscular, que, por sua vez, criava protuberâncias sobre aquela área particular no crânio. Uma amostra da taxonomia do dr. Gall incluiria coisas como "filoprogenitividade", "singularidade", "cautela" e "paladar" (nossos dedos poderiam esperar encontrar uma depressão craniana sobre o órgão da linguagem do dr. Gall). A leitura frenológica era chamada de cranioscopia, e parecia-se com uma boa massagem capilar.

Poe passara a acreditar piamente naquilo, tendo feito, ao que parece, várias leituras de crânio.

> *"Eu não conheço, pessoalmente, o juiz Upshur, mas tenho um respeito profundo por seus talentos (...) Sua cabeça é um modelo para uma escultura. Falando em cabeças, a minha foi examinada por vários frenologistas — e ficaram tão animados que eu me envergonharia de repetir suas palavras."* — Poe para o romancista-advogado-editor Frederick William Thomas, sobre suas leituras frenológicas, 1841.

Ele achava que, por meio da "indagação bem direcionada os indivíduos podem obter (...) uma estimativa exata de suas capacidades morais". A partir daí, segue dizendo que esse conhecimento é útil para direcionar um indivíduo para certos tipos de trabalho. O problema com a frenologia, ou *um* dos problemas, é que ela é determinista. Uma protuberância no que o dr. Gall definia como "o órgão da morte" significaria que um bancário acabaria cometendo um homicídio? E, ainda mais impressionante, poderia uma protuberância sobre o "órgão da morte", no crânio de um homem acusado de assassinato, ser usada como prova contra ele?

> *"...a base mais certa e verdadeira, na verdade a única base certa, de todo conhecimento médico — um golpe aplicado legalmente a ela seria um golpe vital nos melhores e mais importantes interesses da família humana".* — Poe, sobre a dissecação humana, 1840.

A respeito das "capacidades morais" mencionadas por Poe, será que ele realmente acreditava que elas podiam ser mapeadas no crânio de um indivíduo? Mais tarde, no mesmo século, claro, surgiu o campo da psicologia humana, que devia ser muito interessante para um escritor cuja obra já versava sobre excessos emocionais e comportamento anômalo. Era o drama da mente que atraía Poe.

Capítulo 7

Começa o Trabalho

Edgar A. Poe foi o primeiro escritor profissional da América. Publicou primeiro um volume de poesias e depois trabalhou em várias revistas para ganhar a vida. Sua dedicação resoluta ao objetivo de tornar-se um escritor profissional levou-o, e à sua família, a uma vida de pobreza. Embora não houvesse sido bem-sucedido profissionalmente, Poe fizera amigos entre seus colegas, e apegara-se bastante à sua pequena família, Muddy e Sissy.

Contenho em Mim Multidões

Mentiroso ousado? Romancista delirante? Brincalhão crônico? Mentiroso cruel? Escritor criativo? Qual desses era Edgar Allan Poe? Se você pensa que ele era todos, pergunte-se então onde esses papéis se sobrepõem. Para um escritor com uma imaginação poderosa, as fronteiras entre a verdade e a mentira ficam embaçadas, rompidas ou apagadas. Em um contista há aquele hospedeiro constante que é o ego do escritor trabalhando. Em *Canção de mim mesmo*, Walt Whitman, outro grande escritor americano do século XIX, diz, "Eu sou amplo, eu contenho multidões". Assim como Poe.

As "multidões" são todas matérias-primas da arte – as locações, as ideias, os ornamentos e as criaturas que se encontram dentro do escritor, esperando serem transformadas em arte. Às vezes, nas mãos de grandes escritores, a ficção é apenas a biografia daqueles que nunca viveram.

"O verdadeiro gênio estremece diante da incompletude – imperfeição – e prefere o silêncio a dizer algo que não seja tudo que deve ser dito. (...) Às vezes, deparando-se com um assunto, ele tropeça, hesita, para de repente, atém-se e, por ter ficado impressionado pela pressa e multiplicidade de seus pensamentos, seus ouvintes zombam de sua incapacidade de pensar." – Poe, sobre ouvir o gênio, 1848.

Às vezes, a ficção é uma forma de autobiografia. Teria Walt Whitman nascido no sul (como uma vez disse), em Long Island, ou em outro lugar? Como pode dizer que ouviu uma história sobre a Guerra Mexicana contada no Texas, se esse é um lugar que nunca visitou? Whitman, dez anos mais novo que Poe, já foi de tudo nas páginas de sua obra. Poe, entretanto, saía da página. Algumas de suas invenções vieram diretamente de sua insegurança – filho e herdeiro de John Allan, formado com distinção na Universidade da Virgínia, avô militar de alta patente –, mas outras surgiram da crença de que se pode ser quem se quiser, mesmo sob nomes diferentes. Na América expansionista do início dos anos 1800, quem Poe tinha em mente? Que personagem pretendia criar? Provavelmente uma versão nova-iorquina de Lord Byron, embora já houvesse muitos desse. Seu forte passado familiar ligado ao teatro (seus contos e poesia têm uma rica teatralidade), representou muitíssimo bem o papel de Edgar A. Poe, Henri Le Rennet e Edgar A. Perry.

Para Whitman e Poe – sem mencionar as cidadezinhas sombrias de Hawthorne ou as vastidões marítimas de Melville –, a grande metáfora da primeira metade do século XIX nos Estados Unidos era a expansão. Espalhar-se. Fazer descobertas. Confrontar a selva. O que está fora daquele círculo de fogo do mundo conhecido dos salões de Boston, dos estaleiros de Nova York, dos estábulos da Virgínia? Para Whitman, tudo fora desse círculo era amado e celebrado. Não havia tal coisa como o desconhecido, havia apenas o não cantado. Para Poe, o que ficava de fora do círculo de fogo era uma figura sombria, um adversário respeitável, alguém que o chamava do lado de fora daqueles arredores seguros e acesos. E era ele mesmo.

Primeiro Conto Publicado

Na primavera de 1831, o *Saturday Courier,* da Filadélfia, fez um concurso de contos com os prêmios de 100 dólares e o direito à publicação. Ao anunciar seu objetivo nobre como a "Causa da LITERATURA", o jornal demonstrou um fugaz entusiasmo pelo que Poe provavelmente pensava ser algo excelente. Ele enviou para o concurso "Metzengerstein" e quatro outros contos. Nenhum dos cinco ganhou – na verdade, o vencedor foi um texto chamado "Love's Martyr" [Mártir do amor], de Delia Bacon, escolhido pelo que os editores chamaram de "bom gosto, talento e sentimento".

Embora "Love's Martyr" tenha derrotado os contos de Poe, durante o ano o jornal acabou publicando todos – sem pagar o escritor e provavelmente sem nem notificá-lo. Normalmente, um trabalho apresentado em um concurso para publicação, seja qual fosse o resultado, era considerado então propriedade do jornal patrocinador. Mais tarde, Poe abraçou a causa de proteger os autores contra essa espécie de perda dos direitos de seu trabalho. Como um homem determinado a ganhar a vida como um escritor profissional nos Estados Unidos, a dificuldade financeira politizou-o. Quando a Lei Internacional de Direitos Autorais foi decretada em 1898, ele já morrera havia cinquenta anos.

Embora nenhum de seus textos tenha ganhado o concurso do *Courier*, eles foram os primeiros contos impressos de Poe. Apresentavam alguns dos temas e interesses de sua obra posterior, com clara presença de sua voz inconfundível. "O horror e a fatalidade têm tido livre curso em todos os tempos", é o início de seu conto "Metzengerstein". "Por que, então, datar a história que tenho para contar?" É sobre um jovem e cruel lorde húngaro que maquina a morte de seu inimigo hereditário.

Fato

Delia Bacon, uma acadêmica bem-educada de Connecticut e preceptora de jovens moças, foi uma das primeiras especialistas a questionar a autoria das peças de Shakespeare. Por um tempo, ela até convenceu Emerson de que Shakespeare não era um, mas vários homens. Hawthorne, que a considerava talentosa, resgatou-a da pobreza e mais tarde narrou como enlouquecera ao pesquisar sua teoria shakespeariana na Inglaterra.

Assim Poe descreve a ascensão do perverso jovem barão Metzengerstein: "Ao dar-se a sucessão de um proprietário tão jovem, com um caráter tão bem conhecido, a uma fortuna tão incomparável, poucas especulações vieram à tona a respeito do provável curso de sua conduta. E, de fato, pelo prazo de três dias, o comportamento do herdeiro excedeu Herodes em crueldade e ultrapassou de longe as expectativas de seus admiradores mais entusiasmados. Orgias escandalosas, perfídias flagrantes, atrocidades desconhecidas, deram logo a compreender a seus trêmulos vassalos que nenhuma submissão servil de sua parte e nenhum escrúpulo de consciência da parte deles poderia desde então dar qualquer proteção contra as presas implacáveis e sedentas de sangue de tal Calígula mesquinho".

Nesse primeiro conto publicado, Poe trabalhou com alguns de seus futuros materiais favoritos: o narrador em primeira pessoa, a sensação de horror infinito, a abertura, que agarra o leitor pelo colarinho, e uma ideia estrutural filosófica que ele explora ficcionalmente (aqui é a ideia de que as almas humanas podem reencarnar em corpos de animais). Em seu primeiro conto, há influências "neogóticas": castelos, vinganças, floreios descritivos e uma dose grande do sobrenatural – no caso um castigo, galopando pela página na forma de um cavalo vingador.

Eles disseram...

"Se meramente disséssemos que lemos os contos, isso seria em si um elogio; manuscritos desse tipo muito raramente são lidos por alguém que não seja o autor. Nós lemos cada sílaba desses contos com o maior prazer e, considerando-se a originalidade, a riqueza de imagens e a pureza de estilo, poucos autores americanos, na nossa opinião, já produziram algo superior. (...)" – Resenha das histórias de Poe na edição de 1832 do *Saturday Visiter* de Baltimore.

O Primeiro Grande Prêmio

O que a Filadélfia não deu a Poe em 1831, Baltimore o fez em 1833. Mas até essa vitória foi complicada.

O vencedor "MS. Found in a Bottle" [Manuscrito encontrado em uma garrafa"] começa com a usual prosa cativante de Poe: "Do meu país e da minha família tenho pouco a dizer. Os maus costumes e o passar dos anos me afastaram de um e distanciaram-me do outro". A epígrafe está em francês e, apesar de não mostrar toda a ideia subjacente de Poe aqui, defende a honestidade do narrador: "Quem não tem mais do que um momento para viver, não tem mais nada a dissimular". Em outras palavras: por que eu mentiria? O "autor" do manuscrito encontrado em uma garrafa descreve a consequência imediata de um naufrágio: "É impossível dizer por qual milagre eu escapei da destruição. Atordoado pelo choque da água, encontro-me, depois de recuperado, entalado entre o cadaste e o leme. Pus-me de pé com grande dificuldade e, olhando confuso em redor, fui inicialmente assaltado pela ideia de estarmos no meio de recifes; tão atemorizante, além da imaginação mais louca, que era o redemoinho formado pelo imenso e espumoso oceano pelo qual havíamos sido engolidos. Depois de algum tempo, ouvi a voz de um velho sueco, que embarcara conosco no momento de nossa partida. Chamei-o com todas as minhas forças, e na mesma hora ele veio cambaleando em direção à popa. Logo descobrimos que éramos os únicos sobreviventes do acidente. Todos os que estavam no convés, exceto por nós, haviam sido varridos para fora – o capitão e os oficiais devem ter perecido durante o sono, pois as cabines estavam inundadas". É um conto compacto e inteligente que oferece uma informação original sobre "passar" para o outro mundo. Sem barqueiro Caronte nem Rio Styx, para Poe. É tudo um naufrágio sobrenatural.

Edgar apresentou seis contos do que ele chamava de coleção Folio Club (uma coleção que nunca chegou a ser impressa na forma final que ele queria) e mais um poema, "The Coliseum" [O Coliseu], para um concurso feito pelo *Saturday Visiter* de Baltimore. Parece que os juízes inicialmente decidiram que Poe ganhara os dois concursos, ficção e poesia, mas depois mudaram de ideia, achando que essa "lavada" para um único escritor poderia ser mal-interpretada pelos leitores. Assim, premiaram Poe por sua ficção, e resolveram dar o prêmio de poesia a outra pessoa, escolhendo como vencedor um poema apresentado por John Hill Hewitt.

Hewitt era o editor do *Saturday Visiter*.

Eles disseram...

"...o autor deve à sua própria reputação, bem como à gratificação da comunidade, a publicação do volume completo (Os Contos do Folio Club). Esses contos são notáveis por sua imaginação selvagem, vigorosa e poética – um estilo rico, uma invenção fértil – e aprendizado variado e curioso." – Juízes do concurso do *Saturday Visiter* de Baltimore, explicando por que escolherem o conto "Manuscrito encontrado em uma garrafa" como o vencedor do prêmio de ficção, 1835.

Nessa época, Poe vivia em uma casa em Baltimore com um grupo de alguns Clemm e Poe, e o prêmio em dinheiro era bem-vindo. Mas deve ter sido doloroso para o escritor saber que tecnicamente ganhara nas duas categorias, só para ver uma das vitórias (e o prêmio correspondente) arrancada de si. Hewitt contou depois uma anedota sobre ter sido abordado na rua pelo legítimo ganhador, que afirmou: "Você usou meios desleais, senhor, para obter aquele prêmio". Injuriado, Poe também acusou Hewitt de ser um trapaceiro indigno, ganhando, em seguida, um soco de Hewitt. Se Hewitt vencera por mérito próprio, ninguém sabe; mas o incidente parece tocar na reação apaixonada característica de Poe ao que ele julgava ser o avanço injusto de artistas inferiores. Está certo que ele ganhou, além do prêmio de 50 dólares por "Manuscrito encontrado em uma garrafa", um soco no nariz. Porém, ganhou também uma vantagem decisiva: a amizade de um dos juízes, o romancista John Pendleton Kennedy.

O Conselho Certo na Hora Certa

John Pendleton Kennedy era 14 anos mais velho do que Poe e preenchia bem a vaga de figura paterna para Poe, que tinha 24 anos e estava se distanciando de John Alan. Kennedy era um homem cujo currículo parecia conter as carreiras de vários homens. Fora advogado experiente eleito para o Congresso, onde trabalhara como orador da Casa. Como secretário da Marinha de Guerra, na administração Fillmore, fora indispensável seu apoio às expedições para o Japão e o Ártico. Não era de se espantar que Kennedy também estaria interessado em educação – ele prestava consultoria para questões da Universidade de Maryland. No tempo livre que obtinha entre as vidas que vivia, escreveu quatro romances que receberam uma quantidade razoável de elogios da crítica.

Kennedy, um homem conhecido por sua natureza gentil e generosa, reconhecia o talento de Poe, e deu-lhe apoio prático e moral desde cedo. Por fim, não foi tanto a influência de Kennedy que ajudou o batalhador Poe, mas seus bons conselhos. Embora ele tenha se aproximado de seu editor na Filadélfia para ajudar Poe, o resultado fora desapontador. Eles acharam difícil vender um livro de contos, mas sugeriram que o sr. Poe considerasse vender seus contos individualmente para revistas. Eles não prometiam nada, mas a estratégia poderia apresentar seu nome para o público leitor.

E foi o que aconteceu.

Kennedy era um amigo que sempre apoiava Poe durante esse período inicial das incertezas profissionais (e emocionais) em sua vida. Foi pelos esforços de Kennedy que o editor chefe Thomas White deu a Poe um cargo de redator no *Southern Literary Messenger*, lançando o que veio a ser sua carreira de redator e crítico – o que trouxe uma renda pequena, mas segura. Entretanto, até mesmo a influência de Kennedy não era uma vara de condão para a carreira de Poe. Seus contos foram considerados brilhantes, mas um tanto bizarros e repugnantes – e um livro digno deles acabou sendo difícil de vender por vários anos. Mesmo depois de o editor chefe de Kennedy na Filadélfia lançar uma edição, não havia entusiasmo para novas impressões. Nenhuma porta se abria com facilidade para Poe. As aberturas aconteciam aos poucos. O romancista e congressista John Pendleton Kennedy apareceu em uma época na qual ajuda era essencial.

> **Eles disseram...**
>
> "O sr. Kennedy acompanhou-o a uma loja de roupas e comprou-lhe um terno respeitável, com camisas de linho, e mandou-o tomar um banho, de onde ele voltou com a pose recuperada de um cavalheiro." – Rufus Griswold, o executor do testamento de Poe, descrevendo (com precisão duvidosa) o primeiro encontro de Poe e John Pendleton Kennedy, 1849.

Poe Encontra uma Noiva

O lar composto Poe-Clemm seguia tranquilo até que uma inevitável mudança aconteceu. John Allan faleceu em 1834, e deixou seu antigo filho adotivo fora do testamento. A avó de Poe, Elizabeth Poe, faleceu em julho de 1835. A pensão que ela recebia desapareceu, uma quantia de dinheiro pequena e crucial para a família. Poe também se retirou da casa, indo trabalhar em Richmond, no *Southern Literary Messenger*. Ele não podia fazer muito a não ser observar outro primo, Nielson Poe, apaixonar-se por Virgínia e fazer uma proposta para que ela e sua mãe fossem morar com ele. Nielson podia oferecer mais estabilidade e uma chance para Virgínia "debutar" na sociedade.

Edgar, que ainda brigava com a perspectiva de uma vida adulta desenrolando-se diante de si com contas implacáveis e uma instável carreira profissional de escritor, apavorava-se com a possibilidade de perder Sissy e Muddy, as únicas seguranças emocionais diárias de sua vida. De Richmond, ele suplicou a Muddy em uma carta, declarando: "Eu amo Virgínia ardentemente", aparentemente sem nem ter tempo de pontuar. O que ele diz depois é revelador: "Não posso exprimir em palavras a devoção fervente que sinto por minha priminha (...)". Para a própria Virgínia ele acrescentou: "(...) minha doce Sissy, minha querida pequena esposa, pense bem antes de partir o coração de seu primo (...)".

Poe levou a melhor, chamando-a de "esposa" antes mesmo de ela saber o que lhe era oferecido.

> **Fato**
>
> Durante a vida de Virgínia, Poe não lhe dedicara nenhum poema, e ela "nunca lera nem metade" de sua poesia. Cerca de um ano antes de ela morrer, Poe teve a oportunidade de escrever-lhe enquanto estava fora da cidade, a negócios: "(...) minha esposa querida, você é meu maior e único estímulo agora para lutar contra essa vida destoante, insatisfatória e ingrata".

Edgar Allan Poe e Virgínia Eliza Clemm casaram-se em uma cerimônia secreta em 1835. Algumas fontes afirmam que Poe e Virgínia se relacionaram platonicamente por dois anos antes de consumarem o casamento. A primeira cerimônia foi secreta porque havia objeção de outros membros da família – não por causa da idade dela, ao que parece, mas por causa de sua escolha!

Como se o segredo daquela primeira cerimônia no outono de 1835 não fosse interessante o suficiente, parece que o casal feliz alegou que Virgínia tinha 21 anos – mesmo que na época não houvesse lei contra o casamento aos 13 anos de idade. Seis meses depois – ela ainda não tinha 14 – eles repetiram os votos, dessa vez em público, com o chefe de Poe no *Southern Literary Messenger* como testemunha. Uma dose dupla de votos matrimoniais para o inseguro Poe. Virgínia, de olhos grandes, continuou a ser a presença misteriosa, etérea, doce e tolerante em sua vida – juntos na estrada (e não na sociedade que Nielson Poe oferecera), Poe era todo drama e Sissy era pura atenuação. Ela fora sua primeira espectadora enquanto ele lia sua nova obra em voz alta, à noite.

> ### *Fato*
> Um antigo biógrafo de Poe manteve os ossos de Virgínia debaixo de sua cama, depois que o cemitério Fordham foi destruído, doando-os depois para serem enterrados ao lado de Poe. Só em 1885, dez anos depois da reconsagração do túmulo de Poe, que os restos de Virgínia foram enterrados com os de seu marido e de sua mãe. É possível visitar os túmulos todos os dias, das 8 da manhã até o anoitecer. O que costumava ser a Westminster Church agora é um salão disponível para eventos particulares.

O amor de Poe por Virgínia Clemm era uma constante, assim como sua determinação autodestrutiva de trabalhar na América do século XIX como escritor profissional. Essas duas coisas – seu trabalho e sua Sissy – atingiram a essência de Poe. Era um relacionamento complicado, mas todos os seus relacionamentos eram complicados. Pelo menos as inusitadas "deusas domésticas" Muddy e Sissy podiam fornecer-lhe um lar calmo.

Capítulo 8

Carregando a Caneta com Ácido Cianídrico

Periódicos e revistas forneciam, naturalmente, um trabalho regular para Poe, desprovido de qualquer herança. Mas seu trabalho editorial foi o espaço para a primeira verdadeira crítica literária dos Estados Unidos. Nem todos ficaram felizes com isso. Poe nutria um desejo de ter sua própria revista literária, um mostruário que fosse apenas para os melhores da literatura contemporânea. Tal sonho nunca se realizou, por várias razões, a maioria delas tendo a ver com Poe.

Emprego Regular

Poe tinha de sustentar não só a si, mas também a seus parentes Clemm, Muddy e Virgínia, com quem ele formava uma família. Em outras palavras, precisava de um "emprego regular", e o trabalho editorial combinava com seu temperamento e seu talento – e até os afiava.

> ### Eles disseram...
> "(...) ele parece às vezes confundir seu frasco de ácido cianídrico com seu tinteiro. Mesmo que não concordemos sempre com ele em suas premissas, ficamos, pelo menos, satisfeitos por suas deduções serem lógicas, e por saber que lemos os pensamentos de um homem que pensa sozinho, diz o que pensa e sabe bem sobre o que fala." – James Russell Lowell, sobre Poe, 1845.

Poe trabalhou como editor em cada uma das principais cidades onde viveu – Richmond, Filadélfia, Nova York –, com exceção de Baltimore. Em 1836, quando foi contratado como editor do *Southern Literary Messenger* em Richmond, Poe publicou três volumes de poesia e ganhou o primeiro prêmio pelo conto "Manuscrito encontrado em uma garrafa" – boas credenciais. Seu cargo como editor no *Southern Literary Messenger*, pelo qual seu chefe Thomas Willis White pagava-lhe um salário de 800 dólares por ano, levou-o a dirigir sua artilharia contra os "literatti" de Nova York e Boston.

Em seu cargo de revisor de obras novas, passou a desenvolver teorias críticas e modelos de excelência literária. Logo começou a perceber o que valorizava. Seus ensaios críticos acabaram constituindo grande parte de sua produção escrita, e muito contribuíram para a literatura clássica americana. Eles provavelmente são onde se melhor desfruta de seu senso de humor seco, cômico e, às vezes, corrosivo. Seus ataques contra autores medíocres são completamente hilários. Poe foi o primeiro teórico e crítico literário americano.

Poe aplaudiu com generosidade colegas autores cujo trabalho ele admirava. Reconheceu o valor de um livro chamado *Watkins Tottle*, elogiando o misterioso autor, Boz: "(...) não sabemos nada a não ser que seus escritos são bem mais ardilosos, mordazes, espirituosos e disciplinados do que os de nove entre dez autores britânicos – o

"O sr. Mathews escreveu uma vez alguns sonetos 'On Man' [Sobre o homem] e o sr. Channing algumas linhas sobre 'A Tin Can' [Uma lata], ou algo do tipo – e se o primeiro cavalheiro não é o pior poeta que já existiu na face da terra, é apenas porque ele ainda não é tão ruim quanto o outro. Falando de forma algébrica – o sr. M. é execrável, mas o sr. C é x mais i-ecrável." – Poe, sobre Cornelius Mathews e William Ellery Channing.

que, reconheçamos, é dizer muito, considerando-se a vasta gama de talentos genuínos e propostas honestas praticados nos periódicos da pátria-mãe", escreveu Poe. Mal sabia ele que Boz era ninguém menos que Charles Dickens.

O Fim da Editoração

O ciclo de trabalho duro e de pobreza já estava começando, e Poe ficou insatisfeito com o salário. Seu chefe, Tom White, tinha seus próprios problemas: problemas de saúde, trabalhistas e uma sensação de que estava perdendo o controle do *Messenger*. Além disso, o cenário era o de um crescente movimento pela abstemia, e os deslizes ocasionais de Poe com o álcool deixavam White nervoso, e Poe acabou "retirando-se" de seu emprego.

Eles disseram...

"Nenhum homem que bebe antes do café-da-manhã está seguro! Homem nenhum pode fazer isso e trabalhar de forma apropriada." – Thomas Willis White, para Poe, depois de demiti-lo por bebedeira, 1835.

Na maior parte do ano de 1837 e metade de 1838, Poe e sua família esforçavam-se para sobreviver em Nova York, e há poucas provas documentais esclarecendo esse período em suas vidas. Moravam na casa de um vendedor de livros, mas, além de publicar um conto, um poema e uma resenha de um diário de viagem, não está claro como Poe ganhava a vida. É provável que ele estivesse trabalhando em *A narrativa de Arthur Gordon Pym*, publicado em 1838. Quando a família de Poe mudou-se para a Filadélfia, ele estava desesperado para ganhar a vida como escritor e há indícios de que tentara trabalhar com impressão e litografia. Por fim, ele encontrou um trabalho fixo no campo literário, de 1839 a 1842. Poe era um dos editores do que começou como *Gentleman's Magazine,* de Burton, e terminou como *Graham's Magazine.*

Fato

Em um de seus muitos artigos sobre criptografia, Poe insiste que a escrita secreta é "um exercício excelente para a disciplina mental" bastante significante para o general, o estadista, o viajante, o acadêmico – e o amante. Na verdade, os dois criptogramas que Poe publicou em 1840 na *Graham's* só foram decifrados em 1992 e 2000 – mais de 150 anos depois!

Seu trabalho não foi ininterrupto.

Seu chefe, Billy Burton, era um sujeito cordial, um ator cômico e administrador de teatro, e, acima de tudo, um editor-chefe, fazendo de sua revista a *GQ* da época. Burton era um homem de negócios e justificava o salário baixo de Poe, alegando problemas financeiros.

A qualidade (ou falta de) da literatura americana era uma frustração interminável para Poe. Ele continuava a brandir sua caneta contra escritores americanos de segunda categoria, enquanto era obrigado a contribuir com fofocas para as páginas da *Burton's*. Billy Burton – que provavelmente se cansara de lidar com seu editor dissidente, não importando o quanto suas resenhas "ácidas" aumentassem a circulação da revista – vendeu a publicação sob a responsabilidade de Poe para George Rex Graham, diretor do *Saturday Evening Post*. Graham contratou Poe de volta com um salário maior do que Burton lhe dava – e deu-lhe também um assistente.

Embora o dinheiro e o trabalho estivessem melhores, Poe ficou enojado com o que chamava de natureza "piegas" da *Graham's*. Durante seu mandato como editor, a circulação da revista decolou. Seus esforços forraram os bolsos de George Rex Graham, mas Poe – mais uma vez – sentiu-se explorado. Por fim, demitiu-se.

Eles disseram...

"[observamos] a chegada em St. Marks de 33 sabujos de Cuba. Quando o navio estava no mar, depois que o cozinheiro matou um porco, os cachorros, excitados pelo cheiro de sangue, fugiram do confinamento (...) e tomaram conta do convés por várias horas até que fossem acalmados". – *Charleston Courier*. Os jornais imprimiram uma história sensacionalista dizendo que os cachorros haviam devorado todos os passageiros. Poe recorreu à versão do *Courier* para esclarecer o fato.

Na Filadélfia, Poe conheceu George Lippard, um jovem jornalista que, assim como ele, queria fazer mais do que redigir artigos de jornal. Naquela época, estava à sombra do grande período literário de Emerson, Thoreau, Whitman, Hawthorne, Poe, Melville e Dickinson; o trabalho de George Lippard era ofuscado. Ele apreciava o que era notável em Poe, e sua obra mais conhecida no romance gótico mostra que ambos eram criaturas compatíveis em termos de estimular artisticamente os recantos sombrios da existência humana. Apesar disso, Lippard recebeu apenas um encorajamento morno de seu ídolo sobre seus esforços literários. Os contos e os romances de Lippard eram algumas das obras mais populares de sua época, mas eles não sobreviveram aos séculos seguintes. Lippard foi um defensor leal de Poe até o fim. Em um obituário espirituoso, depois da morte de Poe, Lippard lembrou seu amigo como "um crítico severo, amargo e às vezes injusto. Mas ele era um gênio, um homem honrado, de bom coração".

Em 1844, Poe e a família estavam morando em Greenwich Village, e ele se tornara co-editor do *Evening Mirror*, onde "O Corvo" apareceu e lançou o escritor que já trabalhava nas trincheiras literárias havia 12 anos. Em seguida, virou editor do *Broadway Journal*, mas, em 1846, Poe, o querido sombrio dos círculos literários – com todas as intrigas pessoais mais ferrenhas que vieram com sua fama –, decidiu que não seria mais editor de revista alguma. O que ele queria era uma revista própria.

O Homem da Machadinha

Quando uma caricatura de Poe apareceu na *Holden's Dollar Magazine*, em janeiro de 1849, Poe já fazia críticas destrutivas a autores americanos medíocres havia 12 anos. Não era de se surpreender, então, que a caricatura feita por Felix Darley retratasse Poe em uma silhueta com um cocar de guerra, brandindo um punhal em uma mão e uma machadinha na outra, quase dançando com uma alegria crítica. Era um reflexo do *status* de Poe no mundo da crítica literária – um Homem da Machadinha.

Poe já conhecia o trabalho de Darley, de 1843, quando o artista ilustrou o conto "O escaravelho de ouro". A caricatura na *Holden's* apareceu apenas nove meses antes de Poe morrer em Baltimore, e ele havia acabado de sair do carrossel pré-marital de romances desastrosos. Era uma época de intrigas pessoais exasperadas e cansativas para Poe, que estava sempre tentando apenas ganhar algum dinheiro (naquele momento, dando aulas). Um versinho acompanhava a silhueta, ressaltando a importância de Poe tanto como escritor quanto como crítico.

Era Poe

Poe ganhou uma reputação por suas críticas cruéis, mas havia horas em que saía dos trilhos, superestimando o trabalho de escritores cujas reputações mal se consolidaram na década, que dirá no século XIX. É uma diversão ver uma amostra de suas críticas a escritores e obras de quinta categoria, mas elogiados, e cujo sucesso deixava o esforçado Poe indignado. Ele era impiedoso com esse pessoal.

Crítica semelhante à de Mark Twain, em "As ofensas literárias de Fenimore Cooper", foi feita por Poe em 1835, sobre a publicação de um romance bastante antecipado. Era *Norman Leslie*, de Theodore Fay, editor do *Evening Mirror* e membro do círculo literário de Nova York. Por várias páginas, Poe arrasa com toda a pretensão do romance, e acrescenta: "Por uma página ou duas somos entretidos pela perspectiva de uma conspiração, e temos esperanças de que os personagens principais na trama nos farão o favor de cortarem as gargantas uns dos outros". Fay, entretanto, não atende a tal expectativa, justificando as ações insondáveis de seus personagens como "cobertas de um mistério impenetrável".

> **Eles disseram...**
>
> "Meu caro sr. Poe, agradeço-lhe por sua observação gentil de meus poemas, não menos do que por sua nota gentil e amigável (...) Mas fico muito aflita com o tom desesperançado em que você escreve. A vida é muito curta (...) para dar espaço ao *desespero*. Exorcize esse demônio, peço-lhe, o mais rápido possível." – Da anfitriã do salão literário de Nova York, Anne Lynch, para Poe, 1845.

Sobre o romance *Stanley Thorn*, de Henry Cockton, Poe faz a distinção entre "(...) homens que podem pensar, mas não gostam; e (...) homens que, ou não foram apresentados aos materiais para pensar, ou que não têm cérebros para 'desenvolver' o material. Entre essas classes de pessoas, 'Stanley Thorn' é favorito. Não apenas não exige nenhuma reflexão, como também a repele".

Críticas Inflamadas

Poe dispensou *Joseph Rushbrook, or the Poacher* [Joseph Rushbrook, ou o Caçador], um romance do capitão Marryatt, de forma bem sucinta: "Seu inglês é deveras relaxado. Suas situações são monstruosamente improváveis", ele escreveu em sua resenha. Marryatt era bem mais enfadonho: *Joseph Rushbrook* arrastava-se por 51 capítulos em dois volumes.

Em sua crítica a *Zinzendorff, and other Poems* [Zinzendorff e outros poemas], da sra. L. H. Sigourney, Poe lamentou-se: "(...) quando o nobre rio está adornado com mantos de prata e é forçado a lavar com suas águas brilhantes nada mais do que cortinas de veludo, sentimos uma indignação muito sensata e justificada. É o tipo de linguagem que se poderia esperar de um decorador (...)".

Embora nem todas as vítimas do Homem da Machadinha fossem americanas, Poe costumava ser mais duro com seus contemporâneos americanos. Inveja? Provavelmente não: dificilmente alguém era mais rápido do que Poe em elogiar um trabalho realmente bom. Era severo porque deplorava o provincianismo que via na literatura da nova república. Ele queria cultivar o gosto pela leitura e uma vocação literária de alta qualidade entre os escritores americanos. Estava atrás de uma espécie de revolução que demorava a vir e já ocorrera na Inglaterra, que vira o desenvol-

> *"O que eles sabem sobre Shakespeare? Eles o cultuam – discursam sobre ele – dão aulas sobre ele – sobre ele e nada mais – por nenhuma outra razão além de ele estar absolutamente fora de sua compreensão (...). Quanto às próprias opiniões que têm sobre ele – na verdade, não têm nenhuma." –* Poe, sobre Shakespeare, ou melhor, o culto a Shakespeare.

vimento de uma literatura independente. O que valia a pena contar sobre o caráter e a experiência dos americanos? Isso, para Poe, era o que os escritores do século XIX precisavam descobrir. Mas até a santidade desse objetivo não era o suficiente para fazer o crítico em Poe comprometer seus padrões. Uma vez advertiu contra "(...) gostar de um livro estúpido, porque, com certeza, sua estupidez seria americana".

Por Dentro e Por Fora da Stylus

Edgar Allan Poe sonhava com uma revista literária nacional toda sua. Uma que não tivesse as ilustrações de moda e os modelos de vestidos. Uma que contivesse a obra dos melhores escritores da época. Ele próprio viria a fundar, publicar e editar tal protótipo da excelência literária.

Incubação

O sonho desenvolveu-se por muitos anos de experiência editorial nas revistas de outros empreendedores. Poe sempre sentia que sabia mais do que seus semelhantes Billy Burton ou George Rex Graham. Esses eram homens de negócios. O que sabiam sobre o desenvolvimento da literatura americana, se é que se importavam? Interessado em ganhar a vida, Poe tolerava as receitas, as histórias sentimentais e as ilustrações de moda que significavam sucesso no mercado. Ele entendia de um jeito limitado o apelo às massas: onde quer que trabalhasse, a circulação decolava. Mas não tinha nada a ver com seus anseios artísticos mais fortes. Poe estava atrás de uma aristocracia da literatura americana: escritores em tempo integral, bem lidos, bem-educados e "dialogando" um com o outro.

Primeiras Etapas

No início dos anos 1830 ele começou a considerar a ideia de uma revista literária nacional, mas adiou o projeto por ter de sustentar sua família. Vários anos depois, nós o encontramos na Filadélfia, lutando com a pieguice da *Burton's Gentlemen's Magazine,* a futura *Graham's*. Sua destreza editorial e selvageria crítica aumentaram o público leitor, e ele começou a explorar sua própria revista como uma saída da servidão edito-

Pergunta
Que nome deu Poe a seu projeto de estimação?
A princípio, ele chamou sua revista de *The Penn*. Mais tarde mudou o nome para *The Stylus,* na esperança de agradar o público em outras regiões do país.

rial e da pobreza pessoal. Ao fornecer um fenomenal e seletivo espaço para debates, Poe sentia que dava o próximo passo lógico para elevar a qualidade dos contos, poemas e ensaios norte-americanos.

Como sempre, a falta de dinheiro interrompeu os esforços de Poe.

Uma aristocracia – principalmente a americana – é uma fraternidade com poucos membros. Além da própria elite de escritores e de uma clientela intelectual, cujos gostos e educação poderiam capacitá-los a patrocinar o trabalho, quem apoiaria o projeto de Poe? O fato de que ele imaginara colossais 50 mil assinantes (homens bem-educados do Sul e do Oeste) camuflava sua propensão ao regionalismo e a suposições de gênero. Poe também calculou mal a demanda por poemas cheios de alusões clássicas e pelas lindas mulheres mortas que o assombravam.

O Problema da Personalidade

Edgar Allan Poe, apesar das conveniências constitucionais para o lançamento da *The Penn*, não fora um bom representante. Ele tinha uma atitude arrogante em relação ao que até o americano bem-educado deveria ler. Não tinha uma abordagem feliz para encontrar patrocinadores, e muito menos assinantes.

Como se houvesse voltado à sua infância, demonstrava habilidades pessoais que os outros admiravam, mas aparentava demais o retraído solitário que evitava a aproximação dos outros. Era uma espécie de carisma de autossabotagem que ficava mais pronunciado com o tempo. Por ironia, da parte solitária de sua natureza veio o "laboratório" para seu extenso trabalho criativo, mas também a "cabine de isolamento", que causava a inimizade de pessoas que poderiam lhe ter sido atenciosas e úteis. Por que apoiar o projeto de estimação de um homem que toma à força o navio literário do Estado, que vê seu próprio papel como senhorial que sempre deprecia a obra dos escritores mais queridos e que pode acabar lhe exigindo um empréstimo?

"Nós exigimos agora a artilharia leve do intelecto; precisamos do breve, do condensado, do aguçado, do rapidamente difundido – em lugar do prolixo, do detalhado, do extenso, do inacessível. Por outro lado, a leveza da artilharia não deve se degenerar em tiros de festim – por esse termo podemos designar o caráter de uma grande porção da imprensa – seu objeto legítimo único é a discussão de assuntos efêmeros de maneira efêmera." – Poe, sobre a mente americana, 1846.

A inaptidão de Poe para pôr a *The Penn* ou *The Stylus* de pé é outro exemplo doloroso das dificuldades crônicas de sua vida profissional.

Quando era jovem, brilhara no Exército, avançando pelos postos, tendo sucesso com a estrutura inflexível, até uma luta com seu pai adotivo fazê-lo jogar tudo para o alto. Mas o relacionamento turbulento com John

Allan criara um modelo para sua interação com as figuras de autoridade – por exemplo, editores-chefes e ícones literários, que tinham uma espécie de autoridade artística. Para alguém tão brilhante, não tinha noção de como lidar com as *pessoas*, especialmente quando se enredava em uma de suas buscas obstinadas.

"*Podemos seguramente fornecer, por 5 dólares, um livreto de 128 páginas e, com o apoio de uma variedade de pessoas de nossa influência pessoal, podemos com facilidade aumentar a circulação para 20 mil – com ganhos de 100 mil dólares[.] Os custos não excederiam os 40 mil – isso se eles realmente alcançarem 20 mil quando o trabalho estiver bem estabelecido. Desse modo, os 60 mil de lucro poderiam ser divididos entre 12 – 5 mil para cada um.*" – Poe sobre o aspecto financeiro de sua sonhada revista.

Por exemplo, depois de tratar brutalmente Washington Irving na imprensa, mudou de atitude e pediu a Irving para dar um apoio financeiro à *The Penn*. O que Poe via na *The Penn*, ou *The Stylus*, como um foro para uma "opinião honesta e destemida", outros viam como o projeto de um *articulista* difícil e ranzinza (palavra de Poe).

No fim, não fez nenhuma diferença que ele tenha contratado um ilustrador muito bom (Darley, que desenhara a caricatura do Homem da Machadinha), um co-editor ou que houvesse atraído a ajuda de um poeta georgiano, que realmente lhe trouxe alguns assinantes. Por razões complexas originárias de sua infância, Poe fora artisticamente ferido por nada menos que o amor incondicional. Talvez a querida *Penn/Stylus* estivera fadada ao fracasso desde o início porque, apesar de seu modo cortês de sulista, Poe nunca aprendeu a arte da diplomacia.

Capítulo 9

A Caneta Reabastecida

Como um crítico e revisor, Edgar Allan Poe merecera o rótulo de "Homem da Machadinha". Ele não tinha paciência para obras de segunda categoria e nenhum escrúpulo em mostrar isso aos escritores. Houve momentos em que reconheceu a verdadeira excelência, e momentos em que suas habilidades críticas afiadas estavam adormecidas. Para ganhar um dinheiro extra, Poe tentou o circuito de palestras. Ainda estava no início e nem sempre mostrava seu melhor lado.

Rebelando-se

O melhor romance americano de acordo com Edgar Allan Poe era *George Balcombe, A Novel* [George Balcombe, um romance] escrito pelo juiz Nathaniel Beverley Tucker. Esse romance aparentemente olímpico conta a história de um testamento perdido, e se passa entre o Missouri e a Virgínia. Em um ponto, o personagem do título confronta o vilão em uma cena que Poe crê mostrar "a mão de um mestre": "'Que vergonha, senhor. Como tem coragem de mentir de forma tão descarada para mim e para aquela pobre garota crédula, generosa e sincera? Vou abrir os olhos dela imediatamente'. Nunca me esquecerei do sorriso repugnante no qual algo como o triunfo parecia lutar para libertar-se do lodo da degradação dentro do qual eu o jogava...".

Sem considerar um período de 15 anos como juiz de tribunal itinerante no Missouri, Tucker foi Virgíniano vitalício e professor de Direito na Faculdade de William e Mary. Defensor franco da escravidão, ele escreveu o que foi chamado de romance "profético", *The Partisan Leader* [O líder sectário], em que previu, em 1836, a secessão do sul e a guerra.

Mas foi *George Lacombe* que fascinou o Homem da Machadinha, que também se apaixonou pelo que ele chamava de "esplendor" do poeta de Maryland Edward Coote Pinkney. Uma amostra do poema de Pinkney "A Health" [Um brinde], que registra um brinde: "Preencho esta taça para alguém de criação/da Graça apenas/ Uma mulher, de seu nobre sexo/O aparente modelo de perfeição..." Isso é tão bom, de acordo com Poe, que, se Pinkney tivesse nascido no norte, teria sido considerado "o melhor dos poetas líricos americanos". Talvez Poe sentisse algo em comum com esse poeta: juventude em Londres, um período no Exército, editoria de jornal, uma natureza melancólica – talvez até mesmo uma nobre sensibilidade sulista cavalheiresca compartilhada também pelo

> "(...) há uma espécie mais grandiosa de originalidade do que a originalidade de pensamentos ou passagens individuais? Duvido muito que, se uma composição não for cheia de originalidade, possa ainda ser uma imitação pura, em seu todo. Por outro lado, já vi textos desprovidos de qualquer pensamento novo e destituídos de qualquer expressão nova (...) que não pude deixar de considerar como cheios de poder criativo." – Poe, em uma carta para o juiz Nathaniel Beverley Tucker, 1835.

> "Não há erro comum mais em guerra com os verdadeiros interesses da literatura, do que o de supor que esses interesses exigem uma supressão, em qualquer grau, dos sentimentos – seja por esfusiante admiração, seja do ridículo, ou desprezo, ou nojo – que são vivenciados... pelo público censor de um livro aberto declaradamente para a inspeção do público. Ele é cercado somente pelos limites do próprio livro." – Poe sobre a crítica literária.

juiz Tucker. Será que Poe "se desligara" em seu arrebatamento por esses escritores sulistas, porque é da natureza humana gostar do que acha familiar? Com certeza sua mente crítica aguçada ficava adormecida, mas isso não acontecia apenas quando se deparava com obras de sulistas.

Poe chamou o poema "The Haunted House" [A casa assombrada], do poeta romântico tardio Thomas Hood, de "(...) um dos poemas mais verdadeiros, um dos mais irrepreensíveis, um dos mais completamente artísticos". Quando ele decidiu que esse poema "completamente artístico" era longo demais para ser incluído em sua palestra chamada "O princípio poético", substituiu-o por um poema mais curto de Hood, chamado "The Bridge of Sighs" [A ponte dos suspiros], que descreve um suicídio por afogamento parecido com o de Ofélia. O poeta diz às pessoas que resgatam o corpo: "Secai os pobres lábios dela/Gotejando tão viscosamente (...)". Há um "vigor" e um "pathos" notáveis nesse poema aos quais Poe reage.

Mas Pinkney, Tucker, Hood e outros que Poe elogiou em público não sobreviveram ao século XIX.

Você tem uma vantagem sobre Poe ao saber quem, 200 anos depois, sobreviveu. Um ano depois de sua morte, *The Scarlet Letter* [A letra escarlate] foi publicado; dois anos depois, Moby Dick. Você deve se perguntar como *George Lacombe* ficaria na estima de Poe em relação a esses dois romances. Em alguns casos, o sectarismo – uma característica nascida no sul antes da guerra – moldava os gostos de Poe. Em outros casos, o que o influenciava era uma espécie de compatibilidade temperamental, independentemente do "lar". Ele teve uma ligação forte com os maiores poetas românticos, aqueles notórios solitários-aventureiros-artistas. Talvez, para Poe, Hood não estivesse tão fora do esplendor de Byron, Keats ou Shelley.

Quando Ele Estava Certo...

... estava muito, muito certo. Poe reconheceu a "majestade" de Coleridge. Elizabeth Barrett (Browning) mostrava "uma feliz audácia de pensamento e expressão". Daniel Defoe estava "destinado à imortalidade". Tennyson era a ponte entre "a arte natural e o gênio divino". Em tudo que leu, Poe procurava por originalidade na tentativa do escritor de criar a beleza, que era o objetivo. A respeito da poesia, e ele sempre se considerava primeiro um poeta, acreditava que seu lar era a alma, algo separado de mente, moralidade ou dever, separado até da verdade. Um poema deve causar uma bela impressão no leitor, parecendo-se como o "gotejar da água em uma rocha".

Quando Poe escreveu sua famosa resenha sobre *Twice-Told Tales* [Contos narrados duas vezes] e *Mosses From an Old Manse* [Musgos de um velho solar], em 1842, conhecia Nathaniel Hawthorne havia alguns anos. Apesar da publicação alguns anos antes de um primeiro romance, *Fanshawe*,

> **Eles disseram...**
> "Li com grande interesse suas notas ocasionais sobre a minha produção – não tanto porque seu julgamento foi (...) favorável, mas porque parecia ser sincero. Não me importo com nada além da verdade; e aceitarei sempre de bom grado mais uma verdade dura (...) do que uma mentira adocicada.
> Confesso, porém, que o admiro mais como um escritor de contos do que como crítico; (...) eu (...) discordo das opiniões que você emite na segunda aptidão, mas nunca deixaria de reconhecer sua força e originalidade na primeira." – Nathaniel Hawthorne, em uma carta para Poe, 1846.

que se tornou uma questão de autoaversão, com Hawthorne destruindo todas as cópias em que punha as mãos (incluindo as das irmãs!), desenvolvia-se como um escritor de contos. Por isso Poe o conhecia – dos livros – como outro membro do "clube" literário da Nova Inglaterra. Imagine-se então como devia ser forte sua admiração pelos contos de Hawthorne, a ponto de superar seus preconceitos graves contra os escritores daquela região e falar que Hawthorne era o escritor americano com "o estilo mais puro, o maior bom gosto, o conhecimento mais disponível, o humor mais delicado, o *pathos* mais emocionante, a imaginação mais radiante, o talento mais perfeito" do que o de qualquer escritor de prosa nos Estados Unidos.

"Deixe um homem progredir de forma tão evidente – tão demonstrável – em várias exibições de seu gênio, e a inveja da crítica concordará com a voz popular em não reconhecer mais do que talento... Porque se gênios universais ou versáteis nunca ou quase nunca foram conhecidos, todos concluem, portanto, que não deve existir nenhum." – Poe, sobre o reconhecimento do gênio, 1849.

Mesmo que Hawthorne fosse "peculiar". E idiossincrático. E que seus contos, Poe chega a dizer, fossem escritos para si mesmo. Nos contos de um homem que se isolou por 12 anos em seu famoso "quarto" na casa da mãe (o que era estranho para um escritor considerado sociável), Poe via grandeza, mas alertava contra a asfixia da fraternidade de escritores da Nova Inglaterra. Quando Poe escreveu sua resenha sobre *Mosses* e *Twice-Told Tales*, Margareth Fuller estava no processo de transmitir a editoria do periódico transcendentalista *The Dial,* para Emerson. Era possível que Poe não soubesse do fato, então provavelmente tinha Fuller em mente quando propôs que Hawthorne, em prol da autopreservação literária, "enforcasse o editor do *The Dial*". Mas Fuller não era uma mulher fácil de dispensar; seis anos depois ela interferiria na vida amorosa de Poe como parte de um grupo autodesignado, fazendo ligações para amigas de Poe, alertando-as sobre ele.

Como crítico literário, Poe enaltecia demais – ou distorcia! – o desmerecido, mas seu julgamento era geralmente aguçado. É uma medida de sua grandeza o fato que era capaz de mudar suas opiniões fixas e reconhecer os dons literários onde os encontrasse. Um de seus comentários sobre Coleridge foi: "Ele não apenas sacrificou todas as suas perspectivas presentes de riqueza e progresso, mas, em sua alma, afastou-se de uma reputação temporária". Essa espécie de integridade artística era muito significativa para Poe. Afinal, ela também definia sua própria vida.

A Guerra Longfellow de 1845

Pobre Longfellow.
Ele tinha o pedigree: descendia de John e Priscila Alden.
Ele tinha educação: graduara-se na Bowdoin College.
Ele tinha o melhor trabalho acadêmico: professor da Harvard College.
Ele tinha o reconhecimento como escritor: querido poeta americano.
Ele tinha a esposa: a herdeira Fanny Appleton.
Ele tinha até a casa: a histórica Craigie House em Cambridge, Massachussets – um presente!

Ele também era alvo da implacável ira crítica de Poe, provavelmente (lá no fundo) por todas essas mesmas razões. Embora o para-raios tenha sido inventado na Filadélfia por Ben Franklin, ele acabou sendo personificado em Boston na pele de Henry Wadsworth Longfellow, que atraiu o fogo de Poe em 1839. Antes, Poe respondera de forma positiva ao diário de viagem de 1835 de Longfellow, chamando-o de "rico" e "gracioso". Mas, quatro anos depois, *Hyperion* despertou algo no crítico Poe, definindo o rumo de todas as suas futuras resenhas do trabalho de Longfellow. Ele desancou a obra dizendo que era preguiçosa e disforme. Em outras palavras, dizia que Longfellow poderia fazer melhor.

Talvez Poe não soubesse que, para Longfellow, *Hyperion* era uma composição delicada usada para descrever a longa (sete anos) e embaraçosa relutância de Fanny Appleton em aceitá-lo em casamento. Mas, mesmo que soubesse, Poe nunca foi um crítico influenciado pelas histórias pessoais por trás do trabalho de um escritor. Ele era um purista.

"*Uma das composições mais singulares do mosaico literário é 'Midnight Mass for the Dying Year' [Missa da meia-noite para o ano agonizante]. A ideia geral e o estilo são do poema de Tennyson 'Death of the Old Year' [Morte do ano velho]; vários dos pontos mais proeminentes são da cena da morte de Cordélia, em* Rei Lear*, e o verso sobre os 'frades reclusos' é do 'Comus' de Milton.*" – *Poe, sobre a pilhagem literária de Longfellow.*

Pelos próximos cinco anos, sua atenção irritante com qualquer coisa que Longfellow publicasse estava afiada. Na maior parte do tempo – até a acusação final de plágio em 1845 – Poe era imparcial com esse ícone do norte. Ele sempre elogiava o que acreditava honestamente ser digno de elogio em Longfellow: sua habilidade artística, seu gênio, sua vivacidade, suas "excelências idiossincráticas" e algo a que Poe se referia como "idealidade" – significando, talvez, a habilidade de Longfellow em traçar o ideal. Mas o que ele achava era que a tendência de Longfellow em ser didático, usar o poema como uma oportunidade para ensinar uma moral, estava "toda errada". Quando um poeta faz isso, quer dizer que ele ou ela diz que o objetivo da poesia é a verdade, o que o próprio Poe anos atrás desmentiu em favor da beleza. Para Poe, a verdade era enganosa, aberta à interpretação individual, de objetivos menos refinados que os da beleza.

Agrava-se a Guerra das Palavras – Todas de Poe

Foi a publicação de *Midnight Mass for the Dying Year*, de Longfellow, em 1840, que esquentou os ataques de Poe. Quando outro crítico chamou o poema de imitação ou alteração de um poema de Tennyson, Poe replicou que era um "plágio bárbaro e descarado". Ele deu uma salva de tiros. Durante a maior parte do ano, as cartas iam e vinham impressas, ataque e contra-ataque, e Poe bateu o pé. Desde seus dias na escola, desprezara qualquer coisa que tivesse indícios de plágio, de forma que essa questão lhe era muito delicada quando começou a escrever poemas e contos (e resenhas). Era um ponto tão crucial, na verdade, que é bem possível que ele estivesse usando um pseudônimo para representar o grupo pró-Longfellow na troca intensa de cartas que dominou a maior parte de 1845. Poe foi ainda mais longe quando se referiu ao "pequeno círculo de abolicionistas, transcendentalistas e fanáticos em geral, em conluio com Longfellow". Por fim, chamando Longfellow de "GRANDE MAGNATA dos Imitadores", ele segue acusando o querido poeta de Boston de conquistar seu *status* nas letras americanas por "acidente ou tramoia". Como isso poderia ter acontecido, ele nunca explicou.

"*Se eu o acusasse (...) de um plágio manifesto e contínuo, eu teria ecoado o sentimento de todos os homens de letras na terra que não (...) o grupo de Longfellow. (...) Poderia ser considerado decoroso ou justo da parte do professor Longfellow instigar contra mim aquela bruxinha chamada senhorita Walter; aconselhando-a (...) a furar-me com as agulhas de inúmeros epigramas (...).*" – *Poe sobre Longfellow.*

Irritado com seu sofrimento – uma esposa doente que ele mal podia sustentar e um lugar na literatura americana que mal podia garantir –, Poe nada sabia do sofrimento na vida de Longfellow. Sua primeira esposa, Mary, falecera depois de um aborto. Sua segunda, Fanny, tivera uma morte horrível diante dos olhos de seu marido quando derrubara um fósforo aceso, usado para derreter cera para lacrar cartas, em seu vestido, que pegou fogo. Ao tentar, sem sucesso, apagar o fogo e salvar sua vida, Longfellow ficara com cicatrizes físicas. Mas suas tragédias pessoais não foram suficientes para amolecer a caneta crítica de Poe, incitado além de qualquer imparcialidade crítica pelos sucessos públicos de Longfellow.

Qual foi a resposta de Longfellow à "guerra", que apenas ratificava a alienação de Poe de certas amizades e círculos literários? Ficou indiferente a tudo e, algum tempo depois, apenas comentou com generosidade que ele pensava que isso vinha da natureza sensível de Poe, e de "algum indefinido senso de injustiça". É interessante notar que, depois da morte de Poe, dois escritores responderam aos desamparados apelos por ajuda de Muddy Clemm: Charles Dickens e Henry Wadsworth Longfellow.

Subida ao Palanque

Durante uma década ele tentou vender a ideia da *The Stylus* para vários patrocinadores. Seu padrão de emprego era brilhar nos cargos editoriais, onde ficava cada vez mais enojado por trabalhar para "o sistema", que sempre encarava como uma burguesia vulgar e estreita. Enquanto buscava a popularidade escrevendo contos para alcançar públicos amplos (as mesmas "massas" que sua natureza aristocrática desprezava), ele fantasiava sobre si mesmo no topo de uma elite literária dos periódicos americanos. Até trilhou um caminho interessante, o circuito de palestras, uma boa oportunidade para o equilibrado e cativante Poe, que se sentia em casa quando subia em um palco.

Fato

Quando surgiu o movimento liceu, havia certamente várias questões contemporâneas para seus oradores públicos. Ao longo da fronteira entre Estados Unidos e Canadá, as hostilidades aumentaram quando os americanos se viram no meio de insurgentes canadenses em sua luta malograda pela liberdade da Inglaterra. No Missouri, iniciara-se uma violência contra os mórmons depois que o governador os declarara "inimigos". Em Washington, o Congresso continuava com sua nova tradição de adiar a discussão de todas as resoluções antiescravagistas.

As palestras públicas ganharam popularidade exatamente na época em que Poe – sempre necessitado, sempre procurando por um trabalho relacionado à escrita – estabelecia seu nome. Era a época de subir ao parlatório, em anfiteatros onde uma multidão se reunia, e ser pago. Era o apogeu do movimento liceu americano, uma espécie de protótipo para a educação continuada de adultos. Poe se beneficiava dessas oportunidades de fazer palestras sobre prosa e poesia a pessoas que deve ter considerado "leigos". Mas, ironicamente para ele, o movimento liceu de Boston, iniciado durante o inverno de 1838, era apenas o desenlace natural de processos em uma cidade que fizera história no desenvolvimento do ensino superior e do livre intercâmbio de ideias (conquistado a duras penas na época colonial). Com o crescimento da literatura, ocorreu também um crescimento do volume e da variedade de material. As pessoas podiam não somente ler aventuras sobre tesouros enterrados, como "O escaravelho de ouro", e tentar resolver os criptogramas, mas também poderiam ir a um anfiteatro público e ouvir o autor falar sobre a "Poesia da América". As palestras eram uma fonte de estímulo intelectual, ocasião para contato social e entretenimento. Elas eram a consequência natural de uma classe média florescente.

Onde está o Gancho Quando Precisamos Dele?

Correu tudo bem nas primeiras experiências de Poe como palestrante. Ele era cativante e chegou a ficar conhecido. Depois de uma estreia na Filadélfia, onde ele e sua família moravam, pegou emprestada uma deixa de seus pais atores itinerantes e levou seu ato para a estrada, dando palestras públicas em Delaware e Nova York. Com seus bolsos menos vazios, Poe foi capaz de usar uma parte de sua renda com palestras para financiar uma ida ao leste em 1844: para a cidade de Nova York. Essa metrópole surgiu diante de Poe em toda sua neutralidade ampla e inescrutável. Ele voltara à rotina de trabalhos editoriais e críticas violentas, e foi a publicação de "O Corvo", em 1844, que de fato trouxe Poe à atenção dos anfiteatros de palestras.

Eles disseram...

"... um Próspero, cuja varinha tem propriedades maravilhosas. Que ele tem faltas não se tem dúvida, mas elas são tão pequenas que só insistirão nelas aqueles que consideram apenas a popularidade como o objetivo principal da arte e da ficção". – Romancista sulista William Gilmore Simms sobre Poe, dois meses depois do fiasco das conferências em Boston.

O que aconteceu em 16 de outubro de 1845 em Boston incentivou as fofocas, enfeitou os jornais e aprofundou uma cisão literária entre norte e sul que até então havia sido expressa de forma educada, ou não expressa.

Ninguém sabe ao certo se fora a piora na saúde de Sissy em Nova York, ou se por ele se encontrar na cova dos leões – Boston, o epicentro de tantas de suas reações complicadas como um escritor profissional. O certo é que o comportamento peculiar de Poe durante a palestra fadara o evento ao fracasso. O que ele apresentou à audiência (que já sofrera com um longuíssimo discurso sobre a China) era uma amostra nua e crua das extravagâncias de sua personalidade, indo de elogios bajuladores aos escritores da Nova Inglaterra, que ele desprezava, a uma crítica arrogante contra Henry Wadsworth Longfellow, ao seu brinquedinho crítico usual. Como se essas contradições não fossem suficientes, prosseguiu declamando seu obscuro, antigo e longo poema "Al Aaraaf" para a audiência, que estava lá para ouvir algo de novo sobre "O Corvo". A noite chegou ao fim, mas não terminou bem. Poe, que sempre reagia a qualquer repreensão, mesmo à mais leve, respondeu às críticas ao seu desempenho com alguns comentários cortantes contra seus velhos "inimigos", que ele via como indignos de serem chamados de escritores naquele "pântano" que era Massachusetts. Ele até extrapolou ao afirmar que fora atraído para Boston apenas para ser obrigado a se humilhar.

"Meu caro Griswold, você me ajudaria em um aperto? (...) Se ajudar, ser-lhe-ei grato por toda a minha vida. Eu tive sucesso ao conseguir a direção do 'Broadway Journal' (...) com uma pequena ajuda de meus amigos. Posso considerar-lhe como amigo? Empreste-me 50 dólares, e nunca terá do que se arrepender." — Poe, em uma carta para Rufus Griswold, dez dias depois do fiasco de Boston.

Naquela noite de outubro em 1845, Emily Dickinson era apenas uma estudante que vivia a quilômetros de distância em Amherst. Mas um dos poemas que escreveu depois parece aplicar-se a Poe, seu melancólico conterrâneo de Richmond: "O sucesso é mais doce/para aqueles que nunca o atingiram/Para contemplar um néctar/requer a mais sensível carência". O fiasco no Odeon Theatre de Boston foi, para Poe, o início de uma "queda em um redemoinho" de desespero e reputação estraçalhada.

Capítulo 10

Salões e Pessoas Intrometidas

Salões literários eram os pontos de encontro da época para os escritores profissionais e para os apreciadores da escrita. Edgar Allan Poe participava, mas descobriu que eles nem sempre eram os enclaves magnânimos que pensavam ser. Em 1849, a antipatia por ele se espalhou pelos salões onde se reuniam os escritores de segunda categoria que criticava na imprensa. O gosto literário de Poe era sublime, e ele era capaz de ver e descrever o que era original e refinado nos outros escritores agora aclamados. Mas o reconhecimento de sua crítica literária era tão raro quanto o sucesso comercial para o escritor insistente.

Sissy e Edgar em Nova York

Munido de grandes esperanças e dos ganhos do liceu no bolso, Poe catapultou-se para Nova York, que estava prestes a tomar da Filadélfia o posto de centro literário da América. Sua carta para Muddy, que ficara na Filadélfia enquanto Poe e Virgínia acomodavam-se, era otimista, detalhando a viagem e a chegada a uma pensão em Greenwich Village, no Village. "Sis está maravilhada e nós estamos com muita disposição." Ele fala com entusiasmo sobre as refeições, tolera o edifício "infestado de insetos" e tranquiliza Muddy dizendo que Sissy "quase não tossiu".

A saúde de Sissy era uma questão da maior importância nesse momento. Em 1842, ela rompera um vaso sanguíneo enquanto cantava, um sintoma da tuberculose que piorou. Poe tornou-se uma espécie de fanático por trabalho insistente, produzindo vários contos,

"(...) admitindo-se que 1.500 dos Contos tenham sido vendidos e que eu receberei 8 centavos por cópia (...) Deduzindo o que eu já recebi, tenho ainda 60 a receber. (...) Estou tão pressionado que eu aceitaria até os 60 dólares devidos (tendo em vista demandas adicionais) do que esperar até fevereiro — mas tenho certeza de que você fará o melhor que puder por mim." — Poe, pedindo para Duyckinck interceder em seu favor junto ao editor, depois da publicação da edição de 1845 de seu livro chamado apenas Contos.

poemas, ensaios, resenhas, tudo o que conseguisse para pagar as contas e manter Virgínia saudável. Ela não era mais uma criança, tornara-se uma mulher com uma doença perigosa. Talvez ela entendesse de alguma forma como sua posição na vida e no coração dele era inviolável, porque ela sempre encorajava suas amizades com outras mulheres, mesmo não sendo sempre tratada com respeito pelos estranhos.

A Sagração de Edgar

Por volta de 1847, Poe fez amizade com um acadêmico de Nova York chamado Evert Duyckinck. Ele defendia o que estava em vigor em seu salão literário, cujos frequentadores chamavam uns aos outros, de brincadeira, de "Cavaleiros da Távola Redonda". Junto com seu irmão George, Evert Duyckinck fora útil ao promover as carreiras dos escritores americanos no meio do século XIX. De todas as contribuições ligadas à literatura – antologista, enciclopedista, historiador, biógrafo –, a única que ela não exercia era a de escritor. Talvez essa falta de uma competição direta lhe desse uma imparcialidade verdadeira no que dizia respeito ao valor literário de tudo que lia. Os dois, porém, tinham em vista a promoção de uma literatura nacional. As abordagens eram diferentes. Duyckinck era enciclopédico de todas as formas, e jogava uma rede para atrair e compilar o máximo possível de trabalho novo feito por autores americanos, divulgando-os o máximo que pudesse.

A natureza de Poe era antidemocrática. Ele estava atrás de uma elite literária baseada puramente na excelência e não no sucesso nos bazares comerciais do mercado editorial norte-americano. A posição de Duyckinck era: deixar a história e os leitores se pronunciarem sobre os méritos do autor americano. A de Poe: não desperdiçar tempo e não arriscar deixar que os melhores escritores sejam sugados pela massa dos medíocres.

A Visão de Duyckinck

Evert Duyckinck era um antologista que acreditava em oportunidades iguais, mas era astuto em relação à opinião crítica nas trincheiras literárias. Ele não sentia apenas falta da excelência verdadeira, como também escrevera textos bem articulados sobre isso – publicando, no caso do Poe recém-chegado a Nova York, várias resenhas. Em Poe, ele apreciava a "rapidez de percepção, a intensidade de sentimento, o vigor da imaginação e um poder de análise, raramente vistos em quaisquer composições com o nome de 'contos'..." Ele chegou até Poe sem preconceito, e durante esse período demonstrava um discernimento crítico real em relação ao que era mais original e notável em seu trabalho. Para Duyckinck, a crítica literária nunca fora apenas uma oportunidade de mostrar sua esperteza ou apresentar como fato suas opiniões preconcebidas, diferente de outros críticos. Poe deve ter sido mesmo o primeiro crítico literário real da América, mas Duyckinck adicionou seus comentários justos à mistura. Além disso, Duyckinck tinha um bom gosto sublime para reconhecer, bem no início, o gênio daquele rapaz Melville.

Intriga com Fanny Osgood

Bem, ela era o tipo apreciado por Poe. Grandes olhos expressivos. Cabelos negros puxados para trás no estilo da época. Pele pálida, conforme a moda. Esbelta, graciosa, sensível. Literária. Quando eles se conheceram em um sarau literário em Greenwich Village, em 1845, Frances Sargent Osgood e Poe tinham algumas coisas em comum: eles eram mais ou menos da mesma idade, casados e eram poetas com trabalhos publicados. A poesia publicada de Osgood tendia para um tipo sentimental elevado – flores, maternidade, filhos –, assuntos apropriados para o que Hawthorne chamava de "mulheres escritoras". Mas ela tinha outro estilo mais renegado e outros assuntos que reservava para seus salões de amigos, e esses poemas eram mordazes, até eróticos, levantando a questão da igualdade dos gêneros.

Seu casamento com o famoso pintor de retratos Samuel Stillman Osgood era complicado e ela reclamava que tinha de sustentar suas duas filhas publicando poemas, o que justificava seus poemas comerciais e sentimentais. A galanteadora Fanny acabou se apaixonando por Poe.

A vida literária americana daquela época incluía os folhetins; namoros, intrigas e casos faziam sucesso na imprensa. Às vezes a página era o único lugar onde aconteciam. O caso de Fanny e do Corvo é até hoje um mistério. A história começou da parte dela, com Fanny enviando poemas de amor enigmáticos para Poe publicar em seu *Broadway Journal*. Ele respondeu, de forma muito engraçada, com um poema reciclado, algo à mão que resolveria em uma emergência. Encorajada, ela apresentou algo na mesma linha. Em um lance de uma infeliz coincidência quase shakespeareana, ele publicou um poema chamado "Para F" – que não era na verdade endereçado para Fanny, mas na época a fábrica de rumores de Nova York estava a todo vapor.

O que aconteceu depois foi interessante: em vez de recuarem para parar a especulação, Poe e Fanny ficaram amigos. Amigos íntimos. O quão íntimos, até hoje não se sabe. Em cartas para outras pessoas, ele elogiava a honra de Fanny. Em 1846, ela deu à luz uma menina, Fanny Fay, durante um período em que ela e seu marido estavam distantes. Alguns rumores maliciosos diziam que Poe era o pai verdadeiro da criança, que acabou morrendo na infância, mas não há provas conclusivas sobre o assunto. A amizade era um livro aberto para Virgínia Poe, que na verdade a encorajava, pois ela via algo em Fanny que era vantajoso para seu marido literato. Ele mostrava todas as cartas de Fanny para Muddy e Sissy. Mas o negócio se complicou.

"*Na fantasia, distinta da imaginação, na delicadeza do gosto, no refinamento, na simplicidade, no pormenor e, acima de tudo, naquele encanto dos encantos que, por falta de um termo melhor, ou de uma análise mais abrangente, estamos acostumados a designar como graça, pensamos que ela não tem rival, nós, seja em nosso país como na Inglaterra.*" Poe, escrevendo no *Godey's Lady Book* sobre as coleções de poesia de Fanny Osgood, 1846.

Escândalo

Assim como Virgínia, Fanny Osgood tinha tuberculose e saiu da cidade por um tempo para recuperar-se. Em 1845, 116 mil americanos morreram de tuberculose e muitos mais morreriam. No lugar vazio deixado por Fanny entrou outra escritora, Elizabeth Ellet, uma poeta que também escrevia livros sobre a história das mulheres americanas e "cortejava" Poe em publicações. A página impressa era um lugar interessante para esses relacionamentos: uma espécie de área de testes onde você poderia colocar suas paixões codificadas na página, de formas ousadas para o consumo público, mas que você ainda poderia controlar porque elas existiriam na "terra de ninguém" de uma mera revista.

Poe estava indiferente, e a rejeitada sra. Ellet travou uma campanha difamatória, tomando o cuidado para que as insinuações sobre o relacionamento dele com sua rival Fanny Osgood chegassem aos ouvidos de Virgínia, indo tão longe a ponto de escrever cartas anônimas e vingativas para Virgínia. Embora os rumores chateassem Virgínia, ela nunca duvidou de seu marido.

"O fracasso rápido da tragédia em cinco atos da sra. Ellet (...) teve pouco efeito para reprimir o ardor da poetisa (...) Seus artigos (...) têm a desvantagem de parecerem reavivados pelo mesmo tanto de dinheiro que produzirão. Eu confesso que não tive interesse suficiente em suas obras para investigar a acusação de plágio indiscriminado que foi apresentada contra a sra. Ellet – mas eu tenho a acreditar que ela é infundada." – Poe sobre a obra de Elizabeth Ellet, 1848.

O "escândalo" espalhou-se. Quando Fanny Osgood voltou para Nova York, ficou assustada com o comportamento da outra, e publicou um texto absolvendo Poe de qualquer má ação. Então as duas mulheres passaram a atacar uma à outra, brigando por meio de poemas. A defesa de Poe por Fanny conseguiu fazer frente à rejeitada e implacável Ellet, que continuou com seus ataques a Poe até ele morrer. O resultado para ele foi desastroso. Sua reputação ficou manchada e ele foi excluído dos salões literários de Nova York. Embora Poe e Fanny não tenham se visto depois de 1847, seu relacionamento com ela, a quem ele chamava de "amor", é considerado significativo.

Frances Osgood faleceu de tuberculose em 1850, menos de um ano depois da morte de Poe. Suas duas filhas também morreram de tuberculose. Sobre sua poesia, Poe tinha isto a dizer na inacabada *Literary America*: "Pode-se questionar se, com mais esforço, mais método, um propósito mais definido, mais ambição, a sra. Osgood causaria melhor impressão na mente do público. Ela poderia, no todo, escrever poemas melhores". Mesmo quando seu coração estava na corda bamba, ele não podia afirmar nada que achasse que fosse incorreto sobre a literatura. Como e por que Fanny Osgood deixava passar esses comentários é um mistério.

Fato

A "Grande Peste Branca", a tuberculose, que matou Virgínia Poe e Fanny Osgood, atingiu o auge na Nova Inglaterra em 1800, quando as estimativas mostravam 1.600 mortes para cada 100 mil pessoas. Até o fim do século XIX, a tuberculose fora responsável por 10% de todas as mortes nos Estados Unidos. Como parte do movimento para controlar a doença, casas de saúde – onde os tuberculosos isolados eram tratados com ar fresco e uma dieta saudável – surgiram no interior de Nova York.

Os Inimigos do Amor

Margareth Fuller deveria ter gostado de Edgar Allan Poe. Ela deveria ter gostado de seu intelecto aguçado, de sua elevada integridade crítica, de seu trabalho nas revistas, de suas incursões nos novos mundos de seus contos, de suas representações de mulheres fortes (que, literalmente, desafiavam a morte), de seu interesse genuíno pelo trabalho de escritoras. Poderia até ter gostado de sua aparência e do estilo pessoal sulista, que pareceriam exóticos à bostoniana Fuller.

Talvez ela realmente gostasse dele, até certo ponto, mas, por razões que se pode apenas imaginar, o galanteio de Poe com Fanny Osgood fez que ela se indispusesse com Poe de uma maneira tal que passou a liderar um grupo cuja missão era terminar o caso. Elizabeth Ellet fazia parte do grupo, mas suas cartas envenenadas eram sua operação secreta. A magnânima Margareth Fuller nunca desceria a esse nível. Na verdade, a respeito das cartas sobre o caso Poe/Osgood, o objetivo de Fuller era tentar o retorno das cartas "incriminadoras" de Fanny para o bem casado Poe. Para isso, Fuller ficava muito atenta a tudo, o que parecia um pouco de "ação" demais para uma mulher tão magnânima quanto ela. Por algum motivo, o relacionamento – nunca claro – entre Poe e Fanny Osgood fez Margaret Fuller agir de maneiras estranhas.

A erudita Margaret, com seus talentos abrangentes, era uma figura pública na vida intelectual de Boston. Linguista, tradutora, editora, professora franca e interessante, era uma escritora que não tinha medo de abordar questões sociais contemporâneas. Junto com Ralph Waldo Emerson

> "*Eu tenho carinho pela sociedade das mulheres — os poetas sempre têm; e eu tenho carinho o suficiente para disfarçar minhas fraquezas e amenizar meus defeitos; mas uma mulher verdadeira, com um intelecto superior e um profundo espiritualismo, transformaria minha vida inteira em algo melhor."*
> – Poe, de acordo com a romancista Elizabeth Oakes Smith. É um ponto de vista incomum para a era em que Poe vivia.

Eles disseram...

"Infelizmente ele não tinha seriedade de caráter, nenhuma sinceridade de convicção, nenhuma fé na excelência humana, nenhuma dedicação a um propósito maior, nem mesmo o desejo de produzir uma obra de arte perfeita e, por isso, seus textos (...) são destituídos da verdade e da naturalidade, que são os únicos passaportes para uma reputação duradoura." – George Ripley, "pai" do experimento (fracassado) Brook Farm, sobre Poe, em janeiro de 1850.

ela começou a *The Dial*, a revista transcendentalista. Junto com alguns outros, ela fundou uma comunidade de 200 acres chamada Brook Farm Institute of Agriculture and Education [Instituto Brook Farm de Agricultura e Educação].

Em sua existência de cinco anos, a comunidade atraiu alguns dos notáveis da época – incluindo, brevemente, Nathaniel Hawthorne (vê-se como a vida em comunidade interferiria em sua natureza solitária). Ele a usou como um modelo para um de seus romances, e a própria Fuller seria um dos personagens.

Apesar da filosofia transcendentalista que imperava na fazenda, Emerson fazia graça do assunto, chamando a experiência viva de "a Era da Razão em uma panela". Para Emerson, o indivíduo era sempre importante, não era uma mera unidade humana. Mas os devotos da Brook Farm eram uma espécie de pensadores sérios, cujo envolvimento é mais egocêntrico do que eles gostariam de admitir. Isso, na verdade, foi o coração do *The Blithedale Romance*, o romance de Hawthorne sobre a comunidade Brook Farm.

Margaret, Cheia de Contradições

Margaret Fuller era uma mulher séria; ou melhor (e há uma diferença aqui), uma mulher que queria muito ser levada a sério. Na América do início do século XIX, isso não era uma tarefa fácil, apesar de ela ser falsamente elogiada por seu grupo literário de Boston. Nenhum deles conseguia suportá-la. Nem o normalmente generoso James Russell Lowell nem o controlado Nathaniel Hawthorne. Até o sempre calmo Emerson admitia um sentimento turbulento de amor e ódio por Margaret Fuller. Quando se cansou de irritar seus compatriotas, foi para a Inglaterra, onde, curiosamente, o ensaísta Thomas Carlyle alegou que a "estranha, alegre e pobre senhora não era a chata que eu esperava". Quando se tornaram amigos, Carlyle passou a chamá-la de heróica e corajosa, o que ela era. Dessa familiaridade veio uma famosa réplica literária. Quando Carlyle soube que Fuller anunciara: "Eu aceito o Universo!", ele respondeu: "Por Deus! Ela deveria mesmo!". De certa maneira, essa anedota revela o cerne de Fuller. Se você sente necessidade de declarar que aceita o Universo, implica que você na verdade não o aceita. O comentário de Carlyle era puro bom senso.

"(...) cuidadosa, sugestiva, brilhante e erudita – mas (...) na obtenção dessas características, muitas premissas foram distorcidas e muitas inferências lógicas foram deixadas de lado. (...) A senhorita Fuller errou (...) por sua própria objetividade excessiva. Ela julga a mulher com base no coração e no intelecto da senhorita Fuller, mas não há mais do que uma ou duas dúzias de senhoritas Fuller em toda a face da Terra." – Poe, sobre Margaret Fuller, 1846.

Margaret Fuller tinha um caráter paradoxal, o que pode ajudar a explicar por que se sentira tão incomodada pelo relacionamento entre Poe e Fanny Osgood, a ponto de agir de forma tão ativa. Lá estava ela, a intelectual pública e experimentadora social Fuller, metendo-se no caso dos outros. Como uma feminista, como ela poderia reconciliar a contradição entre o que ela acreditava sobre o direito da mulher à autodeterminação e seu aparente ressentimento com o envolvimento entre Osgood e Poe? Ou – para falar de outra forma – seu ressentimento com o envolvimento de Poe com Osgood? Com ela, Poe vacilava, mas não sem razão: ele elogiava suas habilidades críticas (o que não era pouca coisa, vindo dele), mas também a satirizou em um de seus contos. A esse respeito, ele tinha muito em comum com seus colegas escritores de Boston – Fuller reconciliou-os.

Em uma atitude que Poe julgou ser "uma amostra tola e convencida de Transcendentalismo", Fuller elegeu Longfellow e Lowell como os piores poetas americanos, referindo-se a Longfellow como um "bobo" e a Lowell como "nojento até para seus melhores amigos". Poe contra-atacou: "*Por que* ela disse isso, só Deus sabe – a não ser que seja porque ela era Fuller e não queria ser confundida com mais ninguém".

Fuller (junto com Elizabeth Ellet e outros solicitadores) teve sucesso, fazendo com que Poe retornasse as cartas de Fanny. Nunca saberemos o quanto significou tal vitória para a inteligentíssima Fuller, que provavelmente se surpreendeu com seus próprios sentimentos quanto ao relacionamento.

Há uma nota muito significativa em sua vida. Logo após seu envolvimento na questão Poe/Osgood, ela partiu para a Itália, onde se tornou amante de um marquês italiano e tiveram um filho. Acabaram se casando, e, na viagem de volta para a América, afogaram-se os três em um naufrágio em Fire Island, Nova York. Esses detalhes biográficos são interessantes para uma comparação com seus sentimentos em relação a Poe e Osgood, considerando as questões em torno do nascimento de "Fanny Fay", a terceira filha de Fanny Osgood. Quanto a Poe, triturado pela fábrica de fofocas literárias na imprensa, nos salões e na porta de sua casa, acabou por desistir das mulheres literatas.

Capítulo 11

O Coração Delator

Os últimos anos da vida pessoal de Poe foram marcados pela tragédia e, por mais estranho que possa parecer, pelo romance. Sua amada Sissy faleceu em janeiro de 1847, um golpe horrendo para o já deprimido escritor. Mas logo ele estava simpático com as outras mulheres, em busca de afeto, causando graus variados de entusiasmo entre as damas. Poe sentia-se atraído por "mulheres superiores", mas não teve sucesso em suas tentativas de casar de novo, em parte graças às suas próprias falhas e por causa da interferência hostil dos outros.

A Morte de Virgínia

Enquanto Virgínia estava morrendo no frio chalé em Fordham, Nova York, uma amiga que a visitara ficou chocada com a imagem de sofrimento dela, agonizando em uma cama cujas colunas haviam sido serradas para que coubesse no quarto com beirais inclinados.

> **Eles disseram...**
> "A sra. Poe parecia muito jovem, ela tinha grandes olhos negros e uma pele branca como pérola, que era de uma palidez perfeita. Sua face pálida, seus olhos brilhantes e seu cabelo negro davam-lhe uma aparência sobrenatural. Sentia-se que ela era quase um espírito despido, e, quando tossia, parecia certo que estava falecendo." – Mary Gove Nichols, ao visitar Virgínia Poe.

Contra o frio do quarto e a morte que se aproximava, tudo o que Virgínia Poe tinha para mantê-la aquecida eram o famoso sobretudo preto com o qual seu perturbado marido a cobrira, e Caterina, a gata grande e tricolor, enrolada silenciosamente sobre seu peito. Uma de suas vizinhas, uma mulher divorciada generosa chamada Marie Louise ("Loui") Shew, dava ajuda, dinheiro e apoio moral. Muddy Clemm era uma figura bíblica, catando verduras das hortas próximas, um direito divino garantido a viúvas, órfãos e estranhos. A família itinerante de Poe totalizava três pessoas.

Virgínia Clemm Poe faleceu em 30 de janeiro de 1847. Ela tinha 25 anos.

Poe desmaiou ao lado da cama de Virgínia no momento em que ela parou de respirar e, de acordo com testemunhas, ele não conseguia olhar para ela depois de morta. No enterro, usou o sobretudo que fora o cobertor de Virgínia em seu leito de morte. Não é de surpreender que Poe tenha ficado doente por meses, sofrendo de depressão, arritmia cardíaca e bebendo muito. Loui Shew e Muddy cuidavam dele.

Há apenas um retrato conhecido de Virgínia Poe: uma aquarela feita por Loui Shew, mostrando a pobre Sissy com sua cabeça para o lado, seus lábios curvos, sua pele de alabastro, lençol branco cobrindo seu peito. Ela acabara de morrer.

O obituário de Virgínia, que apareceu em dois jornais de Nova York, chamava seus amigos para o funeral de três dias na Dutch Reformed Church, em Fordham. Além de Poe e Muddy, menos de 12 pessoas apareceram para o enterro de Virgínia Eliza Clemm Poe, que até na morte dependia de caridade. Ela foi enterrada com roupas doadas por Loui Shew, no jazigo da família do senhorio de Poe, John Valentine.

Loui Shew e Annie Richmond

Mary Louise Shew pode ter conhecido Edgar Allan Poe em 1845 em um sarau literário em Nova York. Já se divorciara quando respondeu ao pedido de ajuda em 1847, quando ficou claro que Virgínia estava morrendo. Além da assistência prática que ela deu aos Poe na época da morte de Virgínia, fora absoluta fonte de força para Muddy Clemm e para o desesperado Poe. Quando ela se alarmou com a doença física dele, levou-o para a cidade para que tivesse cuidados médicos. Quando ela se preocupou com seu desespero, levou-o com ela para cerimônias episcopais (Poe tentou o caminho da religião, mas falhou). Quando ele sofreu com a inabilidade de escrever algo novo, ela o inspirou a escrever o poema que se tornou *The Bells* [Os sinos], e até contribuiu com os primeiros quatro versos.

Ela fez tudo isso sem o menor interesse romântico por Poe, apesar de ele, depois de um tempo, ter começado a sentir algo mais do que mera gratidão. "Ah, Marie Louise!", exclama em um dos três poemas que escrevera para ela, "em profunda humildade devo isso agora/Todo o orgulho – todo o pensamento de poder – toda a esperança de fama –/Todo o desejo pelo Paraíso – estão para sempre mergulhados/Sob a maré palpitante da paixão/Reunidos em minh'alma por ti...". Diferentemente da maioria das outras amigas de Poe, a gentil Loui Shew aparentemente nunca se deixou seduzir. Quando se casou de novo, não foi com Poe.

Agora, se Nancy Locke Heywood Richmond, a mulher que Poe chamava de "Annie", foi seduzida por Poe é outra questão. Seu relacionamento com ele era mais difícil de entender do que a clareza aparente de que Marie Louise Shew desfrutava quando de seu relacionamento com seu amigo famoso. Poe conheceu Annie, a esposa do fabricante de embalagens Charles Richmond, em meados de julho de 1848, quando fora dar uma palestra em Lowell, Massachusetts. O fato de ela ser casada não deteve O Corvo; afinal, ele estava em uma fase demasiado emotiva e de relacionamentos românticos simultâneos.

Os relatos diferem: em várias visitas pedira-lhe repetidas vezes em casamento; ele a via como uma "irmã", uma salvadora, seu amor platônico. Para um homem de natureza tão complexa, tudo isso poderia ser verdade. Em uma carta para a inacessível Annie, Poe exclama: "(...) não conseguirei viver se não sentir sua doce, gentil e amável mão em minha fronte (...)". Além disso, houve a reviravolta absurda: depois de uma tentativa morna de suicídio, vinda do desespero ao crer que nunca conseguiria persuadir seu futuro amor, Helen Whitman, a casar-se com ele, escreveu uma resposta poderosa a seu próprio ato. Era o poema "For Annie" [Para Annie], registrando a experiência com "(...) essa febre chamada 'Vida'/Que em meu cérebro ardia". O poema fala do sonho com seus beijos, suas carícias, seu amor e "o céu de seu seio". Finalmente, até o tolerante Charles Richmond ficou farto. Incitado pela fofoca de uma vizinha invejosa, Jane Locke, que esperava conseguir o celebrado Poe para si, o marido de Annie Richmond pôs um fim à amizade.

Uma Segunda Helena

O ano de 1848 foi o "Ano Helena". Virgínia morrera no ano anterior. Fanny Osgood reconciliara-se com seu marido. Annie Richmond tinha um casamento feliz. E Edgar Allan Poe não chegara a lugar algum com Loui Shew, a amiga da família.

Ele trabalhava fora, escrevendo *Eureka* e procurando patrocinadores para a *The Stylus*. Mas queria, principalmente, convencer Sarah Helen Whitman a casar-se com ele. O curso de seu relacionamento não teve a ver com sorte. O que era estranho, considerando-se a forma como se entusiasmavam com o trabalho um do outro e o quanto tinham em comum como amigos. Helen Whitman era uma poeta literata que vivia em Providence, Rhode Island; ela e Poe faziam aniversário no mesmo dia, embora ela fosse seis anos mais velha. Era uma viúva de 45 anos quando Poe pensou na ideia do casamento. O que aconteceu em 1848 entre Poe e a segunda Helena de sua vida é um exemplo excelente de que não se deve mexer em time que está ganhando.

> **Eles disseram...**
>
> "Ele tinha algumas aves tropicais raras em gaiolas, que apreciava (...) dando a seus pássaros e suas flores uma atenção agradável que parecia inconsistente com os textos sombrios e grotescos. Um gato favorito, também, desfrutava de seu amparo amigável e sempre que ele estava ocupado com alguma composição, o gato aninhava-se em seu ombro, ronronando como se aprovasse o trabalho que acontecia sob sua supervisão." – Helen Whitman, sobre a vida de Poe em Fordham, 1860.

O namoro Whitman-Poe começou meio hesitante, baseado em uma espécie de "lição de casa". Planejando uma reunião em seu salão para o Dia dos Namorados, em 1848, a decana literária Anne Lynch pediu que as mulheres convidadas por ela escrevessem mensagens originais para entregar aos homens famosos que estariam presentes. Embora Anne Lynch fosse uma poeta com obras publicadas, tinha mais influência como uma espécie de *socialite* literária que convidava poetas, atores, jornalistas e industriais para seu salão todo sábado à noite, para uma camaradagem literária. Feliz em seu casamento, ela era bem-educada e ensinava inglês. Poe falava que ela estava "à altura de qualquer destino". Em sua reunião de Dia dos Namorados em 1848, Helen escolheu Poe, escreveu o cartão e então tudo começou. O que se seguiu foi um estranho cabo-de-guerra. Enquanto um atraía o outro com poemas de amor, ambos continuavam com um impiedoso exame da reputação, das perspectivas e da natureza um do outro.

A relutância dos dois em se entregar era quase cômica: ele queria uma esposa e queria que a inteligente Helen Whitman fosse essa esposa, mas sua abordagem, na maior parte do tempo, era comedida; já ela se preocupava com a reputação dele e a possibilidade de que um marido mais jovem e intenso pudesse ser a morte para si. Afinal, ela tinha um problema cardíaco. Eis aqui sua exclamação apaixonada para ele: "Se eu me permitisse amá-lo, poderia aproveitar apenas uma hora muito breve de êxtase e morrer". Para não acabar com suas chances, ele escreveu que "(...) oh, com júbilo – júbilo – júbilo – eu iria contigo para o Túmulo". Mas havia, é claro, os intrometidos maliciosos.

O mesmo time responsável pelo fim do caso dele com Osgood reapareceu.

O Ano de Galanteios Infrutíferos

Não há como negar que Poe e Helen Whitman admiravam-se mutuamente. Ambos gostavam de coisas culturais populares: frenologia, mesmerismo ou magnetismo e espiritualismo. A inteligente e talentosa Helen, com suas echarpes ondeantes desafiando as tendências das mulheres da época, promovia sessões espíritas semanais em sua casa de Providence, agindo como um canal humano para o mundo espiritual. Mais tarde, sua inteligência levou-a a ridicularizar essas mesmas práticas ocultas.

Atiçado pela sua relutância em casar-se com ele, Poe começou a ficar ainda mais empolgado com a ideia. O que, ironicamente, apenas aumentava a cautela de Helen.

Haviam chegado cartas alertando-a contra ele. Mas, durante o frustrante ano de 1848, eles continuaram sendo francos um com o outro. Assim, ele sabia que seus inimigos o chamavam de bêbado e mulherengo. "Ah, Helen, eu tenho centenas de amigos para cada inimigo", disse-lhe, e ainda afirmou que ela não vivia entre seus amigos. Helen estava preocupada com a possível visão romantizada dele sobre ela. Como ele poderia ter certeza de que seus sentimentos por ela eram verdadeiros, e não simples ilusão como reação à morte de Virgínia? Fazia só um ano que ela morrera.

No caso de Fanny Osgood, os escritores intrometidos acabaram com o relacionamento. No caso de Sarah Helen Whitman, apesar dos melhores esforços dos intrometidos, foi apenas Poe quem destruiu com o relacionamento. Helen concordou em casar-se com a condição de que ele não bebesse. Ele tentou. Não conseguiu. Ela cancelou o casamento. A gangorra emocional levou Poe a uma overdose dramática no trem que ia de Providence a Boston. Mas foi Helen Whitman que, depois da morte de seu ex-noivo, o defendeu, especialmente contra a "memória" maligna feita por

Rufus Griswold. Seu livro, *Edgar Poe and His Critics* [Edgar Poe e seus críticos], não era apenas uma defesa do homem que ela conhecera, mas também uma obra erudita sobre Poe. Helen – a "To Helen" [Para Helena] de seu segundo poema, de 1848 – pode não ter se casado com o homem para quem ela escreveu 40 poemas, mas, de outros jeitos mais importantes, *ela prevaleceu*.

Em julho de 1849, Poe fez uma última visita a Richmond, onde ele conheceu Susan Archer Talley. Ela era bem mais jovem do que ele, mas cresceu interessada nele e amando seu trabalho; encontrá-lo socialmente era um acontecimento significativo para ela. Poe ficou na casa da mãe de Susan na última noite em Richmond e os dois caminharam muito juntos. Quando ele sentiu algo de muito compatível em Susan Talley, contou-lhe que seu casamento com Virgínia não fora "apropriado", que não havia encontrado nela a espécie de "simpatia intelectual e espiritual" que o teria feito realmente feliz. Ao darem uma volta na casa vazia de uma família distinta que Poe conhecera em sua juventude, Susan observou-o enquanto ele vasculhava a casa e fazia observações sobre os espaços vazios, apontando os lugares onde costumava haver violetas. Colocou, então, algumas flores entre as páginas de um livro. Conversaram sobre livros e escritores, e ela se surpreendeu ao ver como ele elogiava certa escritora. Ele concordou que a superestimara, admitindo, com uma compreensão real: "Não posso apontar flechas para nenhuma mulher".

Essa mulher de beleza cativante, uma calma inteligência e lindos lábios, escreveu várias vezes sobre Poe. Em sua última noite em Richmond, eles disseram adeus um ao outro nos degraus da casa da mãe de Susan. Ele foi o último a partir naquela noite e, enquanto tirava seu chapéu e virava-se para lançar um último olhar – um último olhar mesmo, já que ele morreu em Baltimore três meses depois –, "um meteoro brilhante apareceu no céu acima de sua cabeça e desapareceu no leste", escreveu ela. Muitos anos depois, Susan Talley foi capturada como espiã confederada e mandada para a prisão. Ela conheceu e casou-se com o coronel Weiss e depois teve um filho. Viveu até os 94 anos.

"(...) *se tiver fé em mim, posso e vou satisfazer seus desejos mais loucos (...) não seria 'glorioso', querida, estabelecer, na América, a única aristocracia inquestionável – a do intelecto – assegurar sua supremacia – liderá-la e controlá-la? Posso fazer tudo isso, Helen e vou fazer – se me permitir – e me ajudar".–* Poe, em uma carta para Helen Whitman, 1848.

"*Esse é o único princípio verdadeiro entre os homens. No que se refere ao sexo mais frágil, parece haver apenas um rumo para o crítico – fale se você pode elogiar – se não, fique quieto; pois uma mulher nunca será levada a admitir uma não-identidade entre ela e seu livro (...)*" – Poe, sobre a crítica literária da obra de escritoras, em "Marginalia", 1844.

A Volta da Garota Comum

Sarah Elmira Royster, o amor de juventude que fora noiva de Poe por um período breve durante sua melancólica adolescência byroniana, reapareceu como uma viúva atraente nos meses finais de sua vida. Se retratos contam a história, Elmira Royster não tinha a expressividade etérea de Virgínia, a ternura convidativa de Fanny Osgood ou a inteligência perscrutadora de Helen Whitman. Elmira não era literária. Ela era uma garota de sua época e, para uma mulher solteira, a vida se resumia à necessidade de um "bom" casamento e uma vida previsível. Ela tinha um olhar impenetrável, mas triste, de uma mulher que sentisse que talvez houvesse algo mais, em algum lugar, mas ela não tinha nem a imaginação nem a rebeldia para procurar por isso. É um olhar tenro de resignação.

Vinte anos depois do namoro rompido, ela ficou viúva, assim como Poe. Ele também cortejava a poeta/mística de Providence Helen Whitman, rondava a amiga casada Annie Richmond de Lowell, Massachusetts, e ainda persuadia a desinteressada Loui Shew enquanto pranteava a falecida Sissy. Foi talvez a esse período que o poeta W. H. Auden referiu-se, quando descreveu a vida amorosa de Poe como "chorar nos ombros e brincar de casinha". Tornara-se uma espécie de corrida de cavalos pré-marital, exceto que todas, menos uma das competidoras, estavam *fugindo* da linha de chegada. Os relacionamentos com Annie e Loui não iam para lugar nenhum. Helen, depois de muita insistência, também dispensou o casamento. A garota comum, Sarah Elmira Royster Shelton, chegara na frente.

Fato

A namoradinha da infância aceitou, em tempo recorde, um mês depois do pedido de casamento. Em agosto de 1849 eles estavam noivos, 22 anos depois do primeiro pedido dele! Poe deu presentes à viúva Elmira: um adorno para o cabelo e uma caixa de pó-de-arroz de madrepérola. Escreveu poemas. Muddy, que apenas queria vê-lo casado de novo, estava feliz.

Elmira estava agora em uma posição para fazer todas as suas escolhas e determinar seu próprio destino. O que é intrigante sobre sua decisão de casar-se com Poe – apesar dos rumores constantes sobre sua reputação – é que isso significava que ela teria de renunciar à propriedade de seu primeiro marido, de acordo com o testamento de Alexander Shelton. Havia algo sobre esse Poe – e talvez o namoro rompido apenas parecesse um adiamento de 20 anos para ela – que fez tudo valer a pena.

Mas então ele morreu.

Capítulo 12

Os Mistérios Finais de Edgar Allan Poe

Os dias anteriores à morte de Edgar Allan Poe em outubro de 1849 continuam um mistério. Teria o criador da história de detetives tido um fim violento, ironicamente? Terá mesmo sido encontrado inconsciente em uma sarjeta de Baltimore? De quem eram as roupas que ele usava? Teria sido finalmente vencido por seus demônios? Quais foram suas últimas palavras e o que elas significavam? Quais são os fatos acerca da morte de Poe e o que é mera especulação?

O Hábito da Melancolia

Apesar das vantagens óbvias de sua juventude, Poe comentou com Helen Whitman que não tivera uma infância feliz. Ele teve uma mãe adotiva e uma tia que o amavam, um pai adotivo que pelo menos o sustentara naqueles primeiros anos, sem hesitação, um intelecto forte, o respeito de seus colegas, uma posição na sociedade de Richmond, os horizontes expandidos daqueles anos na Inglaterra, uma história familiar honrável e um tremendo talento. Algumas dessas coisas também foram prejudiciais para ele, e as mortes e os abandonos dos adultos importantes em sua infância e no início da vida adulta com certeza pesaram mais do que os aspectos positivos de sua juventude. Para uma pessoa com uma natureza melancólica, as dádivas nunca eram puras. O sofrimento e uma introspecção sombria rondavam as vantagens e os atributos que outros com temperamentos mais equilibrados ou alegres davam como certo.

"Você fala que devo 'fazer um balanço da minha vida', mas, a partir do que eu já disse, verá que não posso fazer tal coisa. Sempre fui por demais ciente da mutabilidade e da fugacidade das coisas temporais para esforçar-me continuamente em qualquer coisa — para ser consistente com qualquer coisa." — Poe, para James Russell Lowell, 1844.

Em 1621, o médico inglês Robert Burton escreveu *The Anatomy of Melancholy* [A anatomia da melancolia]. Apresentava-se no estilo de um texto médico, mas era um exame mordaz da infelicidade. A melancolia, diz Burton, é "uma enfermidade inata em cada um de nós". Dependendo do espírito da época, é uma qualidade que é tolerada, ultrajada, venerada, mal entendida ou até confundida com outra. O que era então a melancolia, que carregava um toque romântico, agora é classificada como depressão clínica.

Seria esse o caso de Poe? Seria ele, de fato, melancólico? Ele herdara uma queda pelo drama de seus pais atores. Tinha razão de ser ansioso e fatalista por causa de suas circunstâncias paupérrimas e da saúde fraca de sua esposa. Por causa de uma inquietação com a mediocridade na literatura americana de sua época, ele tinha uma presença crítica feroz e sombria.

Com sua morte, vários amigos lançaram-se na lacuna jornalística e escreveram longos tributos e interpretações sobre o falecido. Nathaniel Parker Willis, jornalista e escritor, recordou-se que: "Ele andava pelas ruas, com loucura ou melancolia, com seus lábios movendo-se de formas indistintas ou com seus olhos elevados em orações apaixonadas (nunca por si mesmo, pois ele sentia, ou declarava que sentia, que já estava condenado) (...)".

"Meras considerações mundanas quaisquer, assim como essas, não têm poder para me deprimir... Não, minha tristeza é imensurável, e isso me deixa mais triste. Estou repleto de pressentimentos sombrios. Nada me alegra ou conforta. Minha vida parece desperdiçada — o futuro parece um vazio medonho: mas eu seguirei lutando e 'tendo alguma esperança'." — Poe, para Annie Richmond, 1849.

Helen Whitman, ex-noiva e poeta mística, lembrou "os traços esculpidos de forma exótica, a melancolia habitual, mas intelectual, o palor claro da tez e o olho calmo como o silêncio derretido de um vulcão em inatividade...". O artista, finalmente, torna-se uma tela.

É George Rex Graham, patrão de Poe no *Graham's,* quem teve um interessante ponto de vista: "(...) Se a genialidade fosse concedida pela natureza a alguém cuja mente é naturalmente, ou por uma educação corrupta, direcionada à melancolia, excentricidade, teimosia ou quaisquer outras condições irregulares ou desequilibradas, a genialidade faria com que essa irregularidade fosse mais patente e mais perigosa, tanto para quem a possui quanto para os outros, do que a mesma condição maligna da mente seria em uma pessoa comum". É claro que Graham não tinha inclinação para a melancolia – na verdade, ele toma uma postura um tanto puritana –, mas faz uma distinção interessante entre a melancolia de um gênio em oposição à de "uma pessoa comum".

Um Demônio Diante de Mim

O próprio Poe descreveu tudo o que a veia sombria em sua natureza moldara em sua vida adulta, em um poema descoberto por E. L. Didier, o editor do *Scribner's,* que o publicou em 1875.

Só

Desde a infância não fui

Como os outros – não vi

Como outros viram – não podia

Minhas paixões de origem comum

Da mesma fonte não as tirei

Minha tristeza – não pude despertar

Meu coração à alegria no mesmo tom –

E tudo que amei – amei só

Então – em minha infância, no alvor

De uma tormentosa vida – busquei

De toda a profundeza do bem e do mal

O mistério ainda dominante –

Da torrente, ou fonte –

Do rochedo rubro da montanha –

Do sol que me envolvia

Em dourados tons de outono –

Dos relâmpagos no céu

Que por mim voando passam –
Do trovão e da tempestade –
E das nuvens que formas tomam
Quando azuis eram os céus
De um demônio diante de mim.

Onde estava essa autoanálise crua e simples, esse poema que poderia desmistificar Poe pelo menos um pouco aos olhos do público em geral? Será que ele ficou junto com outros papéis, escondido por mais de 25 anos? Talvez não fosse para o consumo público. Poe era um incansável homem orgulhoso. Para ele, é possível que o poema "Só" revelasse mais do que gostaria. Seria o poema um olhar iluminado para a melancolia – ou algo mais, algo bem separado na composição de todos os artistas – o lugar do qual todo o trabalho criativo vem?

Em Meia Taça de Vinho

Por que exagerar seus maus hábitos? Por que, na verdade, expô-los todos? Duas das crenças persistentes sobre Poe são as de que usava drogas e bebia. Um pouco desse folclore apareceu no último século e é em parte baseado em suas cartas e contos, e, em parte, nas fofocas vingativas dos escritores que não gostavam dele por razões pessoais ou profissionais. Nas cartas e nos contos, pelo menos, Poe dá sua opinião sobre o tópico das drogas e do álcool, apesar de que com muitas inspirações diferentes. A linha entre a experiência pessoal e o entendimento imaginativo de uma experiência fica embaçada, evidenciando a tendência teatral de Poe em exagerar seu comportamento, seja para aumentar seu mistério (para si ou aos outros) ou para expressar alguma forma de culpa ou remorso.

"Estar completamente familiarizado com o coração do Homem é ter nossa última lição no livro férreo do Desespero." –
Poe sobre o coração do homem.

Explicando o Episódio do Láudano

Em uma carta para Annie Richmond, em 1848, Poe, desesperado por não conseguir um segundo casamento depois de um ano de intrigas românticas, confessou ter engolido 31 gramas de láudano em uma tentativa de acabar com seu sofrimento.

Ele chegou apenas a ponto de ficar inconsciente, não tendo tomado droga o suficiente para atingir seu objetivo inicial. Essa é sua única menção ao uso de drogas (embora o láudano fosse usado como remédio naquela época), e, mesmo assim, não fica claro se não fora apenas uma mentira, inventada para convencer Annie (ou Helen Whitman, objeto de seu afeto) de seu amor.

São os narradores ficcionais de Poe que se medicam com ópio, uma escolha feita pelo escritor para aumentar a atmosfera miasmática e a crueza psicológica do conto. Cinquenta anos depois do período mais prolífico de Poe, Arthur Conan Doyle chegou a ponto de dar a seu herói Sherlock Holmes um vício em cocaína, mas ninguém sequer imaginara que o próprio Doyle tivesse esse vício.

Problemas com a Garrafa

O álcool, por outro lado, era mesmo um problema. Poe não era um beberrão, ou um rato de bar, e não gastou todo o dinheiro que tinha em

> **Pergunta**
>
> **O que é láudano?**
> Láudano era uma droga medicinal muito prescrita no século XIX. Era derivado do ópio e usado para tratar uma gama de enfermidades, desde insônia até vários tipos de dores.

bebida. Bastava, de acordo com testemunhas, menos de uma taça de vinho. Seu pai, David Poe Jr., e seu irmão, Henry, eram alcoólatras. Para Edgar, beber era uma questão complicada. Nunca precisou de muito para parecer embriagado. Em um período carregado de tensão entre a bebedeira alegre e os Filhos da Temperança,* Poe lutava entre sua aversão pela perda de controle causada pela bebida e a atraente imagem de jovial *bon vivant* sulista que ele queria ter.

Quinze anos depois de largar a Universidade da Virgínia, Poe lembrava-se dos dias de universidade como "desperdiçados". Interessante, já que não há relato algum para sustentar isso. Ele sugeria um estado habitual de quase incapacidade, e isso simplesmente não aconteceu. Alguns colegas lembravam-se de como ele sorvia uma taça de bebida de uma só vez, em uma espécie de desespero estranho – bem distante da jovialidade social a que aspirava. Mais tarde, ele teve mesmo uma dor que tentou amortecer com álcool, de vez em quando. O dano maior à sua reputação a esse respeito foi resultado de vários relatos incorretos e da inimizade de colegas em cujos calos Poe havia pisado.

---

* N.T.: Em inglês, *Sons of Temperance* – uma irmandade que promove a abstinência alcoólica nos Estados Unidos e no Reino Unido.

Suas experiências com álcool e láudano foram alvo de sensacionalismo apenas depois de sua morte. Mas, para um homem que desejava respeito e admiração, Poe era tranquilo quanto à opinião pública: "Quanto à multidão, deixe que falem".

Escolha Seu Veneno

Foi assassinato. Foi epilepsia. Foi diabetes. Foi o coração. Foi raiva. Foi dipsomania, hipoglicemia, *delirium tremens* causado por um caso grave de alcoolismo. Nas 16 décadas desde a morte de Poe, o fato de que o estranho e inconclusivo caso de sua doença fatal apareça ainda em biografias e

> **Eles disseram...**
> "Como autor, seu nome viverá, enquanto três quartos dos críticos questionáveis e dos autores sem caráter do presente desaparecerão nas trevas e no nada. E os homens que agora cospem em seu túmulo, como uma forma de retaliação por algum insulto que eles imaginam ter recebido de Poe em vida, fariam bem em lembrar que apenas um idiota ou um covarde bate na testa de um cadáver." – George Lippard, em seu obituário sobre Poe, 1849.

periódicos de medicina parece conveniente para o pai da história de detetive. Em 1999, um pesquisador médico do John Hopkins adicionou envenenamento por monóxido de carbono à lista, ligando as sensações descritas nos contos macabros de Poe – escritos em Baltimore e na Filadélfia, onde se usavam lampiões – aos sintomas do envenenamento por monóxido de carbono.

No relato mais comum dos últimos dias de Poe, ele está deitado, à beira da morte, em uma sarjeta de Baltimore, uma imagem particularmente digna de pena. A verdade era quase isso. Em 3 de outubro de 1849, o amigo de longa data de Poe em Baltimore, Joseph Snodgrass, recebeu um recado rápido de um jovem impressor que reconhecera o inconsciente Poe em Fourth Yard, deitado em um banco de madeira improvisado sobre dois barris. Quando Snodgrass chegou à cena, porém, encontrou Poe em uma taverna das redondezas, a Gunner's Hall. Estava sentado em uma poltrona, estupefato e desgrenhado. Snodgrass descreveu assim a aparência de seu amigo: "Suas roupas consistiam em um casaco de uma alpaca fina e de má qualidade, mais ou menos rasgada em várias de suas costuras, (...) e calças (...) gastas, que quase não cabiam nele, para não dizer que não cabiam de jeito nenhum (...) Nos pés, ele usava botas de um material inferior (...)". Achando que seu amigo literato estava tão embriagado a ponto de ser quase irreconhecível, Snodgrass conseguiu levar Poe para o Washington College Hospital, onde ele foi atendido pelo dr. John J. Moran.

O dr. Moran descreveu, depois, seu paciente como sujo e abatido, notando que durante os três dias seguintes Poe alternara delírio e lucidez, calor e frio – mas não, como Moran atestou, sob a influência de "bebida intoxicante". Nas primeiras horas do dia 7 de outubro, em um domingo, o delírio cessou, e Poe murmurou: "Senhor, ajudai minha pobre alma!". Por volta das 5 da manhã, ele morreu. A causa da morte no registro: congestão cerebral. Essa encefalite devia ser por causa da exposição ao clima frio de Baltimore à época, considerando-se que ele estava maltrapilho quando Snodgrass o encontrou. Mas Poe foi enterrado dois dias depois sem uma autópsia e, por isso, sua morte continuará, sem dúvida, a intrigar estudiosos, biógrafos e pesquisadores médicos. Um jovem romancista americano, Matthew Pearl, retoma a questão dos misteriosos últimos dias de Poe em seu livro, *The Poe Shadow* [A sombra de Allan Poe] (2006). É interessante notar que o romance anterior de Pearl, *The Dante Club* [O Clube Dante], era outro mistério histórico, retratando como "detetives" aqueles escritores que Poe desprezava e chamava de sapos.

Uma coisa é certa sobre Poe. Os dias antes de ele morrer – grandes páginas em branco de história pessoal – não são tão interessantes quanto os 40 anos que ele viveu.

"Meu temperamento sensível não poderia suportar a agitação que era uma questão diária para meus colegas. (...) Mas ela está calma há quatro anos, desde que abandonei todo tipo de bebida alcoólica – quatro anos, com a exceção de um único desvio, que ocorreu logo depois da minha saída de Burton e quando fui levado a recorrer ao uso ocasional da cidra, na esperança de aliviar um ataque nervoso." – Poe fala sobre a "questão alcoólica" a seu amigo abstêmio Joseph Snodgrass, 1841.

Reynolds! Reynolds!

Algo do que Edgar Allan Poe (supostamente) disse dias antes de morrer não tem muita explicação. De acordo com o dr. Moran, que foi a única testemunha de sua morte, Poe declarou que seria seu melhor amigo quem lhe estouraria os miolos. Depois, houve o que dr. Moran alegou serem suas últimas palavras: "Senhor, ajudai minha pobre alma!", o comentário sofrido de alguém com dor. Mas horas antes de morrer, Poe, em delírio, invocou o nome "Reynolds", cuja identidade ainda está em questão.

Apenas mais um mistério.
Apenas mais um enigma.

Sem solução, provavelmente; ou, pelo menos, nenhuma solução que satisfaça a todos. Há várias teorias. Supõe-se que Poe disse, na verdade, "Herring" – nome de um parente distante –, e o dr. Moran simplesmente ouviu errado. Outros pressupõem que o Reynolds a quem Poe se referiu era um carpinteiro local que fizera boca-de-urna no dia da eleição em Baltimore.

A explicação mais comum para a identidade de Reynolds é também a mais intrigante do ponto de vista literário. Um explorador chamado Jeremiah Reynolds propusera uma expedição ao Polo Sul para testar a teoria da Terra Oca, do capitão Symme: a Terra é oca e habitada nas aberturas dos polos. O governo norte-americano recusou-se a investir capital, então Reynolds dava palestras para arrecadar dinheiro. Ele partiu para o Polo Sul em 1829, onde, é claro, sua equipe encontrou gelo impenetrável, nenhuma fonte de alimento e vários ótimos motivos para sair dali.

"*Tudo* – *absolutamente tudo da argumentação que vi sobre a natureza da alma, ou da Divindade, parece-me nada além do culto a este ídolo inominável. (...) Pelo menos, apenas é capaz de discutir o tópico aquele que perceber de imediato a insanidade dessa discussão.*" – Poe sobre Deus, de "Marginalia", 1848.

Eles disseram...

"...o envio de um ou dois navios em uma viagem de exploração não exigiria tanto do tesouro público, e pareceria estar estritamente de acordo com o caráter e a política liberais que devem ser buscados por um governo cuja existência política depende, em grande medida, da inteligência geral de seu povo". – Jeremiah Reynolds, em uma petição ao presidente da Câmara de Deputados, para aprovar sua exploração polar.

Os relatos de Reynolds sobre a viagem atiçaram a imaginação de dois dos maiores escritores americanos do século XIX: Melville e Poe. A descrição de Reynolds sobre a Mocha Dick, uma grande baleia branca do Pacífico Sul que afundara um navio, tornou-se o modelo para a obra-prima *Moby Dick*. E os relatos sobre os embates no Oceano Índico – e a surpreendente imensidão da Antártida – encontraram uma reelaboração imaginativa em pelo menos um dos contos de Poe e em sua *Narrativa de Arthur Gordon Pym de Nantucket*. Para Poe, Reynolds era um aventureiro na esfera da metafísica.

Poe defendeu Reynolds, tomando a ofensiva contra a decisão do Congresso de confiar a Charles Wilkes em vez de Reynolds a expedição à Antártida. "É uma pena", Poe escreveu, "que o comando dessa aventura não tenha sido entregue a seu criador, Reynolds. Ele é, em todos os aspectos, tão qualificado quanto o capitão Wilkes não o é. Nunca um sistema de tramoia foi tão vergonhoso – tão inescrupuloso – tão ultrajante quanto o que foi colocado em prática, diante dos olhos de uma comunidade inteligente, quanto aquele que alçou o sr. Wilkes ao cargo, e usurpou os direitos inegáveis do sr. Reynolds".

É mais provável que Poe, nas horas antes de sua morte, estivesse chamando por alguém que trabalhara em uma campanha eleitoral ou por uma figura heróica, que explorara uma região gélida, arriscando a própria vida?

Capítulo 13

Horrores!

As antologias literárias capturam alguns dos contos de Poe, mas nem todos eles são famosos. Que espécie de escritor foi Poe? Ele seguia suas próprias regras quando escrevia? Como é que as circunstâncias de sua vida influenciaram em sua escrita, e o que seus contos revelam sobre ele? O horror estava presente em tudo que ele escrevia?

Uma Ilha no Mar

Entre os papéis de Rufus Griswold, o executor do testamento literário de Poe, havia quatro páginas de manuscritos na letra de Poe. Eles eram o início de um novo conto, no qual ele ainda não colocara título, deixando apenas um espaço em branco no topo da página, para o caso de ter a inspiração depois. Considerado, em geral, como o conto em que ele trabalhava na época de sua morte, está na forma de um diário, e o narrador em primeira pessoa (um clássico de Poe) relata sua chegada em seu novo trabalho como zelador de farol. Com a exceção de seu cachorro, Neptune, ele está sozinho, e aceitou esse trabalho solitário como uma forma de terminar alguns de seus escritos. Por causa do ambiente e da imagem central, esses fragmentos finais da obra de Poe chamam-se "The Light-House" [O farol]. Das pistas que Poe oferece, pode-se especular que uma tempestade destruirá o farol – e provavelmente o zelador – e que o cachorro leva o diário para um local seguro. Mas quem sabe? É apenas mais um mistério de seus contos – este, interrompido por sua morte.

> *"Parece, para mim, que o interior oco na parte debaixo deveria ser preenchido com alvenaria sólida. Sem dúvida, o todo seria então considerado mais seguro: – mas que tolice estou pensando? Uma estrutura como essa é segura o suficiente sob quaisquer circunstâncias. Eu deveria sentir-me seguro, mesmo durante o furacão mais violento que surgir." – Poe mostra um presságio do narrador durante sua exploração pelo farol.*

"O farol" é um bom cenário para um olhar mais minucioso da obra de Poe. De certa forma, esse último conto parece um comentário pungente sobre sua vida inteira de escritor: fragmentada, inacabada e, de algumas formas, irreconhecível. Poe é seu narrador solitário e, assim como o personagem na história, fez uma escolha potencialmente perigosa em prol da causa da arte. Como o zelador do farol, colocou-se nessa "ilha no mar", moldado pelas ondas da pobreza e da opinião pública – em outras palavras, o mundo. A beleza do farol, é claro, é a luz e tudo o que ela significa para um homem à deriva. Para Poe, a luz é a arte. A última frase mostra um corte irônico e clássico de Poe, quando o narrador explora seu novo "lar" e descobre que "a base sobre a qual se erige a estrutura parece a mim feita de giz".

Mestre do Horror

"Durante todo um nublado, sombrio e mudo dia outonal daquele ano, quando as nuvens passavam baixas e opressivas no céu, eu passeava sozinho, a cavalo, por um trecho lúgubre da região quando, por fim, encontrei-me, ao caírem as sombras da noite, próximo à melancólica Casa de Usher." Poe recebeu 10 dólares de Billy Burton, o proprietário da *Burton's Gentleman's*

Magazine, por "A queda da casa de Usher", em 1839. É geralmente considerado seu melhor conto. O fato de que ele era assistente editorial na revista *Burton's* não facilitara sua vida, embora Burton tenha apresentado o escritor de 33 anos ao círculo literário da Filadélfia.

Fato

Poe reivindicou uma antiga história de publicações junto a dois periódicos britânicos cujos nomes ele não era autorizado a revelar. Essa é uma mistificação curiosa, já que a missão de qualquer publicação é constituir um público leitor – e conseguir algum renome.

Um ano depois, enquanto ainda trabalhava pela Burton, Poe fez um acordo com Lea & Blanchard, editores da Filadélfia, para publicar sua primeira coletânea de contos – incluindo "A queda da casa de Usher" – em uma edição em dois volumes chamada *Tales of the Grotesque and Arabesque* [Contos do grotesco e arabesco]. Foi um negócio desanimador para Poe: ele recebeu os direitos autorais e 20 cópias da obra, e o editor ficou com todos os lucros. Poe concordou com esses termos desfavoráveis porque acreditava que a coleção chamaria a atenção de revistas, o que passaria a ser sua principal fonte de renda. Apesar das resenhas positivas sobre a coletânea, Lea & Blanchard admitiram que nunca lucraram com a publicação.

Nenhum dos contos de Poe recebeu mais atenção da crítica do que "Usher". Por quê? O que explica esse apelo durável desse conto em especial? James Russell Lowell, um dos contemporâneos de Poe (embora Poe desprezasse parte daquela elite literária de Boston), compreende quando diz que esse conto "(...) tem um encanto único para nós, e achamos que ninguém poderia lê-lo sem ficar comovido com sua beleza serena e sombria. Se seu autor não escrevesse mais nada, esse conto apenas seria o suficiente para identificá-lo como um gênio e mestre de um estilo clássico". O enredo é sobre o narrador que é convidado a visitar a casa ancestral de seu amigo de infância, Roderick Usher. Ali, descobre que seu velho amigo está em um estado chamado, na época, de exaustão nervosa, esperando por algo que ele sabe ser uma crise, algo tão terrível que o matará de medo. Ele e sua irmã gêmea Madeline – uma cataléptica que cai em estados semelhantes à morte – são os últimos da longa linhagem dos Ushers. Ao redor do narrador e do hipocondríaco Roderick, a casa parece prestes a respirar seu "vapor sobrenatural". Ela também espera.

A passagem seguinte apresenta uma boa análise dos quatro personagens da narrativa: o narrador sem nome, Roderick, Madeline – e a própria mansão.

"Soube depois, a intervalos, e por meio de sugestões quebradas e equívocas, de outro aspecto singular de sua condição mental. Ele estava preso a certas impressões supersticiosas com relação à propriedade em que morava e de onde, por muitos anos, nunca se afastara – em relação a uma influência cuja força hipotética era transmitida em termos obscuros demais para mencionar aqui – uma influência que algumas peculiaridades nas meras formas e substâncias de sua mansão, por um longo sofrimento, dizia ele, exerciam sobre seu espírito; um efeito que a aparência das paredes e torres cinzentas, e do sombrio pântano no qual eles se espelhavam, afinal, produzira sobre a moral de sua existência.

Ele admitiu, porém, embora com hesitação, que muito da melancolia peculiar que o afligia podia vir de uma origem mais natural e bem mais palpável – a doença grave e prolongada – a aproximar-se de forma letal – de uma irmã ternamente amada – sua única companhia por muitos anos – sua última e única parente na terra. 'Seu falecimento', disse ele, com uma amargura que nunca esquecerei, deixá-lo-ia (o desesperado e frágil) como o último da antiga raça dos Ushers'. Enquanto ele falava, a senhora Madeline (pois assim ela era chamada) passou lentamente por uma parte recuada do aposento e, sem notar minha presença, desapareceu. Olhei-a com um completo espanto não destituído de medo; contudo, foi-me impossível explicar esses sentimentos. Uma sensação de estupor oprimia-me, enquanto meus olhos acompanhavam seus passos. Quando uma porta fechou-se, afinal, atrás dela, meu olhar buscou instintivamente e com avidez a fisionomia do irmão – mas ele enterrara seu rosto em suas mãos e pude apenas perceber que uma palidez bem maior do que a costumeira se espalhara por sobre os dedos emagrecidos pelos quais escorriam muitas lágrimas apaixonadas.

O mal da senhora Madeline desafiara a habilidade de seus médicos. Uma apatia estabelecida, um esgotamento gradual da pessoa e crises frequentes, mas transitórias, de um caráter parcialmente cataléptico eram o estranho diagnóstico. Até agora ela suportara bravamente a pressão de sua doença, e não se entregara à cama; mas, no fim da noite da minha chegada à casa, ela sucumbiu (como seu irmão relatou-me à noite com uma agitação indizível) ao poder debilitante da enfermidade, e eu soube que o vislumbre que tive da pessoa seria provavelmente o último – que ela, pelo menos enquanto vivesse, não seria mais vista por mim."

Parte do que eleva essa história acima dos outros contos de horror de Poe é a presença de um narrador normal. Não há um psicopata confessional, apenas um camarada que chega porque seu amigo aflito precisa dele, e se comporta de maneiras reconhecidamente humanas. Ele representa a todos nós, que simplesmente observamos o desenrolar dos eventos da história. Poe acreditava que um conto deveria ter "um único efeito", no qual toda palavra deve importar, algo curto o suficiente para ser lido de uma vez só.

Nos contos anteriores, vê-se esse objetivo em ação na prosa sombria que cria uma voz de doença mental extrema, indo rápido em direção a uma conclusão que pareça horrenda e inevitável. Mas, em "Usher", o leitor não é manipulado tanto assim. O que se tem, em vez disso, é o estágio final de um drama familiar, uma história onde toda a histeria e os medos intensificados remetem a algo quase moderno.

Aventuras na Criptografia

"As lanternas foram acesas e nós começamos a trabalhar com um zelo digno de uma causa mais racional (...)". Quando Poe, morando na Filadélfia, ganhou um prêmio de cem dólares da *Dollar Newspaper* pelo conto "O escaravelho de ouro", em 1843, ele tentava conseguir apoio financeiro para um novo periódico literário nacional, depois de ter se afastado de seu "trabalho" na *Graham's Magazine* há quase um ano.

Assim como ele fez com "O Corvo", um ano depois, Poe começou a escrever algo de apelo popular, sem dar aos críticos e resenhistas motivo para ridicularizar. Ele conseguiu, levando para seu conto ambientado na Sullivan's Island, uma das ilhas marítimas de Charleston, Carolina do Sul (seu posto durante um ano em Fort Moultrie), elementos que venderiam. Assim como em *A narrativa de Arthur Gordon Pym*, é uma aventura de meninos, apenas mais minimalista, com uma caçada pelo tesouro enterrado do capitão Kidd em uma localidade semi-exótica.

"Poucas pessoas podem ser convencidas de que não é fácil inventar um método de escrita secreta, que confunde a investigação. Mesmo assim, pode-se afirmar que a engenhosidade humana é incapaz de inventar uma escrita secreta que a engenhosidade humana não seja capaz de resolver." - Poe, sobre escrita secreta, 1841.

O excêntrico caçador de tesouros, um escravo alforriado, e o sócio narrador conspiram para descobrir as pistas. Pergaminhos, tinta invisível, criptogramas, esqueletos, dobrões e joias fabulosas, estão todos aqui. Na passagem seguinte, o time parte, para desapontamento do narrador, que duvida da sanidade de seu amigo caçador de tesouros:

"Com pesar no coração acompanhei meu amigo. Nós partimos às quatro horas — Legrand, Júpiter, o cachorro, e eu. Júpiter levava consigo a foice e pás —

tudo o que ele insistia em carregar – mais por medo, pareceu-me, de deixar qualquer um dos utensílios ao alcance de seu patrão do que por algum excesso de solicitude ou complacência. Seu comportamento era obstinado ao extremo e esse mardito escaraveio eram as únicas palavras que saíam de seus lábios durante o trajeto. Da minha parte, estava encarregado de algumas lanternas furta-fogo, enquanto Legrand contentou-se com o escaravelho, que ele carregava amarrado na ponta com um barbante girando-o para lá e para cá, com o ar de um prestidigitador, enquanto caminhava. Quando observei essa última e manifesta evidência da aberração mental de meu amigo, mal podia conter as lágrimas. Pensei ser melhor, porém, satisfazer sua vontade, pelo menos agora ou até que possa adotar algumas medidas mais enérgicas com uma chance de sucesso. Nesse ínterim eu tentei, mas em vão, sondá-lo a respeito do objetivo da expedição. Tendo conseguido induzir-me a acompanhá-lo, ele não parecia disposto a conversar sobre um assunto de menor importância, e a todas as minhas perguntas ele se dignava a responder apenas 'veremos!'.

Cruzamos a enseada na ponta da ilha com um barco a remo, e, subindo os terrenos altos na costa da ilha principal, seguimos na direção nordeste, por um trecho de terra selvagem e desolado, onde não se via nenhum vestígio de pegada humana. Legrand seguia na frente com decisão, pausando apenas por um instante, aqui e acolá, para consultar o que pareciam ser certos marcos criados por ele em outra ocasião.

Dessa maneira caminhamos por duas horas, e o sol estava se pondo quando entramos em uma região bem mais sinistra do que qualquer outra. Era uma espécie de chapada, perto do cume de uma colina quase inacessível, densamente arborizada da base ao pico e entremeada por rochedos enormes que pareciam estar soltos sobre o solo e, em muitos casos, só não se precipitavam nos vales lá embaixo graças ao suporte das árvores contra as quais eles se apoiavam. Desfiladeiros profundos, em várias direções, davam ao cenário um ar de solenidade ainda mais austero".

De certa maneira, o enigma de "O escaravelho de ouro" antecipa um enigma criminal mais sofisticado, que Poe produz depois em "Os assassinatos na rua Morgue", e em seus outros contos de detetive. "O escaravelho de ouro" foi um aquecimento para Poe, que descobriu que sua mente analítica e sua impressionante habilidade em resolver enigmas poderiam encontrar um lugar no mercado literário. Mesmo antes do sucesso popular de "O escaravelho de ouro", Poe prometia um ano de assinatura da *Graham's*, onde ele trabalhava como editor, a quem conseguisse resolver um de seus criptogramas. Mas a resposta foi tão esmagadora que, por fim, eles tiveram de retirar a oferta. Aqui, mais uma vez, por não existir ainda nenhuma lei de direitos autorais para proteger os interesses dos escritores, Poe nunca ganhou nenhum centavo além do prêmio de 100 dólares que recebeu por "O escaravelho de ouro". O conto vendeu 300 mil cópias.

"Supremacia Infinita"

"(...) a peça é a tragédia, 'Homem'/E seu herói, o Verme conquistador."

> "Não deve se supor que a Criptografia... como meio de transmitir informação importante, está fora de uso hoje em dia. Ela ainda é praticada com frequência na diplomacia; e há indivíduos, até agora, exercendo ofício em... diversos governos estrangeiros, cujas verdadeiras atividades consistem em decifrar."

Em 1838, Poe, sempre sulista, começava a reagir contra o que ele via no cenário literário americano como mania de se juntar em clubes. Pois havia um cenário, e Boston era um deles. Do círculo de elite de escritores e pensadores veio o movimento que desafiou a ideia dos movimentos, o Transcendentalismo. Dois anos antes de Poe escrever o conto "Ligeia", pelo qual ele estava feliz em receber 10 dólares do *American Museum of Literature and the Arts* [Museu Americano de Artes e Literatura], o Clube Transcendental surgiu na cena literária

Fato

A publicação do Clube Transcendental chamava-se *The Dial* [O relógio de sol], uma espécie de "relógio de sol" literário que media a época cultural americana e era publicada com recursos suficientes apenas para quatro anos. A assinatura custava 3 dólares ao ano, por edições de 136 páginas que prometiam contribuições de escritores defensores da justiça social e da liberdade intelectual.

de Boston, onde os membros podiam se reunir para discutir teologia, filosofia e literatura. Publicavam-se em seu próprio periódico, e alguns ainda experimentaram a vida utópica vivendo em uma comunidade, o que durou apenas alguns anos.

Ralph Waldo Emerson expressava a ideia central do Transcendentalismo, que insistia "(...) no poder do Pensamento e da Vontade, na inspiração, no milagre, na cultura individual". Era um prato cheio para Poe.

A Criação de Ligeia

Poe não mede esforços para estabelecer a intensa Ligeia como uma mulher de erudição incomum, sem mencionar outras faculdades. "Falei sobre o saber de Ligeia: era imenso – como nunca encontrei em mulher nenhuma. Era profundamente versada nas línguas clássicas e, pelo que eu entendo a respeito dos dialetos modernos da Europa, nunca testemunhei uma falha sua. Na verdade, em qualquer tema dos mais admirados, por serem apenas os mais abstrusos da alardeada erudição acadêmica, nunca descobri qualquer falha por parte de Ligeia. Quão singularmente – quão emocionalmente esse único ponto na natureza de minha esposa impôs-se, apenas nesse último período, diante de minha atenção! Disse que seu conhecimento era tal como jamais se vira em mulher nenhuma, mas onde está o homem que percorrera com êxito todas as vastas áreas das ciências moral, física e matemática? Eu não via então o que agora percebo com clareza, que as aquisições de Ligeia foram gigantescas, espantosas; porém, estava ciente de sua infinita supremacia em fazer-me segui-la, com uma confiança pueril, pelo mundo caótico da investigação, metafísica com o qual me ocupava durante os primeiros anos de nosso casamento. Com que vasto triunfo, com que animado deleite, com o que é mais etéreo na esperança, eu sentia, quando ela se curvava sobre mim em estudos pouco buscados, mas menos conhecidos – aquela vista deliciosa expandindo-se aos poucos diante de mim, por cuja via longa, esplêndida e jamais trilhada eu poderia passar em direção até a meta de uma sabedoria tão divinamente preciosa para não ser proibida!"

O Significado de "Ligeia"

Esse conto traz a Ligeia esplêndida e intelectual, que parece acreditar que a morte é apenas uma falha da vontade, e seu marido, narrador byroniano dependente de ópio, que relata os resultados do grande experimento de Ligeia, preparando o cenário ao descrever sua ligação erótica com ele. "Que ela me amasse não poderia duvidar, e era fácil de perceber que, em um seio como o dela, o amor não reinava como uma paixão comum. Mas apenas na morte fiquei completamente impressionado com a força de seu afeto. Durante longas horas, segurando minha mão, derramava diante de mim a inundação de um coração cuja devoção mais que apaixonada chegava às raias da idolatria. Como mereci ser abençoado por tais confissões? Como mereci ser amaldiçoado com a remoção de minha amada na hora em que ela as fazia? Mas sobre essa questão não posso suportar me demorar Permita-me dizer apenas que no abandono mais do que feminino de Ligeia ao amor, ai de mim! Inteiramente imerecido, concedido a quem era indigno, eu por fim reconheci o princípio de sua saudade com um desejo tão fervoroso pela vida que agora se esvaía rapidamente. É essa saudade desvairada, é essa ávida veemência de desejo pela vida – *apenas* pela vida – que não tenho poder de retratar nem declaração capaz de expressar."

Ligeia conseguirá fugir ao castigo da morte? Se sim, como? Poe faz uma graça astuta e impassível da mística transcendental da vontade como

"Depois de ler tudo que foi escrito e depois de pensar em tudo que pode ser pensado sobre os assuntos de Deus e da alma, o homem, que tem o direito de dizer o que pensa, encontrar-se-á frente a frente com a conclusão de que, sobre esses assuntos, o pensamento mais profundo é aquele que pode ser o menos facilmente distinguido do sentimento mais superficial." — Poe, sobre o Divino.

uma das grandes faculdades do homem, como a maneira de triunfar sobre a matéria, de se aproximar do mistério do divino.

Contrariando o que lhe deve ter parecido um otimismo insuportavelmente ingênuo, que o dinheiro e uma posição social segura poderiam comprar, Poe adota esse culto do indivíduo usando, dentre todas as coisas, artifícios góticos para mostrar o horror disso. Um aprendizado esotérico, castelos, localidades exóticas, sonhos narcóticos, os mistérios da vida e da morte, tudo isso apresentava como desconfortável a vaga mística transcendental de Ligeia. E assim, nas mãos de Poe, o conto torna-se uma história de horror, tão deliberadamente impassível e ultrajante que é fácil julgá-la superficialmente. Em uma carta escrita em 1836 para Evert Duyckinck, Poe chama esse conto de "sem sombra de dúvida a melhor história que já escrevi".

Não é à toa que "Ligeia" era sua história favorita dentre os 73 contos. De certa maneira, o conto é uma declaração de guerra.

O Feng Shui de Edgar Allan Poe

A decoração da casa de Poe é um dos aspectos que mais esclarecem a diferença total entre: o que Edgar Allan Poe expressava sombriamente na página de um conto; o que ele declarava honestamente em um ensaio; e o que ele realmente vivia. Sua imaginação fértil criava composições extravagantes de cor e forma, mas será que elas refletiam seu gosto pessoal? O homem que acreditava na criação da beleza como o objetivo da poesia realmente prestou muita atenção às questões de gosto. Como homens e mulheres vestiam-se e decoravam seus lares importava. Essas eram as maneiras com as quais os poetas e os não poetas poderiam demonstrar uma crença no valor da beleza. No que dizia respeito à beleza, não havia nada "mero" ou "absoluto". Era um princípio estrutural, um destino manifesto na alma do homem. Por isso, Poe gostava de Keats, o poeta romântico inglês que afirma em "Ode a uma urna grega" que a "A beleza é a verdade, a verdade, a beleza, É tudo/que há para saber da Terra e tudo que precisas saber".

O amor pelo belo, para um homem com o espírito de Poe, não é um traço superficial. É parte da fonte artística da qual surge uma boa obra, e até o desejo de tentar fazer uma boa obra. A beleza ameniza os problemas, cessa as falhas. Ela existe. Para os transcendentalistas distantes todos aqueles quilômetros de Poe em Boston, ela residia no que o espírito pode tocar em contemplação de natureza e divindade. Para Poe, não satisfeito em deixar a beleza cintilar apenas fora de seu alcance, ela era algo que ele queria trazer para perto de si. Era, de certa forma, a melhor e mais certa arma contra a morte, porque: "Um instinto imortal, no interior do espírito do homem é (...) uma percepção do Belo". É uma imortalidade que interessa bastante às inclinações de Poe.

Em um conto como "Ligeia", ele usa grandes detalhes para descrever o "aposento nupcial" que o narrador divide com a brilhante e obstinada Ligeia. É uma asfixia das peças decorativas, uma exibição "fantasmagórica" de estranhos elementos sensoriais que parecem monstruosos. Turíbulos de latão pendurados, tapeçarias opulentas e pesadas, uma parede de vitral veneziano que era tingida de forma que as luzes do sol e da lua faziam tudo parecer espectral na sala ampla e pentagonal – oh, e não se esqueça do sarcófago egípcio encostado no canto. A antiguidade invade. E sufoca.

É um feng shui ruim que acontece no aposento de Ligeia, mas não tem problema; logo ela terá coisas mais importantes para pensar. Como voltar dos mortos.

Bem-vindo à Decoração de Interiores de Poe

A "decoração de interiores" da história de "Ligeia" mostra Poe em seu momento mais sombrio. Ele quer impressionar (literalmente) com uma arte inferior. Mas em seu texto "A filosofia do mobiliário", publicado em 1840, ele tira vantagem da página impressa para dizer algumas coisas sobre o gosto americano. "É um mal brotando de nossas instituições republicanas", diz ele. "Aqui, um homem de muitas posses tem uma alma muito pequena."

O resultado é que os americanos têm mania de grandeza, insistindo em suas escolhas de decoração que, quanto maior, melhor e mais rico. Quanto mais rico você for, maior será a cama ou a cômoda. Você tem o dinheiro para ser opulento, e todos aqueles com menos posses podem manter suas opiniões insignificantes para si mesmos. A decoração de interiores de Poe chega para dar uma ajuda em consultoria. Cortinas? Esqueça-as, se sua mobília for formal. Se não for, muitas cortinas "não combinam com bom gosto". Carpetes? Nada na linha cheia de listras, arco-íris ou parecen-

> **Pergunta**
>
> Como era a casa de Poe?
> "Tão limpa, tão pobre, tão desguarnecida, mas ainda assim era uma residência charmosa como nunca vi. O chão da cozinha era branco como farinha de trigo. Uma mesa, uma cadeira e um pequeno forno pareciam mobiliá-la perfeitamente. O chão da sala de estar tinha um tapete xadrez; quatro cadeiras; um abajur e uma estante de livros na parede completavam sua mobília." – Mary Grove Nichols, ao visitar Poe em Fordham.

do um caleidoscópio. Vitrais? Cuidado com aqueles demônios do brilho e do cintilante. Deve-se buscar uma luz suave e moderada, com sombras frescas. Nem fale com ele sobre vidro lapidado. Quando ao brilho, "crianças e idiotas" gostam de luzes tremeluzentes, então ele desaconselha candelabros.

Poe é brincalhão nesse ensaio sobre decoração de interiores, mas não consegue resistir a uma oportunidade de criticar a equação americana de riqueza igual à opulência. E apenas porque ele está brincando, não quer dizer que não fale a verdade como a vê. O lar importava bastante para ele, que era um homem com um sentido estético muito desenvolvido. O que ele achava sobre a beleza na vida e na poesia também se aplica à decoração.

Poe não queria a mobília grotesca de "Ligeia".

Ele nem precisava das escolhas de bom gosto de "A filosofia do mobiliário".

Ao decorar uma casa com duas pessoas que o amavam mais do que tudo no mundo, ele tinha ao seu redor toda beleza que poderia querer.

Capítulo 14

Quem Conta um Conto

Dentre os 73 contos de Edgar Allan Poe, qual é o maior, o menor, o mais autobiográfico? Poe tinha ideias a partir de sua história pessoal e de ideias populares da época, mas veja o que elas se tornaram quando entraram em contato com sua imaginação fértil.

Edgar Allan Poe, Conheça William Wilson

"Os homens geralmente tornam-se vis aos poucos. De mim, em um só instante, toda a virtude se desprendeu completamente como uma capa", declara Poe por intermédio do narrador no conto de 1839, William Wilson.

Assim como o favorito de Poe, "Ligeia", escrito na mesma época, "William Wilson" ocupa-se da vaca sagrada do transcendentalismo, a vontade humana. Em lady Ligeia, a vontade é como um músculo que ela exercita para voltar à vida. Em "William Wilson", uma história de um crime que antecipa a trilogia detetivesca de Poe (as histórias Dupin), a vontade é uma força diabólica – bem distante da percepção transcendental da vontade como aquela parte energética do homem que pode conduzi-lo ao divino. Mas o conto "Ligeia" era jocoso; Poe espalhava artifícios góticos por todo seu material. Talvez porque o assunto o ocupasse de forma mais profunda, Poe escreveu "William Wilson" como um dos contos confessionais em primeira pessoa que se tornaram sua marca registrada.

Pergunta

O que caracteriza uma obra "gótica"?
Procure por cenários medievais – castelos, catacumbas e criptas aparecem muito –, elementos sobrenaturais, clima enlouquecido, linguagem melodramática e o que agora denominamos "aflição feminina", ou damas em perigo. Pense no gótico como um romance que tomou esteróides – pego em uma passagem subterrânea nas primeiras horas da manhã.

A História por Trás de "William Wilson"

O narrador, William Wilson, descreve sua relação antagônica com um colega de internato. Esse outro menino, também chamado de William Wilson, é tão superior de todas as formas ao narrador que sua rivalidade se intensifica. O narrador, um menino teimoso, tornou-se o "mais inteligente" da escola, mas descobriu que ele não tinha poder sobre o rival William Wilson. Os dois eram idênticos. Ao longo dos anos em escolas, faculdade e além, o rival do narrador sempre acaba sendo a melhor encarnação dele mesmo.

Nessa passagem, durante os dias de internato, o narrador decide pensar em uma vingança enquanto o outro dorme. Nisso, ele apenas tem uma vaga ideia de quem seja o outro William Wilson.

"Foi em uma noite sombria e tempestuosa do início do outono, no fim do meu quinto ano na escola e logo depois da altercação mencionada anteriormente, que, encontrando todos cobertos pelo sono, levantei-me da cama e, com uma

lamparina na mão, andei furtivamente através de uma imensidão de corredores estreitos do meu quarto para o do meu rival. Há tempos planejava pregar nele uma daquelas peças de mau gosto, e até então eu sempre falhara. Era minha intenção, agora, colocar meu plano em ação, e eu resolvera fazê-lo sentir toda a malícia de que eu estava imbuído. Depois de chegar em seu aposento, entrei silenciosamente, deixando a lamparina do lado de fora, com um quebra-luz sobre ela. Eu dei um passo e ouvi o som de sua respiração tranquila. Após me assegurar de que ele dormia, voltei, peguei a lamparina e com ela aproximei-me de novo da cama. Havia cortinas fechadas ao redor que, ao prosseguir com meu plano, abri devagar e em silêncio, fazendo então cair raios de luz brilhantes sobre ele, ao mesmo tempo em que meus olhos caíram sobre seu rosto. Olhei, e um calafrio gélido percorreu minha espinha. Meu peito arfava, minhas pernas tremiam, todo meu espírito ficou possuído por um horror imotivado, mas intolerável. Ofegante, aproximei ainda mais a lamparina de seu rosto. Eram essas – essas as feições de William Wilson? Vi, realmente, que eram as dele, mas tremi como em um acesso de febre imaginando que não eram. O que havia nelas para confundir-me desse modo? Contemplei, enquanto meu cérebro girava com uma multidão de pensamentos incoerentes. Não era assim que ele parecia – com certeza não era assim – na vivacidade das horas despertas. O mesmo nome; o mesmo contorno de pessoa; o mesmo dia de chegada no colégio! E então essa imitação obstinada e sem sentido do meu modo de andar, da minha voz, dos meus hábitos, dos meus modos! Isso estaria, mesmo, nos limites da possibilidade humana que o que eu via agora era o resultado da prática habitual dessa imitação sarcástica? Aterrorizado, e com um estremecimento crescente, apaguei a lamparina, passei em silêncio pelo aposento, abandonando imediatamente os salões daquele velho colégio, para nunca adentrá-los novamente."

O abismo entre eles aumenta quando o narrador, atormentado por sua incapacidade de entender o que acontecia com ele, passa a ter um mau comportamento – o "outro" William Wilson até o expõe como trapaceiro nos jogos de cartas!

Terminando a História

Até esse ponto, o conto é uma exploração pela mente criminal enquanto ela se desenvolve. Até o fim, o narrador acha a vontade de se libertar, de qualquer forma que ele puder, daquele que ele acredita ser seu carrasco. Ele se sente justificado. Os contos sobre o "duplo", como William Wilson, eram populares na época de Poe, antes do advento da psicologia moderna, que estudou esses impulsos antagônicos internos como parte de um mesmo indivíduo. Nos anos de 1800, o outro eu tornou-se mesmo um personagem separado – como, por exemplo, dr. Jekyll e mr. Hyde. Mas nas mãos de Poe o narrador não é o "duplo bom", aquele perseguido pelo repreensível e desconcertante "Outro". É aquele que brilha mais, o eu inferior que se encaminha cada vez mais para a criminalidade, o escolhido de Poe para narrar essa história sobre a violência do homem contra sua consciência. Era uma escolha muito americana essa! Em uma era que via o aumento do interesse popular pelos contos de patifaria, Poe estava na vanguarda dos escritores ao analisar os amargos lados inferiores do boato, da mentira e do golpe.

Anos depois de escapar de seu carrasco, o outro Wilson, algo muda na visão do narrador sobre sua situação.

> "Até então eu sucumbira passivo a esse domínio imperioso. Os sentimentos de profundo temor com os quais eu costumava observar o caráter elevado, a sabedoria majestosa, a aparente onipresença e onipotência de Wilson, adicionado a uma sensação de terror que certos outros traços em sua natureza e sua arrogância inspiraram-me, conseguiram, até então, imprimir-me uma ideia de minha fraqueza absoluta e desamparo e sugerir uma submissão implícita, mas amargamente relutante, à vontade arbitrária. Mas, nos últimos dias, entregara-me inteiramente ao vinho e sua influência enlouquecedora sobre minha condição hereditária tornou-me cada vez mais difícil de controlar. Comecei a murmurar, hesitar, resistir. E seria apenas a imaginação que me induziu a acreditar que, com o aumento da minha firmeza, a do meu carrasco sofreu uma diminuição proporcional? Seja como for, eu começo agora a sentir a inspiração de uma esperança ardente, e, por fim, nutri em meus pensamentos secretos uma resolução sincera e desesperada de que não me submeteria mais à escravidão."

Essa crença frágil e equivocada em ter sido injustiçado prepara o terreno para sua ação final contra seu duplo.

"William Wilson" é autobiográfica no sentido do que Poe retira de sua juventude: a escola do dr. Bransby na Inglaterra, onde ele brilhava em grego, latim e esportes (de fato, o diretor no conto chama-se "dr. Bransby"). O problema do narrador com bebida e jogos – o que ele chama de "meu desregramento miserável" – são versões da época de Poe na Universidade da Virgínia. Mas é preciso questionar se "William Wilson" não seria também uma forma de autobiografia psíquica de um escritor que já experimentava uma espécie de cisão entre o compromisso resoluto em viver a vida de um escritor profissional a qualquer custo, incluindo saúde, conforto e amizades – e o simples anseio por um abrigo em um lar onde ele pudesse apenas ser "Eddie".

Imaginando uma Nova Fronteira

Tudo na *Narrativa de Arthur Gordon Pym de Nantucket*, a obra de ficção mais longa de Poe, é excelente. Sem descrições lúgubres, sem uma prosa exagerada. Em *Pym*, mesmo escrevendo quando era jovem, nos seus 20 anos, Poe mostra-se um mestre da prosa. Tudo aqui é primoroso, levando o leitor com suavidade e beleza pela história. Por que então ele se referiu uma vez a *Pym* como "um livro muito bobo"? É uma singularidade interessante da natureza de Poe zombar de seus melhores trabalhos e falar com entusiasmo dos trabalhos inferiores.

Inspiração para Pym

Em sua cabeça, não era necessário muito talento para desvendar um enigma criado para o propósito do desfecho, assim como ele faz nos contos de detetives. Talvez o que ele começou a considerar "bobo" em *Pym* seja o conjunto de aventuras marítimas de meninos que ele apresenta aos leitores no subtítulo do livro, que promete um relato de motim, carnificina, naufrágios, vários sofrimentos, fome, resgate, captura, massacre – e tudo isso antes da "catástrofe desesperadora" que ocorre mais ao sul.

Eles disseram...

"Nunca houve tentativa tão descarada de tapear o público (...) O sr. Poe, se não for o autor do livro de Pym, é pelo menos responsável por sua publicação (...) Nós lamentamos encontrar o nome do sr. Poe ligado a uma massa de ignorância e desaforo dessas." – Billy Burton, em uma resenha sobre *Pym*, em 1838, um ano antes de contratar Poe como o editor de sua *Gentleman's Magazine*.

Eis um trecho da *Narrativa de Arthur Gordon Pym*. Depois de sobreviver a um motim no mar, o jovem narrador e alguns outros estão à deriva. Depois de muitos dias de desespero, eles avistam outra embarcação, que parece ser sua última esperança.

"A embarcação passara por climas muito ruins e, supúnhamos, sofrera muito com a ventania, o que provara ser desastroso, pois o topo do mastro principal fora destruído, como alguns dos quebra-mares a estibordo. Quando a vimos pela primeira vez, ela estava, como já disse, a três quilômetros de distância e aproximando-se de nós a barlavento. A brisa era muito suave, e o que mais nos surpreendeu foi que ela não tinha outras velas além do traquete e da vela mestra, com uma bujarrona – é claro que ela se aproximava muito deva-

gar, e nossa impaciência aumentou até quase chegar à fúria. O modo desajeitado com que ela se movimentava, também, era notado por todos nós, mesmo agitados. Ela ziguezagueava tanto que, uma vez ou outra, achamos que seria impossível que nos vissem, ou imaginamos que, ao nos avistarem e descobrirem que ninguém estava a bordo, ela mudaria de curso e partiria. Em cada uma dessas ocasiões nós gritávamos com todas as nossas forças quando o estranho parecia mudar sua intenção por um momento e novamente vir em nossa direção — essa conduta singular repetiu-se duas ou três vezes, de forma que nós só poderíamos supor que o timoneiro estivesse bêbado.

Não se via ninguém em seu deque até a embarcação chegar a menos de um quilômetro de nós. Então vimos três marujos, que, pelas suas roupas, supusemos serem holandeses. Dois deles estavam deitados em velas velhas, perto do castelo de proa, e o terceiro, que parecia nos olhar com muita curiosidade, apoiava-se na proa a estibordo perto do gurupés. Este era um homem alto e corpulento com uma pele bem morena. Ele parecia nos encorajar a ter paciência, acenando para nós com a cabeça de uma forma alegre, mas estranha, e sorria sempre mostrando um conjunto dos dentes mais brancos e brilhantes. Quando o navio chegou mais perto, nós vimos um gorro de flanela vermelha cair de sua cabeça na água, mas ele nem percebeu isso, continuando com seus sorrisos estranhos e gestos. Eu relato essas coisas e situações em detalhes e, isso deve ser entendido, exatamente como elas aconteceram conosco.

O brigue aproximou-se devagar e agora com mais firmeza do que antes e — não consigo falar com calma sobre esse evento — nossos corações foram parar na boca, e gritamos a plenos pulmões e demos graças a Deus pelo resgate completo, inesperado e glorioso que se aproximava. De repente, e tudo ao mesmo tempo, soprou pelo oceano, vindo do estranho navio (que agora estava perto de nós) um cheiro, um fedor que o mundo não conhecia igual, infernal, sufocante, insuportável, incompreensível. Eu estava ofegante e, olhando meus companheiros, percebi que eles estavam mais pálidos do que mármore. Mas não tínhamos tempo agora para questões e suposições — o brigue estava a poucos metros de nós e parecia ser a intenção deles passar-nos pela popa, para que pudéssemos embarcar sem que eles lançassem um bote. Nós corremos à ré quando, de repente, uma grande guinada jogou-a para longe do curso uns cinco ou seis pontos e, quando ela passou pela nossa popa a uma distância de aproximadamente seis metros, nós pudemos ver todo o deque. Como posso esquecer o horror triplo daquele espetáculo? Vinte e cinco ou trinta corpos, dentre os quais várias mulheres, estavam espalhados por toda a popa e a galera, no estado final e mais repugnante de putrefação! Nós *apenas vimos que não havia nenhuma alma viva naquele navio condenado! Mesmo assim não podíamos deixar de gritar aos mortos por ajuda! Sim, por muito tempo e com muita insistência nós imploramos, na agonia do momento, para que aquelas imagens silenciosas e repulsivas ficassem conosco, para que não nos deixassem ficar como eles, para que nos recebessem em sua companhia! Nós delirávamos com horror e desespero — completamente loucos com a angústia de nossa dolorosa frustração."*

Pym, *a Inspiração*

Pym é uma ruidosa história sobre o mar que estabelece o padrão para o conto de aventuras – pense nas obras dos escritores vitorianos posteriores como Robert Louis Stevenson e Júlio Verne. Mas *Pym* também é o ancestral direto de um dos romances mais grandiosos na literatura americana. Apenas 20 anos depois do lançamento da "narrativa" de Poe, Herman Melville, que admitiu ter sido inspirado pelo conto de Poe, publicou *Moby Dick*, que transforma algumas das metáforas e dos personagens da obra anterior em um romance intenso de grande beleza e profundidade. Isso começou com Poe, que era um escritor bom demais para apenas retratar heróis tediosos em uma página. *A narrativa de Arthur Gordon Pym* mostra tudo o que há de mais humano em todas as aventuras angustiantes: a fraternidade que desafia os estereótipos e o egoísmo, as deslealdades que desafiam a fraternidade e os mistérios finais que ligam os irmãos a algo maior e desconhecido. Hostil? Bondoso? Depende, de forma deliciosa, do leitor.

Poe analisou de perto os passos experimentais na selva moral da fronteira americana – incluindo as florestas ocidentais – traçados pelos escritores antigos como Washington Irving e James Fenimore Cooper. Sempre à espreita do apelo comercial e com uma imaginação que emergia de suas novidades, ele via potencial para transferir o material da ficção americana para uma região nova e ampla – o mar.

Curto e Doce

"Vós que me ledes ainda viveis, mas eu que escrevo terei partido há muito para a região das sombras." Assim começa "Sombra – uma fábula". Esse conto compacto de duas páginas, publicado em 1835, descreve um "ano de terror" no século VIII, quando a peste varreu a Grécia. Reunidos em um salão fortificado contra intrusos de fora – a peste e a morte – estão o narrador e outras seis pessoas, bebendo histericamente em resposta ao terror além de seus muros. Tudo nessa história antecipa o conto mais longo, "A máscara da morte rubra", que Poe escreveria vários anos depois. Em "Sombra", ele experimenta com seus materiais, fazendo um esboço para o que se tornaria depois uma obra mais desenvolvida. Nessa primeira versão,

Poe usa muitos de seus artifícios favoritos: uma atmosfera pesada e claustrofóbica com uma mobília descrita de forma sombria, a morte personificada, um tom intenso causado pela repetição do termo *terror* e outras palavras agourentas e a precipitação impetuosa à conclusão terrível. Essa conclusão é estranhamente mais suave do que na história posterior, "Máscara". É como se Poe decidisse forçar aquele "efeito único" que ele acreditava que um bom conto deveria alcançar.

Para um conto tão curto, "Sombra" atinge rapidamente a atmosfera opressiva que se tornou uma das assinaturas de Poe. "Cortinas negras, da mesma forma, na sala sombria, impediam nossa visão da lua, das estrelas lúgubres e das ruas despovoadas, mas o presságio e a memória do Mal não deveriam ser excluídos de nossa visão. Havia coisas materiais e espirituais ao nosso redor sobre as quais não posso dar conta. A atmosfera pesada, uma sensação de sufocamento, ansiedade e, acima de tudo, aquele terrível estado de existência que os nervosos experimentam quando os sentidos estão aguçados e despertos e os poderes do pensamento estão dormentes. Um peso mortal pendia sobre nós. Ele oprimia nossos membros, nossa mobília doméstica, os cálices dos quais bebíamos e tudo estava triste e sobrepujado, tudo menos as chamas das sete lamparinas que iluminavam nosso festim. Levantando-se em filetes finos e altos de luz, elas permaneciam ardendo pálidas e inertes e, no espelho que seu brilho formava sobre a mesa redonda de ébano em que sentávamos, cada um de nós, reunidos ali, contemplava a palidez de seu rosto e o brilho inquieto nos olhos abatidos de seus companheiros. No entanto, nós ríamos e nos alegrávamos do nosso jeito, que era histérico, e cantávamos as canções de Anacreonte, o que é loucura, e bebíamos muito, embora o vinho púrpura lembrasse-nos o sangue."

É interessante notar também que, apenas cinco anos depois de "Sombra" aparecer no *Southern Literary Messenger*, Poe mudou seu subtítulo de "Uma fábula" para "Uma parábola". Qual é a diferença? Ambas são formas de escrita curtas com o propósito de instruir. Porém, uma fábula usa elementos sobrenaturais (às vezes, animais falantes) para ilustrar uma verdade, e uma parábola conta uma história para ilustrar uma atitude moral. A verdade em "Sombra – uma fábula" é que a morte chega. Talvez a atitude moral em "Sombra – uma parábola" seja que você precisa reconhecer o poder dos mortos e nossas ligações contínuas com eles. O que é melhor?

Diabolicamente Engraçado

Nenhum dos 73 contos de Poe tem a espécie de fervor genial ou sagacidade travessa da obra de, digamos, Mark Twain. Poe escreveu alguns de seus contos com um tipo de alegria vingativa, mas seu humor era muito pessoal e não era da espécie que convidava o pessoal a sentar ao redor de uma fogueira e curtir alguns causos. Ele apreciou os contos-trote, como "A balela do balão", "A aventura sem paralelo de um tal Hans Pfaall", "O caso do sr. Valdemar", e "Von Kempelen and His Discovery" [Von Kempelen e sua descoberta"], estabelecendo a combinação correta entre aparência de respeitabilidade e "fatos" sucedâneos, que enganaram o público nesses chamados relatos de um voo de balão cruzando o Atlântico, outro para a lua, de uma morte adiada pela hipnose e sobre o processo de transformar chumbo em ouro. Mas balelas e trotes são travessuras da literatura e, mesmo quando Poe os escrevia, deixavam os leitores sentindo-se mais ridicularizados do que entretidos.

> ### *Fato*
> O trote de Poe, "O Diário de Julius Rodman", foi confundido com um relato verdadeiro de uma expedição pelas Montanhas Rochosas antes daquela feita por Lewis e Clark. Um excerto foi parar no *Congressional Record*, onde foi publicado como fato.

Esse engano com relação às reações dos outros a ele era característico de Poe. Ele esperava que suas críticas mais ácidas a outros escritores serviriam, na verdade, como corretivos: agora vá e faça um trabalho melhor. Ao discutir de forma amarga com seu pai adotivo, John Allan, sobre seu fracasso em oferecer-lhe dinheiro suficiente, amor ou apoio moral, é como se ele esperasse que o Pa corrigisse esse comportamento inaceitável – você está absolutamente certo, Edgar, desculpe-me, agora me deixe prover-lhe uma boa vida para sempre. Sua boa amiga Susan Archer Talley fez a seguinte observação sobre ele: "(...) no conhecimento da natureza humana ele era, para um homem com sua genialidade, estranhamente deficiente". De muitas formas, as dívidas de jogo que ele colecionara na faculdade por ser um péssimo jogador de cartas foram realmente um defeito indicador disso: Poe não conseguia saber quando o outro tinha cartas melhores.

A Renovação de Satã

Estranhamente, seus contos com algum toque de humor real são aqueles com a participação do Demônio. O que faz esse humor instigante aqui ser tão interessante é que, em um escritor com predileção pelo horror gótico, seria possível pensar que ele basearia todas as possibilidades para o mal em alguma figura gigantesca do Demônio. É um bom material na linha clássica. Os melhores escritores desse período na literatura americana repensavam o problema do mal, e Poe não era uma exceção. Hawthorne, por exemplo, molda a figura do Demônio de formas mais obscuras e ambígas, sugerindo que o verdadeiro hábitat do Tinhoso era o coração do homem.

Em Melville, o mal é obra absolutamente humana, mesmo quando o homem treme diante de um universo indiferente.

Em Poe, o Demônio é depreciado, mesmo quando ele reconhece seus poderes. Poe retrata-o como uma figura divertida. Na verdade, transforma-o em um verdadeiro americano original, uma espécie de caráter volúvel – outro golpista americano? – característico daquela boa e velha forma clássica americana: a história de pescador. Talvez isso justifique a diversão agradável dos "contos demoníacos" de Poe.

"O Duc De L'Omelette"

Desse grupo, o conto que melhor funciona é "O duc de L'Omelette", publicado em 1832 no *Saturday Courier*. É uma brincadeirinha que opõe Vossa Alteza, um duque francês com os gostos mais sublimes, contra Vossa Majestade, o Demônio. Todos triunfam de alguma forma nessa vitória do cortês duque sobre um diabólico jogador de cartas tão ruim que até o próprio Poe poderia derrotá-lo. A história tem uma fraqueza típica de Poe: tenha consigo um dicionário francês/inglês se pretende lê-la. Talvez pelo conto ser tão curto, Poe consegue manter o humor frívolo, e não há nada da mordacidade que você encontra em muitas de suas sátiras e contos-trote.

O dândi Duc, tendo morrido, encontra-se nos aposentos do Demônio. Destemido, indigna-se quando o Demônio ordena que ele se dispa. "Despir-me, realmente! Muito bonito! Não senhor, não vou me despir. Quem é o senhor, diga-me, para que eu, Duc de L'Omelette, príncipe de Foie-Gras, maior de idade, autor do livro *Mazurkiad* e membro da Academia deva tirar a seu comando as pantalonas mais suaves já feitas por Bourdon, o mais delicado *robe-de-chambre* já criado por Rombêrt, isso sem mencionar os papelotes dos meus cabelos e o trabalho que daria para tirar minhas luvas?"

O Diabo também se indigna. "Quem sou eu? – Ah, verdade! Sou Belzebu, Príncipe das Moscas. Acabo de retirar-te de um caixão de pau-rosa marchetado com marfim. Tu estavas perfumado e embalado como se fosse uma encomenda. Belial enviou-te – meu Inspetor dos Cemitérios. As pantalonas, que disseste serem feitas por Bourdon, são um excelente par de ceroulas de linho, e teu *robe-de-chambre* é uma mortalha de dimensões escassas." O que se segue é um jogo de cartas entre cavalheiros pela bagatela de pantalonas e almas.

Em grande parte, o humor de Poe nos desdenha. Ele certamente mostra como Poe era esperto e erudito, mas esse humor não seduzia o leitor. De certa maneira, ele achava as coisas engraçadas à custa do leitor. Tendo-se um humor muito afiado, pode-se rir da piada.

Ora, seu animal...

Magnetismo animal. Não é bem o mesmo que carisma, embora seja possível observar como um hipnotizador carismático pode ter muito sucesso. Poe usou muitas das modas da época em seus textos, e a hipnose não escapou da sua caneta.

No século XVIII racional, a Viena dos anos 1700 era aparentemente um canteiro do pensamento e da prática pseudocientíficos. O magnetismo animal deu notoriedade ao vienense dr. Franz Anton Mesmer. Ele acreditava que as doenças eram causadas por fluidos magnéticos bloqueados no corpo humano. Tipicamente, uma sessão com o dr. Mesmer poderia incluir a técnica de sentar-se colocando seus pés em uma água magnetizada enquanto ele circulava ao redor vestindo robes coloridos, agitando um polo magnetizado para acabar com o bloqueio em seu fluxo magnético. Com os aperfeiçoamentos posteriores da técnica de mesmerismo, encontramos muitos sofredores sentados juntos ao redor de uma espécie de banheira com água, com os pés submersos, segurando um poste de metal. Quando todos os risos, choros e convulsões começavam, a cura era anunciada. Depois de uma conclusão tão catártica do teatro da sugestão, os pacientes juravam que haviam se curado de qualquer mal que tinham. Com a continuação do trabalho do dr. Mesmer e uma busca pela sofisticação, saem as banheiras de água e postes de metal (e, presumivelmente, robes coloridos). Os acessórios não eram mais necessários. Conseguir que o fluxo magnético fluísse novamente era uma questão de força de vontade do terapeuta sobre o paciente. Logo se relatou um novo fenômeno: um estado sonâmbulo, um transe. Seguido, é claro, pela cura. Em uma era vitoriana tensa, convencional, conservadora e repleta de espartilhos, não é difícil entender o apelo de qualquer atividade que não apenas aceita a histrionice, como, na verdade, a tem como sinal de sucesso.

Eles disseram...

"Não preciso desculpar-me por afirmar que não tenho a menor dúvida da possibilidade de um fenômeno desses: pois eu restabeleci a vivacidade de uma pessoa que morrera por excesso de consumo de bebidas alcoólicas muito fortes. Ele estava em seu caixão, pronto para o enterro." – O charlatão de Boston, Robert H. Collyer, escrevendo para Poe, depois de ser enganado pelo conto de Poe, "O caso do sr. Valdemar", 1845.

As gargalhadas e os choros incontroláveis eram catarse pura. E quase orgíacas – com prescrição médica. Talvez não seja de se admirar que algo como o mesmerismo e o gótico tenham surgido ao mesmo tempo.

Ambos são reações alternativas à repressão sexual da época. Pense no controle assustador, hábil, penetrante e voraz do conde Drácula. Antes de tudo, há um transe.

Poe, sempre interessado nas regiões inexploradas da imaginação, escreveu vários contos nos quais o mesmerismo é mencionado. Quando uma ideia tinha algo a ver com a mente humana, ele se interessava. Frenologia, mesmerismo, espiritualismo, até criptografia – a mente apreciadora de segredos inventa códigos provocativos. O mais conhecido de seus contos sobre mesmerismo é "O caso do sr. Valdemar", que também é um de seus boatos, já que a história é apresentada como uma reportagem. O espiritualismo tenta "penetrar o véu" entre a vida e a morte, e fornece um caminho (um "meio", o médium) pelo qual os mortos podem falar conosco. Na história de Valdemar, ele descreve o que acontece quando um moribundo é magnetizado. Nesse caso, não há um médium confortável agindo como intermediário entre os vivos e os mortos, o que com certeza ajuda a abafar todo o pavor e o espanto na sala. No caso de Poe, o transe prémorte permite ao morto dirigir-se àqueles reunidos, de frente para a máscara da morte. A história tem um efeito de suspense nos leitores. Elizabeth Barrett Browning, cujo trabalho Poe admirava, ficou em um estado de "inquietação" com a história, perguntando-se se ela era verdadeira.

> "Nós vemos, escrito em alguns dos autos, que 32 médicos de St. Claireville, Louisiana e adjacências ameaçaram recusar dar tratamento médico a qualquer um que apoiasse o projeto de lei na legislatura daquele Estado, que tornava a exumação de corpos para dissecação uma violação estadual. Essa é, sem dúvida, uma posição ousada, mas que pode ser bem justificada."
> – Poe, sobre o progresso científico, 1840.

Precisamos nos perguntar se Poe teria dado crédito ao trabalho do dr. Franz Anton Mesmer se tivesse sabido que o médio cometeu duas vezes o "Grande Pecado", na opinião de Poe: plágio. A dissertação de Mesmer plagiou outra obra que falava como a saúde humana é afetada pelos planetas, e ele apropriou-se do trabalho de um padre e curandeiro jesuíta chamado, por ironia, dr. Hell (dr. Inferno), que já estudava as propriedades curativas de tratar o bloqueio e o fluxo magnético.

Capítulo 15

Negócios e "Recusas" Únicos

Houve desvios no rendimento criativo de Edgar Allan Poe. Era um escritor ágil e versátil, mas havia limites até ao que ele poderia fazer. Ele experimentou escrever uma peça teatral, um tratado filosófico e um livro sobre malacologia (moluscos). Nem todo trabalho recebeu aceitação instantânea – como evidenciado pelas "recusas" elegantes, mais tarde reclassificadas como sucessos.

Ele Vende Conchas...

The Conchologist's First Book: Or, A System of Testaceous Malacology, Arranged Expressely for the Use of Schools [Primeiro livro de Concologia: ou, sistema de Malacologia dos testáceos, organizado especialmente para uso em escolas], 1839. Haswell, Barrington & Haswell. Não, não é uma sátira de Poe sobre ciência natural, ou um poema épico sobre a busca por lesmas ou vieiras. Sempre à procura de trabalhos de redação, ele aceitou ajudar seu vizinho, o naturalista Thomas Wyatt, a publicar uma edição revista de seu livro sobre conchas. Como o livro anterior de Wyatt era uma edição mais longa e muito mais cara que não vendera bem, Wyatt e seu editor queriam oferecer uma versão mais compacta e barata do livro, que atraísse o mercado de livros didáticos. E, provavelmente pressentindo o que vinha pela frente, cinicamente acreditaram que poderiam impedir os gritos de "infame" adicionando o brilho do nome de um escritor famoso. Por 50 dólares, Poe juntou-se a eles.

> "*O estudo da Concologia (...), quando direcionado de forma legítima, e quando considera (...) as conchas lindamente construídas de uma família muito numerosa e importante da criação animal, conduzirá a mente do investigador por caminhos até então trilhados de forma imperfeita, em direção às muitas novas contemplações do Desígnio e da Benevolência do Todo-Poderoso.*" — Poe, sobre os moluscos, em sua Introdução, 1839.

Em termos de trabalho original, Poe contribuiu com o prefácio e a introdução, e acrescentou sua tradução de um texto do zoólogo e paleontólogo francês Georges Cuvier. Por ter uma mente analítica que não conseguia evitar examinar tudo o que via pela frente, ele mesmo reformulou a taxonomia. Todo o restante foi parafraseado de outros escritores – aos quais prestou agradecimentos.

Wyatt omitiu seu próprio nome dessa edição econômica, deixando Poe como o "representante" do livro. O livro aparecia como seu próprio trabalho – ou, na verdade, o plágio do naturalista escocês capitão Thomas Brown, cuja obra *The conchologist's text-book embracing the arrangements of Lamarck and Linnaeus, with a glossary of technical terms* [Livro de Concologia adotando as organizações de Lamarck e Lineu, com um glossário de termos técnicos] surgira em 1833.

As reclamações aumentaram.

- Ironia nº 1: Edgar Allan Poe, crítico dos plagiadores, foi ele mesmo acusado de plágio – e não seria a última vez. Doze anos depois, o amigo de Poe, Henry Chivers, acusou o escritor de "O Corvo" de plagiar seu poema sobre a morte de sua filha, que o próprio Poe publicara três anos antes. A métrica e os padrões de rima eram os mesmos, mas o poema mais popular de Poe – que ele escreveu em apenas um mês – é uma composição mais original e dramática do que a expressão de perda convencional encontrada em "The Lost Pleiad" [A plêiade perdida], de Chivers.

- Ironia nº 2: O livro de Wyatt sobre as conchas foi um sucesso comercial e esgotou em dois meses. A verdadeira obra criativa de Poe foi publicada em dez volumes durante sua vida, mas o livro de concologia foi o único com seu nome na capa a ter mais do que uma única edição enquanto ele estava vivo.

Em 1845, *O primeiro livro de Concologia* estava em sua terceira edição. Como sempre, Poe nunca ganhou nenhum centavo a mais do que seu pagamento original de 50 dólares, por aquele que foi seu maior sucesso comercial.

E o Framboesa de Ouro Vai Para...

Com 26 anos, Edgar Allan Poe vivia em Baltimore, publicava poesia e contos, desfrutava de uma vida doméstica calma com os Clemm e tentava ter vários namoros. Prestes a acrescentar "crítico" em seu currículo, ele estava aberto a todas as coisas literárias e começou a se perguntar se poderia ser um dramaturgo.

Como o resultado foi *Politian,* a resposta foi não. Onze cenas ruidosas em falas shakespeareanas foram o necessário para mostrar ao perspicaz Poe que seus talentos não incluíam escrever para o teatro. O talento teatral que foi passado para ele pelo lado de sua mãe encontrou uma vazão diferente – nos dramas diários de sua vida, nos "cenários" suntuosos de seus contos e na receptividade emocional e rápida encontrada em toda sua obra. Mas é claro que ele se sentia bloqueado por seu material em *Politian,* sua única peça. Sua fonte para essa história de vingança é um caso real de assassinato, que aconteceu em 1825 e ficou conhecido como "A tragédia de Kentucky", na imprensa. O caso envolveu uma garota que se casou com um advogado e o fez jurar matar o homem que a seduzira antes de seu casamento. Ele matou, depois de algumas tentativas malsucedidas e, na véspera de sua execução, tanto ele como sua mulher tomaram uma overdose de láudano (será que foi daqui que Poe tirou a ideia?). Ela morreu, ele sobreviveu, mas apenas até o momento de sua execução. O incrível é que essa história serviu como inspiração para vários escritores além de Poe, incluindo William Gilmore Simms e Robert Penn Warren.

> **Fato**
>
> "A tragédia de Kentucky" era um assunto obscuro. Apesar de o marido vingativo afirmar que o homicídio do sedutor (que, por acaso, era o procurador-geral de Kentucky) fora um ato de honra, elementos do caso faziam-no parecer mais o resultado de uma longa rivalidade política. A legítima defesa da "honra" fica menos convincente se você considerar o fato de que a vítima foi esfaqueada na calada da noite, sete anos depois da sedução.

A primeira coisa que Poe fez com essa história foi transferi-la para a Renascença italiana. Nem mesmo nomes como Lalage, Castiglione e Politian, ou nobreza, monges e a luz do luar conseguiram transformar a matéria-prima em um produto sofisticado. Como o enredo constitui-se apenas do desfecho final, toda a enrolação e as brigas no decorrer da história servem apenas para passar o tempo até a conclusão inevitável. Como consequência disso, há muita pose, discussões, pontos de exclamação e discursos assim: "Há! Covarde!" e "Salafrário! – *Levante-se e morra!*". Se você ler essa peça de forma ingênua, pode achar que se trata de uma farsa. Em determinado ponto, parece que o pobre e vingativo Politian ataca o próprio Poe, quando desafia: "Empunha tua espada, e não tagareles mais!". Poe, misericordioso, acaba com ele.

Edgar Allan Poe Explica Tudo

"Eu pretendo falar do *Físico, Metafísico e Matemático – do Material e do Universo Espiritual; sobre sua Essência, sua Origem, sua Criação, sua Condição Atual e seu Destino.*"

Tudo isso em 143 páginas. Um ano e meio depois que Virgínia faleceu, Edgar Allan Poe lançou *Eureka*, sua tentativa de explicar tudo – aparentemente para os outros, mas na verdade para ele mesmo. O autor de "O Corvo" e "O escaravelho de ouro" preocupara-se, de repente, com coisas como massa, matéria, nebulosas, agrupamentos, gravidade e o infinito. Em seu esforço para entender um Cosmos que em 1848 lhe parecia inexplica-

> **Fato**
>
> *Eureka* trata da teoria do *Big Bang* 80 anos antes. Foi só em 1927 que Georges Lemaître, um padre belga, afirmou que a explosão de um átomo (o Big Bang) entre 10 e 20 bilhões de anos atrás teria sido responsável pela criação do Universo.

velmente maligno, ele foca, assim como Dupin, nesses mistérios e termina com a seguinte proposição: *"Na Unidade Original da Primeira Coisa está a Causa Secundária de Todas as Coisas, com a Semente de sua Aniquilação Inevitável"*. Seu fatalismo emocional esconde-se aqui na linguagem da ciência e da filosofia: a "semente de sua aniquilação inevitável".

Enquanto Poe tentava ser convincente no que intitulara "Um poema em prosa", *Eureka* era menos fascinante como um tratado filosófico do que como um documento emocionante de um artista inteligentíssimo tentando dominar sua realidade incerta. O homem é uma criatura intratável e desconcertante, inclusive o autor. A vida traz sucesso, saúde e sossego para o inimigo e dureza, doença e ruína àqueles que você ama. Você grita para um vazio que nunca acaba, e nunca é preenchido. Você manda suas melhores obras para o mercado, onde ficam paradas. Seria de se espantar, então, que Poe tivesse voltado o olhar para as estrelas, para um vasto desconhecido que, comparado a tudo que conhecemos na Terra, podia ser bem mais acolhedor?

A seguinte passagem da Seção 2 de *Eureka* transmite a percepção de muitas coisas sobre a composição de Poe até o fim de sua curta vida: a perspicácia de sua imaginação, a extensão de seu intelecto, a seriedade interessante de suas ênfases – e, em sua atenção à intuição, como ele chegou perto dos transcendentalistas que tanto desprezava.

"Chegamos a um ponto em que apenas a Intuição pode nos ajudar. Mas agora recorro à ideia, que já sugeri como única, de que podemos cogitar sobre a intuição. É apenas a convicção que surge daquelas induções ou deduções de quais processos são tão obscuros que escapam à nossa consciência, fogem à nossa razão ou desafiam nossa capacidade de expressão. Com esse entendimento, declaro agora que uma intuição realmente irresistível e inexpressível força-me à conclusão de que Deus criou originalmente aquela Matéria que, por meio de Sua Vontade, Ele fez primeiro de Seu Espírito, ou do Nada, que nada poderia ser além da Matéria em seu estado mais extremo de – de quê? – da Simplicidade.

Essa será a única suposição absoluta do meu Discurso. Utilizo a palavra 'suposição' em sua acepção comum; entretanto, mantenho que mesmo essa proposição inicial está bem longe, na verdade, de ser mera suposição. Nada fora tão certo, nenhuma conclusão humana jamais fora tão regularmente e rigorosamente deduzida. Mas, ai, os processos estão além da análise humana. Todos os eventos estão além da expressão da língua humana. Se, porém, no curso deste Ensaio eu conseguir mostrar que fora da Matéria, em sua Simplicidade extrema, todas as coisas podiam ser, nós alcançamos diretamente a inferência de que elas eram construídas dessa forma, pela impossibilidade de atribuir a supererrogação à Onipotência.

> *Esforcemo-nos agora para conceber o que a Matéria deve ser, quando, ou se, em seu extremo absoluto de Simplicidade. Aqui, a Razão lança-se sobre a Imparticularidade de uma partícula, uma partícula única, a partícula de uma única espécie, de um único caráter, de uma única natureza, de um único tamanho, de uma única forma. Uma partícula, portanto, "sem forma e vazia", positivamente uma partícula em todos os aspectos, absolutamente única, individual, não dividida e não indivisível, apenas porque Aquele que a criou por Sua Vontade pode, por um exercício infinitamente menos enérgico da mesma Vontade, dividi-la.*
>
> *A Unicidade, portanto, é tudo que eu afirmo sobre a Matéria criada originalmente; mas proponho mostrar que essa Unicidade é um princípio suficiente o bastante para esclarecer a constituição, o fenômeno existente e a aniquilação inevitável de pelo menos o Universo material.*
>
> *A disposição em ser a Partícula primordial completou o ato, ou melhor, a concepção, da Criação. Procedamos agora ao propósito máximo para o qual se supõe que a Partícula tenha sido criada — isto é, o propósito final até onde nossas considerações permitirem ver —, que é a constituição do Universo a partir da Partícula."*

Nem mesmo 20 anos depois, para Walt Whitman, aquele olhar para o alto pôde ser explicado pelos cálculos e divagações de um "astrônomo erudito". Para Whitman, foi um olhar que fugiu à análise humana e abrigou-se em um local de grande verdade emocional quando ele observava "em perfeito silêncio as estrelas". Mas Whitman tinha uma natureza diferente, e Poe precisou ser um "astrônomo erudito" em *Eureka*, contando com a ajuda de sua mente analítica, para compreender um mundo que de outra maneira pareceria apenas uma dor sem fim.

O Destino de Eureka

Poe esperava que Putnam publicasse 50 mil cópias de *Eureka*. Putnam publicou 500 e não está claro quantos foram vendidos a 75 centavos. É um texto intenso, o "poema em prosa" de Poe, que, apesar do título, não contém nenhum artifício poético (rima, ritmo, imagens, repetições de sons) como outros trabalhos, onde há muitos. De certa forma, contém até menos. *A narrativa de Arthur Gordon Pym* é muito mais "poética" nas imagens e metáforas do que *Eureka*, então por que razão Poe insiste para que os leitores considerem esse texto um poema em prosa? Ele declarou que, ao escrever *Eureka*, não podia imaginar escrever nada mais, nem nada melhor. Como escritor, ele estava satisfeito. Por ora.

Poe Lida com o Transcendentalismo

Talvez em sua cabeça esse trabalho fosse guiado pela beleza exaltada que ele nunca vira antes – e o objetivo de qualquer poema deveria ser a criação rítmica da beleza. Em *Eureka*, os ritmos são cósmicos, e a beleza que ele vê é sublime. Mas aí está o problema: apenas Poe percebia a beleza.

Ironicamente, os leitores foram conquistados e se emocionaram com os contos que ele escrevia às pressas para ganhar uma grana. Poe, por outro lado, foi conquistado e emocionou-se com um tratado que afundou sem vestígios. Henry David Thoreau poderia ter sucesso com algo como *Eureka*. Thoreau escreveu sobre a natureza e foi aclamado como um grande individualista. Porém, as pessoas gostavam de Thoreau, e Edgar Allan Poe não era ele.

Quando as pessoas analisaram o livro, Poe foi tachado de panteísta, alguém que cultua o divino na natureza. Poe contestou a acusação. No máximo, as passagens em *Eureka* fá-lo-iam soar como a liga sulista do Clube Transcendentalista. Ele fala sobre "(...) aquele calmo exercício de consciência, aquela profunda tranquilidade de auto exame, pelo qual nós podemos esperar alcançar a presença da verdade mais sublime, e encará-la devagar".

"É um erro resultante disto: a hipótese de que nós, como homens, seremos, em geral, intencionalmente verdadeiros. A maior parte da verdade é pronunciada de forma impulsiva; portanto, a maior quantidade é falada, não escrita. Mas, ao examinarmos o material histórico, deixamos essas considerações de fora. Nós nos prendemos a registros, que, em sua maioria, mentem, enquanto isso, descartamos a Cabala, que, se for interpretada da forma correta, não mente." – Poe, sobre onde buscar a verdade.

A Filosofia de Poe

Entremeado por ideias sobre nebulosas e matéria, ele dispara comentários sobre a vontade e o coração divinos. Os seres humanos anseiam, segundo Poe, pelo infinito. Uma "Unidade absoluta" é a "fonte de Todas as Coisas". Ele examina os ciclos e os ritmos universais, perdendo-se em termos rígidos como "aglomeração" e "dissolução", nos quais ele encontra esperança: "(...) ser-nos-ia possível conceber que se suceda uma nova e, talvez, completamente diversa série de condições; uma outra criação e radiação, retornando a si mesmas; uma outra ação e reação da vontade divina". Nova e, talvez, completamente diferente. Há sempre – tanto para o Universo como para o homem – a possibilidade de mudança. Por trás de todos os ciclos e ritmos está o Coração Divino.

> **Eles disseram...**
>
> "(...) a análise da pesquisa, o discernimento metafísico, o poder sintético e a paixão pelo desenvolvimento analógico e serial de ideias, de acordo com a lei preconcebida (...) exemplificada pelo sr. Poe de um modo sem igual nesse país, pelo menos até onde sabemos." – Relato de John H. Hopkins, no *Evening Express* de Nova York, sobre a palestra de Poe sobre "O Universo", 1848.

Para um homem arruinado pela morte de sua esposa e pela confusão exaustiva de seus relacionamentos pessoais e profissionais, o único livro de filosofia de Poe é uma tentativa comovente de reconciliar-se com as forças que ele não podia entender nem mudar. Em *Eureka*, ouve-se um clamor sofrido, um grito existencialista e uma declaração dolorosa que atingem leitores a anos de distância de Poe: "E agora", diz Poe, "esse Coração Divino – o que é? *É seu próprio coração*".

A Febre Chamada Vida

Quando se faz uma retrospectiva de toda a produção literária de um importante homem ou mulher literatos e americanos, vê-se aquela carreira como de sucesso. Essa é a avaliação final resultante de uma distância de muitos anos – no caso de Poe, uma distância de mais de um século e meio. Uma obra completa – sem tirar nem pôr – toma o ar de um artefato, algo que se pode estudar, que se pode entender como significativo e valioso porque sobreviveu ao tempo e é bom. Você tem o benefício da perspectiva. Mas, durante a vida profissional de um escritor, especialmente alguém tão carregado de drama como Edgar Allan Poe, aquela "obra completa" ainda era uma obra inacabada. Um conto, um poema, uma resenha eram textos pequenos, separados, que precisavam encontrar seu caminho em um mercado volátil. Alguns contos e poemas foram impressos, mas não renderam muito para Poe em relação à atenção e ao dinheiro. Alguns renderam prêmios em dinheiro, mas, na ausência de uma proteção dos direitos autorais, ele não recebeu mais nada. Mesmo quando alguns foram impressos, apenas isso não fazia com que Poe gostasse mais deles (por exemplo, ele chamava *Pym* de "livro muito tolo" ou "O verme conquistador" de "precipitado e não ponderado"). Houve alguns poemas que Poe precisou enviar para vários lugares até conseguir uma publicação, porque não entusismavam os editores. Seus poemas "Para Annie" e "Os sinos" foram "rejeitados" – mas não por muito tempo.

> **Eles disseram...**
>
> "Há um talento inquestionável nessas especulações extravagantes (...) Mas o que falta é o elemento vital da sinceridade. O sorriso gozador do mentiroso é visto por trás de sua máscara séria. Ele é mais ansioso para mistificar e confundir do que para persuadir ou até instruir (...)" – Epes Sargent, editor do *Transcript* de Boston, em uma resenha sobre *Eureka*, de Poe, em julho de 1848.

Em "Para Annie", publicado em 1849, apenas seis meses antes de sua morte, ele escreve sobre "(...) a febre chamada 'Vida'/Que em minha mente ardia". No dia 3 de novembro de 1848, em um trem indo de Providence para Boston, Poe engoliu 31 gramas de láudano em uma tentativa, sem muito ardor, de suicídio, motivada por seu desespero com o fracasso de seu relacionamento com Helen Whitman. É interessante notar que o poema que surge desse evento antigo em sua vida não é endereçado à dama em questão, mas a Annie Richmond. A mente perturbada de Poe recorre à sua jovem amiga casada em Lowell, Massachusetts, para confortá-lo.

> *"Pense – oh, pense por mim – antes das palavras – antes que os votos sejam ditos, o que colocará outra barreira ainda mais terrível entre nós – (...) Teríeis, minha Annie, aguentado pensar que sou de outra? Dar-me-ia suprema felicidade, infinita, ouvir-te dizer que não suportarias isso."* – Poe para Annie Richmond menos de duas semanas depois da tentativa de suicídio, 1848.

Ele lhe explica (e, óbvio, para nós) que entrara em desespero por causa dessa "febre chamada Vida" – e a vida, é claro, excede até os relacionamentos fracassados. O que é comovente no poema "Para Annie" é que o conteúdo combina lindamente com a forma. É um poema afoito e febril repleto das repetições dolorosas, principalmente do nome de Annie, que se torna uma espécie de mantra quase hipnótico para o sofredor.

Com Uma Ajudinha de Sua Enfermeira

"Os sinos" foi publicado em 1849, um mês depois da morte de Poe. O poema tratava dos instrumentos do título e todas suas funções, desde o alarme até a celebração de casamento.

Poe estava deprimido.

Fazia dois anos que Virgínia morrera. Quando o viúvo passou a definhar, no inverno, depois de sua morte, sua velha amiga Loui Shew serviu de enfermeira. Quando ele começou a se recuperar, precisava escrever algo, mas reclamava que não tinha nada para escrever e que não conseguiria de qualquer jeito.

Será que ele havia se inspirado de alguma forma nos sinos da vizinha Igreja Church, de que ele tanto reclamava? De qualquer forma, Loui Shew registrou um desafio em um pedaço de papel: "Os sinos", ela escreveu, "Por E. A. Poe". Ela provocou seu interesse, ele escreveu 17 versos, e continuou a trabalhar no poema por vários meses. Assim como em "Para Annie", em que o discurso hesitante e as repetições murmuradas ajudavam a transmitir um estado febril, "Os sinos" movem-se pelas páginas com uma música ressoante em sua vigília, enquanto Poe descreve o badalar estrondoso dos sinos que acompanhavam o Natal, os casamentos, os incêndios e os funerais. Não são necessárias notas em uma pauta para se ouvir a música e o drama crescentes de "Os sinos". Músicos dos mais diversos, Sergei Rachmaninoff e Phil Ochs, musicaram o poema.

"Cara e gentil amiga — Minha pobre Virgínia ainda vive, mas enfraquece rápido e sente agora muita dor (...) Seu seio transborda — como o meu — de uma gratidão enorme por você. Se ela não a vir nunca mais — pede-me para dizer-lhe que lhe manda o mais doce beijo de amor e que morrerá abençoando-a." — Poe para Loui Shew, pouco antes da morte de Virgínia, 1847.

"Para Annie" e "Os sinos" são elegantes poemas rejeitados, que mostram, além de sua beleza, a insegurança prolongada da vida de escritor, em que um sucesso não é garantia de outro. Estar no apogeu de suas habilidades não garantiu a Poe a aceitação rápida de nenhuma de suas obras novas, e, apesar do novo fôlego dado à sua reputação pelos antigos sucessos populares, "O escaravelho de ouro" e "O Corvo", Poe aparentemente não era mais visto como alguém "rentável" como antes. O que é interessante sobre os destinos desses dois rejeitados, além da ironia de estarem entre os mais famosos, é que apareceram em extremos do pêndulo pessoal de Poe – um, resultante do desespero suicida; o outro, da letargia criativa.

Capítulo 16

Em Busca da Beleza – Os Grandes Poemas

"O Corvo" colocou Edgar Allan Poe no mapa literário para sempre. Foi um sucesso ao ser publicado e permanece como uma de suas obras mais famosas. Os estudantes leem o musical "Os sinos" e o imponente "Para Helena" em antologias na escola. Mas o favorito de Poe dentre todos os seus poemas era um do qual você provavelmente nunca ouviu falar.

"Israfel" – Poesia Atemporal

O que significa quando alguma coisa é "a melhor"? Existe consenso? E o melhor continua sempre melhor? E será que começa, necessariamente, como o melhor? Embora "o melhor" soe como uma honra permanente, na verdade é mais vulnerável às mudanças do que qualquer outra coisa. "Israfel" foi escrito em 1831, naquele período em que Poe sabia que West Point e a vida de soldado profissional não eram para ele, mas antes de embarcar rumo a um futuro nebuloso. O poema recebeu uma porção mesclada de resenhas críticas.

Todos são Críticos

Durante a vida de Poe, um crítico rejeitou "Israfel" como "(...) indigno dos talentos de E. A. Poe". Outro crítico, Thomas Dunn English, chamou-o de "um um perfeito conjunto de besteiras". English, que fazia uma resenha sobre a coleção de Poe, *The Raven and Other Poems* [O Corvo e outros poemas], gostou de "O Corvo", mas considerou que os outros poemas haviam sido escolhidos por Poe só para "encher o livro".

Esse era o tipo de crítica que Poe tinha de suportar sobre sua própria escrita.

Com o tempo, a reputação de "Israfel" melhorou. De acordo com um crítico, seu "arrebatamento poético" superava Shelley. De acordo com outro, o poema tinha alegria, brilho e êxtase. Há, é claro, sempre um estraga-prazeres, que o chamou de "ordinário". Geralmente, pelo que se entende do ano em que Poe o escreveu, esse poema sobre o Anjo Islâmico da Canção é considerado uma obra-prima.

Fato

"Israfel" foi um dos poucos poemas que Poe incluiu em sua coleção de 1831. Para endossar o livro, ele angariou 131 assinantes dentre sua turma de cadetes em West Point, que pagaram 1,25 dólar cada, antecipando alegremente mais do que normalmente esperavam de Poe, aquele versejador (ou seja, caçoadas à custa de oficiais e outros cadetes). O que receberam em troca de seu dinheiro, além de uma dedicatória de Poe, foi o obscuro "Al Aaraaf" e outros poemas.

Ganhando Popularidade

No meio do caminho entre o então e o agora, durante a Primeira Guerra Mundial, uma poeta canadense chamada Marian Osborne escreveu seu próprio poema sobre o anjo Israfel, descrevendo, de forma expansiva, o efeito da canção tocada nas fibras de seu coração, que formam um alaúde. A canção silencia tudo na natureza, o ar torna-se uma oração sagrada e os desesperados são confortados. A versão de Osborne desse folclore parece combinar com a incerteza profunda de sua época. Mas a lírica tensa de Poe atinge a nota atemporal e universal, que levou à revisão das opiniões críticas. Ele usa um dos pseudônimos de Israfel como "O Abrasador", e refere-se, no poema, ao fogo de Israfel, que se torna uma metáfora para a espécie de paixão que leva à criação.

Poe vai além de qualquer descrição previsível desse anjo, que realmente toca o instrumento-coração: nas mãos de Poe, o coração é uma "fibra trêmula viva" que responde sem nenhuma ajuda dos dedos do músico. O poeta humano anseia por uma troca com esse anjo, cuja fonte de

> **Pergunta**
>
> **Qual é o folclore sobre o anjo Israfel?**
> No folclore islâmico, Alá envia Israfel, Azrael, Gabriel e Miguel em uma busca pelos quatro cantos da terra para guardar o pó do qual Adão, o primeiro homem, nasceria. Dos quatro, apenas Azrael, o Anjo da Morte, tem sucesso. Mas é o sensível Israfel, o Anjo da Ressurreição e da Canção, que todos os dias observa o Inferno, sofrendo pelos condenados.

canção é orgânica. Como seria isso? Mark Twain uma vez refletiu sobre o que daria se cruzássemos um humano e um gato, concluindo que isso melhoraria o ser humano, mas deterioraria o gato. Um Israfel mundano sofreria nesse lugar onde "flores são apenas flores" – mas o poeta, enviado dos céus, prosperaria, e "uma nota mais audaz do que esta/Da minha lira elevar-se-ia ao céu".

Em um poema introspectivo interessado na natureza e nas atividades do artista, o "Israfel" de Poe é valioso, porque brilha com a luta perpétua do artista para criar o que é potencialmente belo. A tensão não resolvida para o artista se situa entre o transitório e o permanente – e é onde a arte fraqueja. Ironicamente, até o Anjo da Canção, Israfel, que tem o instrumento perfeito e o céu como inspiração, não é imortal: no folclore, ele é um dos quatro anjos destruídos no Dia do Juízo Final.

Sucesso "Instantâneo"

Disse o encolerizado: "Profeta! Disse eu, 'Coisa do mal! Profeta ainda, se ave ou diabo!'"

Por fim, apenas dez dias depois de seu aniversário de 36 anos, Edgar Allan Poe ficou famoso. O homem que escrevera na escrivaninha de seu gabinete por duas décadas tornara-se uma sensação da noite para o dia.

Em seu ensaio crítico, "The Philosophy of Criticism" ["A filosofia da crítica"], ele usa o poema como uma forma de manual para aspirantes a poeta, descrevendo as escolhas deliberadas feitas por ele, com as quais esperava dar a "O Corvo" um apelo universal. A cada oportunidade, ele escolhia aquilo que satisfaria os leitores. O melhor tom? Melancolia. O

> ### Eles disseram...
> "O valor de 'O corvo' não está em qualquer 'moral', e seu charme não está na construção da história. Seus grandes e maravilhosos méritos consistem no imaginário estranho, lindo e fantástico por qual o tema é transmitido. Além disso, há uma versificação dulcíssima e dificílima... 'O corvo' é uma arte preciosa." – John Moncure Daniel, editor do *Examiner* de Richmond, setembro de 1849.

melhor assunto? Morte. O melhor refrão? Duas palavras ("Nunca mais"). O melhor personagem para enunciar o refrão? Um Corvo – "uma ave de mau agouro" –, porque, por algum motivo, não pôde imaginar um ser humano enunciando o refrão. O Corvo rondava sua cabeça desde que contara para um amigo como havia gostado do *Barnaby Rudge,* de Dickens, mas achava que o Corvo não havia sido utilizado como deveria. De qualquer forma, todos os ingredientes foram para dentro do caldeirão de sua mente criativa, que produziu "O Corvo", um poema longo que ignorava a própria crença do autor de que um bom poema não deveria ultrapassar arbitrárias cem linhas.

Sobre o que é "O Corvo"? Sobre o que mais seria? Um enamorado lamentando a perda de seu falecido amor, Lenore. Em uma era de contínuo interesse por coisas como o espiritualismo, o oculto e o mesmerismo, a agitação supersticiosa do enamorado com a resposta da ave a todas as suas questões, como se ele estivesse fazendo contato com os mortos, deveria parecer familiar e emocionante.

O resultado?

Poe ficara *sexy*.

Mulheres literatas e outras que se imaginavam assim o importunavam com cartas de amor e textos lânguidos que eram publicados endereçados a ele. Uma espécie de Johnny Cash antes da guerra, ele preferia vestir-se todo de preto, o que podia aumentar a confusão que as senhoras da época tinham em diferenciá-lo de sua criação. Nas salas, era chamado pelo codinome patético de "O Corvo", e viu-se dotado de, bem, apelo sexual. Mística. *Atração*.

> ### Fato
> As "apresentações teatrais" de Poe recitando "O Corvo" eram grandes acontecimentos. Ele ainda era o homem que não podia resistir a uma declaração grandiosa a respeito do reconhecimento de seu talento. Depois da popularidade enorme do poema, Poe fez a alegação de que a rainha Vitória o convocara para recitar-lhe o poema em Londres.

Embora o sucesso popular do poema ainda não o houvesse tirado da pobreza, pelo menos era alguma coisa.

Um Tema Preferido em um Poema Favorito

No poema de 1831, "Irene", cujo título ele mudou depois para "The Sleeper" [A adormecida], Poe demonstra de forma convincente os perigos da rima: "A moça dorme: oh! Que durma/Como dura, que profundo seja Sem um verme frio que nela rasteja..."

Em uma carta em 1844 para o colega James Russell Lowell, Poe escreveu: "Eu acho que meus melhores poemas são: 'A adormecida', 'O verme conquistador', 'O palácio assombrado', 'Lenore', 'Dreamland' & 'O Coliseu' – mas todos foram feitos às pressas e sem muito pensar". Para um artista tão meticuloso como Poe, isso soa como falsa modéstia, especialmente porque ele acabara de dizer que esses poemas eram os melhores. Mas, dois anos depois, "A adormecida" disparou na frente dos outros, de novo, quando Poe, respondendo à crítica feita por seu admirador George W. Eveleth, passa a considerá-lo como melhor do que "O Corvo". "'O Corvo', é claro, é de longe o melhor como uma obra de arte, mas, na base verdadeira de toda a arte, 'A adormecida' é superior", escreveu Poe. Parece dizer que "O corvo" é um poema melhor, mas "A adormecida" usa materiais mais artísticos. Ele não nomeia nenhum de seus poemas como seu favorito, mas pode-se presumir uma ligação mais forte com aqueles que ele menciona para Lowell. Tanto em "A adormecida" como em "Lenore", encontra-se o que Poe chamava de "o tema mais adequado da poesia – a morte de uma mulher bela".

Considerando-se a morte de tantas mulheres belas em sua vida – Eliza Poe, Jane Stanard, Frances Allan –, não é de se admirar que Poe precisasse tanto expressar essa espécie de perda na poesia (e prosa). Em certos aspectos, "A adormecida", que descreve uma mulher linda em seu ataúde perto do mar, lembra "Ligeia", o conto favorito de Poe. Sempre que a morte é tema de um poema, Poe soa clássico, usando toda a métrica, rima e artifícios poéticos que ele conhecia para fazer uma espécie de homenagem nobre o seu tema mais sensível. Ele é um poeta de sua época e de seu

Fato

O poema favorito de Poe é um exemplo de artifícios de prosódia e poética. "A adormecida" compõe-se de quatro estrofes em tentâmetro iâmbico (quatro "batidas" com a tônica nas segundas sílabas) e com parelhas de versos rimados: "At midnight in the month of June,/I stand beneath the mystic moon. [À meia-noite no mês de junho,/Fico debaixo da lua mística]". Ele também usa a personificação (como em "o seio da ruína") e a aliteração (como em "mystic moon" [lua mística] e "dewy, dim" [orvalho; ofuscado].

lugar nos poemas sobre a morte, e neles corrria o risco de soar como a maioria dos outros poetas. Mas há poemas em que ele emerge de todo o seu conhecimento e composição detalhista, e expõe ideias poderosas em uma linguagem muito moderna. Em Emily Dickinson e Walt Whitman, as duas maiores vozes da poesia americana no século XIX, há bastante economia de palavras e uma sensibilidade cintilante, expressando originalidade poderosa. Poe era capaz de fazer a mesma coisa e, em alguns de seus poemas, conseguiu isso. Mas esses não eram seus favoritos.

Ode a Jane

Um dos melhores (e mais famosos) versos está em seu poema de 1831, "Para Helena": "(...) a glória que foi Grécia,/E a grandeza que foi Roma". Esse poema abundante em antologias é também considerado por muitos como o melhor. Poe brincava que havia escrito esse poema aos 14 anos, quando conheceu Jane Stanard, mas ele mostra uma maturidade artística muito mais característica de um homem de 21 anos, idade que tinha logo antes da publicação desse terceiro volume de poesia – ainda jovem! Chama a si mesmo de "viajante exausto e fatigado" e diz que está cansado desta vida quando Helena o devolve a si mesmo. E não é apenas sua beleza, são seus modos, sua elegância, que o lembram da "(...) glória que era Grécia,/E a grandeza que era Roma". Qualquer pessoa ou coisa que seja capaz de ligá-lo dessa forma às civilizações clássicas é capaz de recuperá-lo.

Até o dia em que Robert Stanard levou seu novo amigo para casa, Poe exercitara seu amor adolescente com garotas da própria idade. Isso resultou nos enunciados poéticos grandiosos que nos deixa imaginando o que poderia tê-los motivado: "Oh, deleite-se, minha alma, a vingança é doce/Luísa, recebei meu escárnio". Mas até seus professores haviam percebido o "coração terno" de Poe; a entrada de Jane Stanard em sua vida deu ao jovem romântico seu primeiro tema real e merecedor.

Uma mulher sempre afetuosa como Jane Stanard tornou possível uma obra mais sofisticada, e a forma final daquela inspiração permaneceu por um bom tempo. Nela, ele era capaz de ver (e sem dúvida ornamentar) um ideal. Chega de rimas adolescentes atormentadas. Compare-se as impre-

Eles disseram...

"Essa senhora (...) tornou-se confidente de todo o seu sofrimento pueril e era dela a influência libertadora que o salvou e guiou em (...) sua juventude turbulenta (...); por meses após seu falecimento, era hábito dele visitar à noite o cemitério onde o objeto de sua idolatria pueril estava enterrada. O pensamento sobre ela – dormindo lá, em sua solidão – preenchia seu coração com uma angústia profunda e incomunicável." – Helen Whitman sobre a importância de Jane Stanard.

cações finais dirigidas a Louisa, que provavelmente nunca soube delas: "Amaldiçoada seja a hora em que nos conhecemos/A hora em que nascemos" – nada de novo em pensamento e expressão aqui – em relação ao que a inspiradora Helen evoca. O poema "Para Helena" demorou sete anos para surgir e tornou-se o mais presente poema de Poe nas antologias.

Quando o poema foi publicado em 1831, estava escrito: "a beleza da formosa Grécia,/E a grandeza da velha Roma". Quando ele foi reimpresso na *Graham's*, dez anos depois, Poe fez uma revisão e, na coleção seguinte (*O Corvo e outros poemas*, 1845), o poema foi publicado em sua forma final. Poe uma vez afirmou à sua amiga Susan Archer Talley que ele escrevera "Para Helena" quando tinha 10 anos de idade – poucos anos antes até de conhecer sua inspiração, Jane Stanard! Mas, com certeza, o que o levou a revisá-lo de forma tão elegante foi uma maturidade artística improvável para um garoto de 10 anos, ou um adolescente de 14.

A Helena de Poe é a personificação de tudo que é eternamente sereno, emoldurando um quadro de beleza atemporal, que se estende por todas as épocas e lugares. Ela torna-se Psiquê, o conceito grego da alma. Em meras oito palavras – "Ah! Psiquê, das regiões que/São Terra Sagrada!" – o jovem Poe faz uma ligação sublime entre o que se vê e como se interpreta o que se viu, e como isso é finalmente transportado para a zona sagrada da imaginação humana.

"Criação Rítmica da Beleza"

Durante o ano em que Poe aguardava a resposta sobre sua admissão em West Point, conseguiu interessar um editor de Baltimore neste segundo volume de poesias: *Al Aaraaf, Tamerlane and Minor Poems* [Al Aaraaf, Tamerlão e poemas menores]. Mas o jovem Poe, que já se denominava "um poeta irrecuperável", teve de pagar o custo de 100 dólares para imprimir o volume. Como ele e seu pai adotivo haviam feito uma trégua enquanto tentavam, juntos, conseguir a matrícula em West Point, Poe apelou-lhe para que pagasse os custos de impressão. Porém, Poe nunca entendeu que a composição e a publicação de seus poemas nunca passariam de uma questão controversa para John Allan. Não importava o quanto o jovem tentasse "legitimar" sua atividade artística aos olhos do pai adotivo – por exemplo, tranquilizando-o de que o escandaloso Lord Byron não era mais seu modelo a ser seguido –, nada funcionava. Allan recusou-se a bancar a publicação, e Edgar teve de conseguir o dinheiro sozinho.

O poema do título "Al Aaraaf" era ambicioso: tinha 422 versos, escritos quando Poe era ainda adolescente. Ele se baseou em algumas ideias que haviam cativado sua imaginação. Uma: Al Aaraaf é um lugar na percepção muçulmana do Além, que não é Céu nem Inferno, onde não há punição nem recompensa. Outra: no século XVI, um astrônomo dinamarquês descobrira uma estrela nova e brilhante que desaparecia de maneira tão repentina quando aparecia. Há ainda uma terceira ideia, que persistiu ao longo de sua vida de escritor: a atração carismática que a beleza exercia sobre ele. Juntas, essas ideias tecem um poema muito difícil. É repleto de notas de rodapé que, ironicamente, tentam explicar em francês, latim e espanhol, sem tradução, algumas das referências mais obscuras do poema. Seria bem melhor para o leitor se o poema tivesse mais notas ou menos obscuridade; nenhuma das opções parecia atraente.

> "Al Aaraaf é uma lenda de outro mundo – a estrela descoberta por Tycho Brahe, que aparecia e desaparecia de repente – ou melhor, não é uma lenda (...) Eu supus que muitas das esculturas perdidas de nosso mundo tenham voado (em espírito) para a estrela 'Al Aaraaf' – um lugar delicado, mais adequado a suas naturezas divinas." – Poe, para John Neal, 1829.

Mesmo assim, a beleza do poema mais longo de Poe é o vislumbre inicial de suas atitudes em relação à arte e às ideias que mostrava desde os 19 anos. Muitos anos depois, Poe disse que o propósito da poesia era a "criação rítmica da beleza". Considerando a beleza como seu tema em "Al Aaraaf", e tentando criá-la na página, ele trabalha com alguns de seus materiais favoritos. O poema mostra o alcance surpreendente de sua mente ávida, e você vê o que o emociona: a autopreservação de flores incomuns, o comportamento grupal dos vagalumes, o som da escuridão que se aproxima, ideias egípcias, ideias hindus, fenômenos de todos os tipos. Aos 19 anos, todo seu aprendizado fora largamente aplicado em "Al Aaraaf", o que ele pode ter percebido, chegando, mais tarde, à conclusão de que um poema longo é uma coisa impossível.

Eles disseram...

"(...) de seu objeto nós ainda devemos ser informados; pois, mesmo quebrando nossas cabeças, não fomos capazes de compreendê-lo em seus versos individuais ou na soma deles. Por um acaso supusemos que aludia à (...) estrela cadente". – Reação do crítico John Hill Hewitt a Al Aaraaf, em um artigo de 1830 no semanário *Minerva and Emerald*, de Baltimore.

Nas Margens

E aqui está: "Noite passada, com muitas diligências e armadilhas oprimido/ Cansado, deitei-me em um sofá para repousar" – Poe tinha 15 anos quando anotou esse pequeno dístico em um dos registros financeiros de John Allan. Estaria ele passando o tempo no escritório de John Allan? Quando esses registros da Ellis & Allan foram arquivados em novembro, provavelmente para os impostos, certos eventos aconteceram na vida de Poe. A amada

Jane Stanard morrera na primavera anterior, deixando-o em parafuso emocional; ficou claro para John Allan e para Poe que o filho adotivo encaminhava-se para a literatura, e não para a economia; além disso, o jovem descobrira as infidelidades de seu pai adotivo, e, apenas um mês antes, em seu uniforme do clube militar, ele escoltara o general Lafayette e ligara-se a seu passado familiar. Com exceção dessa ocasião de orgulho com Lafayette, 1824 foi um ano difícil para Poe.

Os versos que ele chamou de "Poesia" – que na verdade parece ser mais uma descrição ("eis aqui um poema") do que um título apropriado para um dístico sobre a fadiga profunda – têm alguns pontos interessantes. Ele mostra como sua mente usava naturalmente a expressão poética nas coisas mais simples – algo tão fugaz quanto, digamos, comentários espirituosos nas margens de documentos. Isso também mostra uma tendência precoce para a autodramatização e uma significativa indiferença romântica que aparece em alguns de seus contos posteriores. Esse dístico, escrito no mesmo ano em que surgiu o elegante "Para Helena", foi também o poema mais antigo que ainda estava guardado com ele quando morreu.

Ele escreveu para Mim!

"Annabel Lee" foi publicado apenas dois dias depois que Poe faleceu em Baltimore. Ele trabalhara no poema ao longo de vários meses, quando foi surpreendido pelo desespero romântico que caracterizou os dois anos seguintes à morte de Virgínia, e suas tentativas de encontrar uma segunda esposa. Sua vida amorosa durante essa época tornou-se uma espécie de horror que nunca colocou no papel, com os cortejos simultâneos, as interferências malvadas e os romances fracassados espetaculares. Tudo era dramático (às vezes até público) e nada dava certo.

- Virgínia morrera de forma patética – pobre, com frio e com dor por causa da tuberculose.
- Helen Whitman, uma poeta seis anos mais velha do que Poe, finalmente dera ouvidos aos inúmeros rumores, pondo fim ao compromisso.
- Annie Richmond encerrara seu relacionamento com Poe (que a via como sua pretendente) por insistência do marido.
- Elmira Shelton, a namoradinha de infância de Poe, concordou em casar-se com ele, mesmo que isso significasse que ela perderia o direito a três quartos da propriedade de seu falecido marido.

Todos esses namoros intensos e erráticos resultaram em uma vida íntima que fez surgir o imponente e sereno poema "Annabel Lee". É outro sobre a morte de uma linda mulher; nele, o poeta, que soa como um trovador tocando uma balada, anseia pelo amor puro e pueril que conhecera com Annabel Lee. "Mas nosso amor era mais do que amor – Eu e minha Annabel Lee."

Quem foi a inspiração para "Annabel Lee"? Helen Whitman tinha certeza de que Poe escrevera o poema para ela. Mas Elmira Shelton também achava isso. O tempo que cada uma gastou pensando na proposta de casamento de Poe, enquanto induzia todos, incluindo o leiteiro, a opinar sobre seu caráter, era de uma relutância quase cômica. O que o homem em pessoa não conseguiu inspirar, "Annabel Lee" inspirou.

Fanny Osgood – cujo relacionamento com Poe fora chamado por ele de "galanteio", terminado de forma dramática na época – acreditava que "Annabel Lee" fora escrito para Virgínia. Não é uma surpresa: toda a intriga e as ambiguidades de seus outros relacionamentos desse período devem ter parecido amargos se comparados à ligação simples e profunda que ele conhecera com a falecida Virgínia.

Fato

"Annabel Lee" continua a cativar as imaginações dos artistas. Em seu álbum Joan, de 1967, Joan Baez cantou tanto sobre "Eleanor Rigby" como sobre "Annabel Lee", e não é difícil encontrar conexões entre essas duas figuras femininas perdidas e desafortunadas. Vladimir Nabokov – com um ágil trocadilho – faz de Annabel "Leigh" o amor perdido da juventude do narrador pedófilo do romance Lolita.

Capítulo 17

Crime Atrás de Crime

O interesse de Edgar Allan Poe por charadas de todos os tipos – ele era mestre em criptografia – levou à criação do primeiro investigador da história da ficção, C. Auguste Dupin, e o poderoso gênero da ficção de detetive. Escrever sobre o crime não era apenas mais uma forma de Poe assustar seus leitores. Era também uma resposta às influências culturais. Ele também testava a habilidade de seus leitores de pensar de forma analítica.

Direto dos Folhetins Baratos...

... saíram as ideias de Poe para criar a história de detetive, embora essas histórias ainda fossem chamadas de "contos de folhetim" quando Poe escrevia, na primeira metade do século XIX. Em meados do século, o público leitor dos folhetins passou a incluir garotos adolescentes da classe média. Os editores dessas publicações passaram, então, a buscar temas que cativassem a juventude, como piratas e foras-da-lei, para aumentar as vendas. Mas, ao lidar com o conflito entre sua paixão em moldar uma literatura nacional e a necessidade impiedosa de ganhar dinheiro e sustentar a família, ele considerou escrever contos de folhetim – os primeiros "livros de bolso massificados" da história editorial.

Raízes na Inglaterra

Em 1773, o *Newgate Calendar* – ou *Malefactor's Bloody Register* [Registro sangrento de malfeitores] – apareceu na cena da Inglaterra, deleitando um fascinado público que ansiava para dar uma espiada nas atividades das classes criminais, com os relatos em série de crimes reais. Aqui se encontrava de tudo: desde a história do famoso canibal Swaney Beane, morador de uma caverna, passando pela história de Job Cox, um funcionário do correio que, por um erro administrativo, quase fora executado por roubar uma carta contendo 10 libras, até a história de Kid Wake, sentenciado a cinco anos de trabalhos forçados por gritar "derrubem o rei", além da história da moça de 21 anos Ann Whale, condenada à morte por matar o marido com um mingau envenenado.

> **Fato**
>
> Não é surpresa alguma que o *Newgate Calendar* era ilustrado de maneira extravagante, e os desenhos gráficos, em grande parte, salientavam os crimes sensacionais. Um desenho, entretanto, denominado "Uma mãe dedicada presenteando seu filho com um *The Newgate Calendar*", é interessante. Ela mostra uma matrona austera e com uma peruca extravagante ("a mãe dedicada") dando ao pequeno Johnny o livro com uma mão e apontando furiosa para a cena vista pela janela, onde tudo que se via é a forca.

Como praticamente todos os registros no *Newgate Calendar* apresentam um relato sensacionalista do crime e depois, em uma frase ou duas, mostra como o "canalha miserável" foi punido, o calendário parecia uma série de contos moralizantes. Era ao mesmo tempo um entretenimento barato e popular e uma forma de controle social. O que faltava, porém, era o elemento investigativo entre o crime e a punição – e talvez seja aí que Edgar Allan Poe viu uma oportunidade.

Acompanhando a Época

Além do aumento do interesse em crimes verdadeiros na imprensa popular, uma segunda influência nas histórias de crimes da época de Poe foi o romance gótico. Uma sociedade cada vez mais alfabetizada apreciava bastante as heroínas que definhavam, os castelos úmidos, os acontecimentos sobrenaturais e os "vampiros" ocasionais. Esses foram os primeiros romances de suspense; suspense barato a um *penny* por edição semanal. Apesar das descrições primorosas de façanhas, às vezes bem repulsivas, o crime era uma coisa simples no *Newgate Calendar*, mas o gosto pelo gótico, que encontrara seu caminho na imprensa popular, acrescentou uma atmosfera sombria e *sexy* às histórias de crimes.

Fato

A fonte para "O mistério de Marie Roget" foi o assassinato de Mary Cecilia Rogers, em 1841, em Nova York. Uma linda e querida jovem, Mary Rogers, fora estuprada e estrangulada, e seu corpo foi mais tarde encontrado no Rio Hudson, perto de Weehawken, Nova Jersey. Ninguém jamais foi acusado de ligação com seu homicídio.

Foi Poe quem encontrou um ponto de interseção entre os crimes reais e a ficção gótica. Ele escreveu seus contos de raciocínio, sendo aqueles da coleção sobre Dupin os mais famosos – "Os assassinatos da rua Morgue", "A carta roubada" e "O mistério de Marie Roget" –, onde o herói é o solucionador analítico de crimes, mergulhado em uma atmosfera sombria de mistério.

A Primeira História de Detetive Moderna

"Os assassinatos da rua Morgue" foi publicado na *Graham's Magazine*, em 1841. A ideia por trás da "pele" da primeira história de detetive fora a de que: "Observar atentamente é lembrar-se distintamente de algo (...)". Esse foi o primeiro conto de um grupo que Poe denominava "contos de raciocínio", em que o raciocínio lógico leva à solução de um mistério ou crime. Com certeza, sua contribuição a essa forma de ficção popular é significativa, e "Os assassinatos da rua Morgue" merece atenção especial porque foi o primeiro, o original. Poe chegou a considerar o conto como um de seus melhores, mas isso não surpreende, se você considerar como ele sempre foi interessado na mente. Houve épocas, entretanto, em que ele zombava dos contos de raciocínio, dizendo: "Onde está a ingenuidade de desemaranhar uma teia que você mesmo teceu para o único propósito de desemaranhá-la?"

Poe, o Pioneiro

Para um homem que começou sua vida profissional como um poeta, ele estava determinado a ganhar sua vida (e sustentar sua família) como escritor profissional, o que significava tentar descobrir os gostos do público leitor e satisfazê-los. Ele ainda vivia na Filadélfia e trabalhava como um editor no antigo *Burton's* quando começou a analisar as possibilidades de criar histórias a partir de algumas de suas observações culturais. Tanto o crime como o interesse público sobre isso estavam em alta, e as polícias eram ainda incipientes. Uma grande oportunidade para elucidar crimes nas páginas. Poe não demorou muito a reagir a esse cenário, e "Os assassinatos da rua Morgue" não foi apenas a primeira história de detetive moderna: tornou-se um modelo permanente para um dos gêneros mais populares. O interrogatório dos suspeitos, a análise das evidências, a teatral revelação final da solução, tudo está aqui pela primeira vez. A história diferia de seus precursores fracos (em que o foco eram o próprio crime e apenas uma espécie de conjecturas auspiciosas) na forma como os métodos e o caráter do detetive eram apresentados, o que era essencial para o enredo.

Fato

Tem sempre um estraga-prazeres... A edição de 1904 de Funk & Wagnalls das *Obras,* de Edgar Allan Poe, continha uma gravura feita pelo "Pai da ilustração moderna", o artista espanhol Daniel Vierge. Infelizmente para quem lia as histórias de detetive de Poe pela primeira vez, a ilustração retratava a solução bizarra de "Os assassinatos da rua Morgue".

Nessa passagem da história, o narrador e seu amigo analítico encontram uma nota de notícia no jornal local:

"ASSASSINATOS EXTRAORDINÁRIOS — Nesta manhã, ao redor das três horas, os habitantes do bairro St. Roch foram acordados por uma sucessão de gritos terríveis, vindos, aparentemente, do quarto andar de uma casa na rua Morgue, conhecida por ser a única posse de certa madame L'Espanaye e de sua filha, mademoiselle Camille L'Espanaye. Depois de alguma demora, ocasionada por uma tentativa infrutífera de conseguir admissão da maneira usual, o portão foi arrombado com um pé-de-cabra e oito ou dez dos vizinhos entraram, acompanhados por dois policiais. Nessa hora os gritos cessaram, mas,

quando o grupo chegou ao primeiro lance de escadas, duas ou mais vozes ásperas, em uma discussão furiosa, foram distinguidas e pareciam vir da parte superior da casa. Quando eles atingiram o segundo lance de escadas, esses sons também cessaram e tudo permaneceu no mais perfeito silêncio. O grupo espalhou-se e correu de quarto em quarto. Ao chegarem a um grande quarto na parte de trás do quarto andar (cuja porta foi arrombada por estar trancada com a chave dentro), apresentou-se um espetáculo que encheu os presentes não só de horror, como também de assombro.

O apartamento estava na mais selvagem desordem, a mobília estava quebrada e espalhada em todas as direções. Havia apenas uma armação de cama, cujo colchão fora removido e jogado no meio do chão. Em uma cadeira estava uma navalha, suja de sangue. Na lareira havia dois ou três longos e espessos cachos de cabelo humano grisalho, também com borrifos de sangue e parecendo terem sido removidos pela raiz. No chão viam-se quatro napoleões, um brinco de topázio, três grandes colheres de prata, três menores de metal d'Alger e duas bolsas, contendo quase 4 mil francos em ouro. As gavetas de uma escrivaninha, em um canto, estavam abertas e foram, aparentemente, saqueadas, embora muitos artigos ainda permanecessem nelas. Um pequeno cofre de ferro foi descoberto embaixo do colchão (não da armação da cama). Estava aberto, com a chave ainda na fechadura. Continha apenas algumas cartas velhas e outros papéis de pouca importância.

Não havia rastros da madame L'Espanaye, mas, como uma quantidade incomum de fuligem foi descoberta na lareira, fez-se uma busca na chaminé e (é horrível relatar isso) retirou-se de lá o cadáver da filha, de ponta-cabeça. Ele fora ali introduzido na abertura estreita até uma altura considerável. O corpo ainda estava quente. Ao examiná-lo, foram observadas muitas escoriações, sem dúvida ocasionadas pela violência com a qual ele fora empurrado para dentro da chaminé e dela retirado. O rosto apresentava muitos arranhões profundos e na garganta viam-se equimoses e marcas fundas de unhas, como se a falecida tivesse sido estrangulada até a morte.

Após uma investigação cuidadosa de cada parte da casa, sem maiores descobertas, o grupo encaminhou-se para um pátio pavimentado na parte de trás do edifício, onde estava o cadáver da velha senhora, com a garganta cortada de tal forma que, em uma tentativa de levantá-la, sua cabeça caiu no chão. Tanto o corpo como a cabeça estavam mutilados, sendo que aquele estava tão mutilado que mal tinha a aparência de humanidade.

Ao que parece, não há o menor indício para resolver esse terrível mistério".

Início de uma Era

Foi assim, com a publicação desse "terrível mistério" sobre as mortes violentas de madame L'Espanaye e sua filha, que Poe foi precursor não apenas da primeira investigação criminal de Dupin, mas também de todo o gênero da ficção de detetive.

Em "Assassinatos...", Poe apresenta um quebra-cabeças em um quarto fechado parisiense, valendo-se de sua casa caracteristicamente atmosférica para o cenário, um estímulo gótico que aumenta a sensação exótica do texto. Dupin investiga o homicídio duplo de madame L'Espanaye e sua filha. Na maior parte, a mente do detetive é a história. Os indivíduos cerebrais como o Dupin de Poe, Sherlock Holmes e Hercule Poirot satisfazem a necessidade do leitor em ser confidente de seu brilho esplêndido. O leitor torna-se um eterno Watson. Não seria Auguste Dupin, o primeiro detetive amador em todos os sentidos, simplesmente uma evolução do herói byroniano, que Poe tanto admirava? Não seriam Holmes, Poirot, Wimsey, Dalgliesh (o crânio), solitários melancólicos exaltados pelos sofridos românticos do início dos anos 1800?

Fato

Embora Poe colocasse "Os assassinos da rua Morgue" entre seus melhores contos, ele acreditava que "A carta roubada" fosse o melhor deles, com Dupin. Os críticos concordam com isso. Ele não é apenas o mais compacto, estruturalmente, das histórias de Dupin, como também mergulha mais profundamente no caráter do detetive e do criminoso que ele quer implicar.

Tenebrosa Fábula Moralizante

Foi Edgar Allan Poe quem transformou histórias sobre atividades criminais em contos sobre a investigação de crimes. Em suas mãos, o detetive torna-se o herói, e sua ginástica mental e deduções surpreendentes são o tipo de heroísmo que nos impressiona e causa admiração. Os dragões que o herói-detetive mata vão desde transgressores da lei até assassinos, destruidores da ordem social. A ficção de detetive, quando examinada para além da aparência de entretenimento, conspirações inteligentes, personagens imperfeitos, é moral em seu âmago. É crime e castigo. Às vezes, ele muda de direção na psicopatologia densa da ficção *noir*, mas, na maioria das vezes, é primoroso, mesmo quando é deslumbrante. O Dupin de Poe não está tão longe dos transcendentalistas que desprezava, porque Dupin tornou-se um modelo do Homem Pensante, o sábio ideal de Emerson. Dupin era todo análise, usando sua intuição e outras faculdades para fazer com que seu conhecimento fosse aceito. Ele trouxe consigo sua seção de aclamação – o substituto ficcional para o leitor – na pessoa de um assistente admirado, impressionado pelas deduções inteligentes de seu parceiro.

> ***Fato***
>
> Poe foi o criador do mistério "em um quarto fechado". Desde a estreia, em 1841, de "Assassinatos...", houve muitas mudanças nessa espécie de mistério, que requer um homicídio cometido em um quarto onde não haja maneira de entrar ou sair. Dupin, investigando a cena do crime com um amigo, comenta: "(...) nenhum de nós acredita em acontecimentos sobrenaturais (...) Os autores da façanha são materiais e escaparam materialmente". Poe declarou estar do lado das explicações racionais para o que parecia inexplicável para mentes como as de um Watson.

Mas as histórias de crime e investigação, com ou sem o grande Dupin, não foram a única maneira com que Poe explorou o tipo de comportamento aberrante que o intrigava. E se ele o colocasse nas mãos de torturadores sem rosto e onipotentes? E se ele o colocasse no caminho de um assassino orgulhoso? Uma vez que as histórias de detetive são contos moralizantes direcionados aos desordeiros ficcionais da ordem social, é possível ficar ombro a ombro com os Dupins, que certamente solucionarão o crime e levarão o criminoso aos tribunais. Mas em outros tipos de ficção criminal, você é retirado da complacência de sua poltrona e arremessado em um lugar totalmente diferente. Em contos como "O coração delator" e "O poço e o pêndulo", o "cuidado!" que Poe grita é direcionado aos seus leitores.

Quando a Sociedade é o Criminoso

Haveria um modo simples de discutir a diferença de papel entre o horror e o terror? O horror amedronta, o terror causa repulsa. O horror brinca com sua cabeça, o terror brinca com todas as outras coisas. O horror entra em sua cabeça e redecora o espaço. O terror faz com que se esqueça da própria imaginação. Estes termos, *horror* e *terror*, são usados alternadamente pelos contos mais famosos de Poe. "Obras-primas do terror", você ouvirá, ou "contos de horror". Mas será que Poe realmente fazia essa alternância entre as duas palavras?

Quando Poe começou a reunir seus contos em antologias, chamou o volume de *Contos do Grotesco e Arabesco* (os "arabescos" estavam mais em voga, e eram, segundo ele acreditava, trespassados pela beleza). Então, por sua própria definição, o que ele escrevia eram histórias "grotescas" repletas de distorções assustadoras e anormalidades.

> **Fato**
>
> H. P. Lovecraft, o escritor de horror e fantasia, chamava Poe de seu "Deus da Ficção". Lovecraft, um nativo de Providence, Rhode Island, cujo pai era um caixeiro viajante, foi sob muitos aspectos um Poe da segunda geração. Assim como Poe, ele desenvolveu um gosto pelo horror e pelo macabro, mas daí usou seu histórico em mitologia para criar sua própria "ficção estranha", que incluiu um bestiário[*] e um sombrio cenário da Nova Inglaterra que seria irreconhecível para Emerson ou Thoreau (embora Hawthorne possivelmente se sentiria em casa).

Teriam conseguido atingir o horror – ou o terror? Possivelmente; depende de quem está lendo. O horror e as "obras-primas do terror" referem-se ao efeito da história em quem a lê. Dois contos que podem ser considerados horripilantes/apavorantes pela maioria são "O poço e o pêndulo" e "O coração delator". Os dois têm um poder estranho, mas, por serem tão diferentes um do outro, é melhor analisar os dois juntos para decidir qual deles dá "calafrios". As duas histórias completas estão reimpressas no Apêndice A, e, para apreciar a diferença que faz o narrador, você pode querer lê-los inteiros. Isso sem mencionar que dá para apreciar toda a extensão do que Poe diz sobre a diferença entre "mera" loucura e aquela insanidade corroborada pelo Estado.

"Era esperança (...) a esperança que triunfa sobre o cavalete de tortura, que sussurrava nos ouvidos dos condenados à morte, mesmo nos calabouços da Inquisição", escreveu Poe em "O poço e o pêndulo", em 1843. Esse conto é narrado por um homem que descreve sua tortura nas mãos da Inquisição espanhola.

> **Fato**
>
> Estabelecida em 1478 por Fernando e Isabela da Espanha, antes de eles financiarem a viagem de Cristóvão Colombo, a Inquisição espanhola refere-se ao período de 350 anos de tortura institucionalizada, julgamentos e punições para judeus, protestantes, vários hereges bígamos, homossexuais, blasfemadores, bruxas, maçons e qualquer um que fosse considerado uma ameaça à religião do Estado. A Inquisição autodenominava-se Tribunal do Santo Ofício.

---

*N.T.: Bestiário: Coleção de fábulas moralistas ou religiosas sobre animais mitológicos e reais.

Apesar das breves aparições de outros personagens cujo rosto quase nunca é mostrado, no início e no fim (o que dá uma impessoalidade assustadora aos eventos), a história é um relato interrompido de uma das tentativas de um homem de fugir dos desígnios fatais da Inquisição.

O poder do conto reside nos esforços "quase impossíveis" feitos pela vítima/narrador para salvar sua vida. Ele disfarça seu próprio desespero ao abordar cada problema metodicamente. Como ele é um homem comum inteligente – e um coitado, trancado em um calabouço, munido apenas de sua sagacidade para salvá-lo –, você consegue identificar-se com ele. Mas, tão logo ele supera uma maneira de execução, porém, é confrontado com a seguinte. Poe mantém o suspense, mostrando a futilidade revoltante dos sucessos do narrador.

Segredos Perversos

"VERDADE! Nervoso, muito, muito nervoso sempre fui e sou, mas por que dirias que sou louco?" Assim Poe começa "O coração delator", seu suspense de 1843, publicado na *The Pioneer*.

Esse conto dá calafrios de um tipo muito diferente dos de "O poço e o pêndulo". Se "O poço..." tem um narrador que é um indivíduo normal, posto em perigo por um mundo enlouquecido, "O coração delator" tem um narrador que é louco. O magistral instinto de Poe para contar histórias instruíram-no a aumentar ao máximo a loucura de seu narrador, para que não houvesse uma diminuição do impacto entre o narrador e o leitor. Onde Poe falhou com *Politian*, sua peça inerte e inacabada, ele teve sucesso com "O coração delator", que é o mais próximo de um solilóquio demente que se é capaz de encontrar.

O narrador endereça-se ao leitor diretamente e, em seu monólogo altamente dramático, que prende a atenção completamente, confessa o assassinato de um velho. É como se sussurrasse seus feitos perversos no ouvido do leitor. Nós nos tornamos seus confessores, praticamente cúmplices, algo muito poderoso. Diferentemente de "O poço e o pêndulo", em que você se assusta em favor do narrador atormentado, "O coração delator" é espantoso porque o narrador louco o acossa, buscando tanto seu entendimento sobre o porquê de ele ter matado o velho quanto sua admiração pela "esperteza" dele. Assim, Poe mostra a vaidade completa do criminalmente insano. Ele é alguém que, para libertar-se de seu próprio desconforto frente aos olhos úmidos "de abutre" de um inocente velho, ao invés de ir embora, mata-o, e dá a seu ato criminoso uma espécie de louca justificativa porque ele o executara de forma tão perfeita. Ele não é um assassino, é um super-homem que se vinga de seu aborrecimento irracional, ou assim ele acha. E sua boa opinião sobre si importa. De quem é o coração delator, por fim? É da vítima, ou dele?

> **Fato**
>
> O periódico efêmero *The Pioneer* foi criação de James Russell Lowell, que – assim como Poe nutria suas esperanças pela *The Stylus* – queria elevar o nível do gosto popular pela leitura e oferecer aos leitores norte-americanos algo melhor do que eles encontrariam nas revistas comerciais da época. Mas *The Pioneer* fechou após três edições, e Poe nunca recebeu os 13 dólares que lhe haviam sido prometidos por "O coração delator".

Ambas as histórias tiveram êxito porque Poe tinha um entendimento aguçado de como age um homem sob a pressão de circunstâncias extremas, seja sob a ameaça de morte ("O poço e o pêndulo"), seja sob o feitiço de uma simples provocação que leva a um homicídio ("O coração delator"). Neste último tem-se uma história sobre um crime e o castigo da consciência. Já o primeiro conto é uma história sobre o castigo tornando-se crime. São eles contos de horror? São "obras-primas do terror?". De certa forma, *A narrativa de Arthur Gordon Pym* é um melhor exemplo de horror e terror, porque os seus efeitos são prolongados, elaborados e intensificados ao longo de um extenso conto. Mas não há como negar que, em termos de suspense, não dá para derrotar contos intensos e compactos como "O poço e o pêndulo" e "O coração delator", nos quais se pode ver o trabalho de um verdadeiro mestre.

> *"A esperteza do maníaco — uma esperteza que confunde a do homem mais sábio de mente sana — o autocontrole incrível com o qual às vezes ele assume a conduta e preserva a aparência da sanidade perfeita, tem sido há muito tempo assunto de discussão entre aqueles que fizeram da loucura seu assunto de estudo."*

Suspense à Moda de Edgar

Como ele faz isso? Será que sua mágica está escondida nas mangas de seu sobretudo preto? O elemento de suspense em uma história faz com que o leitor prossiga, acostumando-se ao desconforto de querer descobrir e querer fechar o livro de vez. Mas como isso funciona? Não acontece do nada: é resultado de uma cuidadosa tentativa, encabeçada por Poe, de desenvolver a literatura nacional. Ele próprio era um mestre na execução artística cuidadosa. Um de seus contos mais publicados, "O barril de amontillado" (*Godey's Lady's Book,* 1846), é uma boa amostra do que sejam calafrios.

Atraindo o Leitor

"O barril de amontillado" não é apenas um conto de vingança, mas também um conto de vingança como uma piada interna suprema entre o narrador e o leitor. Na primeira frase da história, Montresor, o narrador declara sua intenção de vingar-se de Fortunato, por algum "insulto" não mencionado.

"Suportei o melhor que pude as milhares de injúrias de Fortunato, mas, quando ele ousou insultar-me, jurei vingança. Você, que tão bem conhece a natureza de minha alma, não suporá, porém, que tenha proferido uma ameaça. No fim, serei vingado, esse era um ponto definitivamente estabelecido, mas a própria maneira definitiva com a qual eu resolvera isso excluía a ideia de perigo. Devo não apenas castigar, mas castigar com impunidade. Uma injúria não é reparada quando o castigo atinge aquele que se vinga. Ela também não é reparada quando o vingador deixa de fazer com que aquele que o ofendeu sinta-se como ele se sentiu.

É preciso que se entenda que nem por meio de palavra nem de atos dei a Fortunato motivo para ele duvidar de minha boa vontade. Continuei, como de costume, a sorrir em sua presença e ele não percebia que meu sorriso agora era pensando em sua imolação.

Ele tinha um ponto fraco, esse Fortunato, embora, sob outros aspectos, fosse um homem a ser respeitado e até temido. Ele vangloriava-se de ser um conhecedor de vinhos. Poucos italianos possuem o verdadeiro talento para isso. A maioria adota seu entusiasmo apenas quando a hora e a ocasião pedem, para enganar os milionários britânicos e austríacos. Na pintura e no estudo das pedras preciosas, Fortunato, como seus conterrâneos, era um charlatão; mas, em relação aos vinhos antigos, ele era sincero. A esse respeito eu não diferia dele materialmente, pois eu mesmo era hábil conhecedor dos vinhos italianos e comprava-os em grande quantidade sempre que pudesse.

Foi no início de uma noite, ao entardecer, durante a loucura do carnaval, que eu encontrei meu amigo. Ele se aproximou de mim com uma cordialidade excessiva, pois bebera muito. O homem parecia um bufão. Ele usava uma roupa colada com algumas listras e tinha na cabeça um chapéu cônico com guizos. Fiquei tão feliz em encontrá-lo que quase não parei de apertar sua mão.

Eu disse a ele: '— Meu caro Fortunato, foi uma sorte encontrá-lo. Mas como você está bem hoje! Recebi um barril como sendo de amontillado, mas tenho minhas dúvidas'.

'Como?' disse ele, 'amontillado'? Um barril? Impossível! E no meio do carnaval!"

> *'Tenho minhas dúvidas', respondi 'e eu fui tolo o suficiente para pagá-lo como sendo de amontillado sem consultá-lo sobre o assunto. Você não foi encontrado e temi perder um bom negócio'.*
> *'Amontillado!'*
> *'Tenho minhas dúvidas.'*
> *'Amontillado!'"*

Aí está toda a tendência do conto – parte dele é a manipulação habilidosa de Montresor sobre sua presa. Isso levanta questões, é claro, sobre essa vingança. Será horrível? Será decisiva? Seria justificada? Isso importa? Será que ele vai conseguir? De novo, isso importa? Seus sentidos estão em alerta. Ao esperar alguma espécie de ataque contra Fortunato, você interpreta tudo o que lê como pistas de algo que contribui para a vingança. Uma pista aparece, revelando uma informação que começa a despertar o suspense.

Mestre do Suspense

Mas, apesar do que qualquer pista apresenta a você, algumas informações são negadas, ao mesmo tempo. O conto joga na sua cara tudo o que você ainda não sabe. Por exemplo, depois de o narrador anunciar a vingança como seu objetivo, Poe nunca revela o plano ousado. Em outras palavras, ele não dá um curto-circuito na tensão. No início, o narrador delineia algumas preliminares sobre sua boa vontade dissimulada com Fortunato, que de nada suspeita e se considera um conhecedor de vinhos. Brincando de forma aniquiladora com o orgulho de sua vítima, Montresor atrai o outro para sua adega para mostrar-lhe um xerez raro. Será que Fortunato vai? Ele vai. Será que ele volta? Não. Montresor arma uma cilada para ele. Será que ele se arrependerá? Toda pequena ação e detalhe levam a questões maiores e mais sombrias que criam um padrão de suspense crescente. Quanto mais fundo ele caminha pelas catacumbas de Montresor, cada vez mais o fim parece inevitável. O horror fascinante dessa inevitabilidade induz aos calafrios. Assim como seu narrador vingativo, Poe assenta tijolo sobre tijolo para prender seus leitores atrás de um muro de puro suspense.

> **Fato**
>
> A Associação Mistery Writers of America [Escritores de Mistério da América] apresenta todo ano o Edgar Awards® para excelência na literatura sobre crimes. O cobiçado "Edgar", que lembra muito a foto Ultima Thule de Poe, premia os Melhores em Romance, Primeiro Romance, Brochura Original, Crítica/Biografia, Não-Ficção, Conto, Juvenil, Infanto-Juvenil, Peça, Roteiro de Episódio de Série de TV e Roteiro de Cinema.

"O barril de amontillado" é também um bom exemplo da qualidade do humor negro de Poe: você compartilha as piadas internas de Montresor enquanto ele atrai Fortunato para o lugar da execução. Poe impregna esse assassinato passo a passo com uma dose de gracejo e ironia. E, por fim, essa ironia fica a seu critério: se você rir, estará sendo imoral?

Capítulo 18

Deslocado na Escola Literária

A primeira metade do século XIX presenciou tentativas tímidas de se forjar uma literatura americana. Edgar Allan Poe estava na dianteira, e não estava sozinho. O poeta cavalheiro, crítico e contador de histórias e seus colegas no norte tinham suas rixas entre si, mas eram capazes ocasionalmente de superar suas diferenças e reconhecer o valor um do outro.

É Transcendental, Querido

O que deve ter parecido, para Poe, um otimismo barato dos transcendentalistas da Nova Inglaterra ia contra a realidade de sua experiência pessoal: mães morrem, assim como mentores; pais abandonam a família; pais negam apoio; amigos somem; profissionais trapaceiam. Mas os transcendentalistas eram mais do que apenas filósofos sentados em poltronas mexendo seus conhaques e tentando mudar o antiquado pensamento americano rumo ao novo século. Eles queriam mais do que os aperfeiçoamentos pessoais práticos de Benjamin Franklin: eles queriam que as pessoas pensassem sobre as eletrizantes conexões entre a natureza, Deus e a alma humana. Ralph Waldo Emerson escrevera a versão norte-americana da filosofia, e Henry David Thoreau a levara para a floresta. Se Poe tivesse sabido do idílio de Thoreau em Walden, isso lhe teria parecido autoindulgente. Pelos cálculos de um biógrafo, Poe nunca ganhou mais do que 6.200 dólares por toda sua obra – que era seu modo de vida obstinado – em um período de 17 anos. Se ele soubesse que Thoreau costumeiramente deixava o experimento do grande lago para ir até a casa dos Emerson para jantares de domingo, Poe teria ficado irritado. Sua austeridade era um fato da vida, não uma escolha.

Poe referia-se a seus colegas literatos na área da grande Boston como "(...) aquele magnânimo conluio que controlou por muito tempo o destino das letras americanas (...)". Não há dúvida de que os transcendentalistas fortaleceram a literatura americana nos anos 1800. O movimento teve seus defensores, mas também estimulou alguns dissidentes muito impressionantes, até no Norte – Hawthorne e Mellvile, por exemplo, que achavam que o movimento não tratava dos espectrais problemas do mal e do Universo indiferente. Essa posição dissidente combinava mais com a de Poe, mas sua identificação intensa com sua região, o Sul, ainda o mantinha longe desses espíritos filosóficos afins. Sua missão foi estabelecer uma literatura nacional verdadeira e fazer o que precisasse para separá-la do que ele via como a influência opressora da Nova Inglaterra. Mas, naquele período da história literária de uma nova nação, o que significava trabalhar para formar uma literatura nacional?

É possível ter uma literatura nacional? Mesmo no século XXI? Há uma forte ironia aqui: Poe era um sulista e ressentia-se do que acreditava ser a sociabilidade literária de seus colegas na Nova Inglaterra. Ele não era muito diplomático para juntar interesses regionais em uma única literatura nacional. Embora se identificasse muito com suas raízes sulistas, sua obra é destituída dos ricos materiais sulistas. Há uma qualidade atemporal, sem local definido, que faz sua obra flutuar sobre os estreitos confins do Sul pré-secessão.

"Homem dos Jingles"

"Todo homem real deve ser um não conformista", disse o grande guru transcendentalista, O Sábio da Concórdia, Ralph Waldo Emerson. Completamente *yankee* e formado em Harvard, Emerson pagara suas próprias despesas e (assim como Poe na Virgínia) estudara Letras. Ele literalmente praticava o que pregava como pastor da Old Second Church of Boston, até que parou de ministrar a eucaristia, explicando de forma improvisada para um público consternado que "não estava interessado" no rito. Durante anos de introspecção e busca da solidão contemplativa, ele desenvolveu uma perícia firme no leme de seu pequeno barco. Primeiro, saiba o que você sente; depois, expresse o que sente. Sua natureza constante e genial, que tinha um modo nortista de evitar discussões, desarmou muitas pessoas, o que lhe possibilitava continuar com seu trabalho. E esse trabalho, isso ficou cada vez mais claro, consistia em dar vida nova ao que pareciam instituições americanas inertes. Ele foi um ensaísta a princípio, um orador e um despertador de pessoas que nem sabiam que dormiam.

Emerson foi o representante do movimento transcendentalista. Thoreau testara a teoria na vida real, mas foi Emerson quem levara as ideias para audiências do liceu e para a imprensa. Em suma, ele acreditava que as almas são divinas e eternas, e que todas são idênticas; Deus é a Alma Superior à qual todas as outras almas pertencem e com quem elas falam, e a Natureza, outro lado da Alma Superior, tem propriedades morais inerentes.

Para Emerson, isso depende da introspecção e da expansão do indivíduo e, nesse sentido, pode-se ver como sua filosofia evoluiu a partir do Romantismo contemporâneo. O Transcendentalismo também era um desafio para as complacências do dia. As feministas e os abolicionistas encontraram um abrigo no "lar" espiritual que Emerson construíra, onde os não conformistas eram muito bem-vindos. Outros, como Hawthorne e Mellvile, distanciaram-se. Eram, afinal, protótipos de grandes homens e acreditavam que os seres humanos são mais complexos e têm mais falhas do que Emerson admitia. Baseando-se em suas experiências de vida, Melville disse certa vez sobre o assunto do Transcendentalismo: "Para um marinheiro comum que dobrou o Cabo Horn, que importa isso tudo?".

> **Pergunta**
>
> **Quais eram os membros do "Clube Transcendental"?**
> Com certeza Edgar Allan Poe não estava entre eles. Os membros mais famosos eram Emerson, Margaret Fuller, as irmãs Peabody literatas (Sophia tornara-se esposa de Nathaniel Hawthorne) e Bronson Alcott, pai da romancista Louisa May Alcott, um educador e abolicionista chamado de indecente, por tentar adicionar a educação sexual ao seu currículo escolar.

Eles tinham coisas em comum, Emerson e Poe, mas não tiveram oportunidades para descobri-las – essa "divisão", de novo, entre nortistas e sulistas. Algumas distâncias pareciam muito grandes para atravessar, até naquela época, especialmente quando você está preso no meio do redemoinho de palestras e escrita, ou tentando ganhar a vida. Uma boa escrita importava muito para os dois. A forma, os contornos e o conteúdo da alma humana também importavam para eles. Então foi uma recusa engraçada vinda do envolvente Emerson quando lhe foi perguntado o que ele achava de Poe: "Oh, você quer dizer o homem dos *jingles*". É difícil imaginar Emerson escolhendo as palavras certas para ofender, então ele provavelmente não teve essa intenção. Ainda assim, fica a questão: que poemas de Poe lhe vieram à cabeça pouco antes de falar "Oh". *Jingles* são no mínimo memoráveis, porque têm música. O comentário de Emerson é tão redutivo que fica cômico. Poe procurava a música, isso era certo, e usava todos os ritmos e rimas que podia; mas sempre de maneiras originais, e nunca com o conteúdo leve dos *jingles*. Ironicamente, era Emerson quem costumava criar pequenos ditos mordazes como: "Engate seu vagão em uma estrela". O que Poe responderia se alguém lhe perguntasse o que achava de Emerson? Provavelmente ele diria: "Oh, você diz aquele homem dos adesivos de carros?".

A Vista de Bean Town

James Russell Lowell auxiliava escritores talentosos de sua posição herdada nos bosques dos Brahmin de Boston. Ele era um verdadeiro e completo bostoniano. Até a cantiga famosa sobre os aristocratas da Nova Inglaterra menciona sua família: "E essa é a boa e velha Boston/O lar do feijão e do bacalhau,/Onde os Lowell com os Cabot conversam/E os Cabot só com Deus falam". Poe era, por alguma razão, capaz de fazer vista grossa à casa, à educação, ao *pedigree*, às opiniões políticas, à segurança e à sorte absurda de Lowell – enfim, tudo que tinha mais a ver com Lowell do que com Poe. Lowell era praticamente o único, entre todos os outros escritores norte-americanos contemporâneos famosos, que reconhecia a grandeza do petulante e briguento Poe.

> **Eles disseram...**
>
> "Agora, deveria a esta hora ter terminado o artigo para acompanhar seu tópico na Graham, mas não consegui escrever nada (...) por causa da indolência constitucional que não foi neutralizada (...) em minha infância. Você pode ter certeza de que não sou um daqueles que seguem uma moda que ainda não está extinta, e nem apelo ao bom e afável mundo para que aceite minhas falhas como prova de minha genialidade." – James Russell Lowell, para Poe, 1844.

A admiração real de Lowell foi responsável por algumas passagens maravilhosas de percepções francas nas cartas de Poe, que ninguém parece ter sido capaz de extrair dele. Como editores, eles publicaram o trabalho um do outro. O compassivo e bem relacionado Lowell falou bem de Poe para o dono do *Broadway Journal* de Nova York, que contratou Poe como editor. Ambos tinham sonhos de lançar suas próprias revistas literárias nacionais: Poe tinha a *The Penn/The Stylus* e Lowell tinha *a The Pioneer*.

> **Fato**
>
> *The Pioneer* teve uma vida curta de três edições, no inverno de 1843, mas publicou alguns trabalhos significativos – como o conto de Hawthorne "A marca de nascença", e o conto de Poe "O coração delator". Assim como Poe, Lowell esperava que uma revista literária fizesse com que os leitores norte-americanos se afastassem da ingenuidade das revistas femininas da época. *The Pioneer* fracassou, em parte, porque a vista de Lowell passou a deteriorar-se. Quando sua visão piorou, ele teve de confiar tarefas editoriais a um sucessor menos competente.

Mas, ao contrário de Poe, que nunca conseguia apoio financeiro para o projeto, apesar de anos de tentativas, a revista de Lowell foi lançada. Porém, mesmo o dinheiro e o crédito de Lowell não conseguiram manter a ambiciosa publicação em circulação por tanto tempo, e a *The Pioneer* foi deixada de lado após apenas alguns meses.

Superficialmente, Lowell e Poe tinham interesses e objetivos em comum, e eram suficientemente compatíveis, apesar de tudo, enquanto mantivessem sua amizade no papel. Nas cartas eles davam certo.

O problema começou quando eles se encontraram frente a frente.

Por algum motivo, Poe ficou muito desconcertado pela aparência de Lowell – impressionante, considerando-se como Lowell era bonito. Poe contou mais tarde a um amigo (sulista) que ele esperava alguém mais nobre. Que espécie de imagem Poe teria feito de Lowell no curso da correspondência entre os dois, é um mistério. Pode-se especular que tenha ficado intrigado ao encontrar um homem que ele antes pensara ser "nobre" transformar-se em um homem de calça e paletó, como todo mundo, embora um pouco melhor do que os modelos comuns. Por outro lado, apesar do que ele contou a seu amigo do sul sobre Lowell, talvez aquele encontro em maio de 1845 tenha trazido muita informação pessoal e íntima para alguém como Poe. De repente, estava tudo lá, personificado em Lowell: ele era tudo o que irritava a natureza ouriçada e ofendida de Poe.

A boa aparência de Lowell, sua família aristocrata, sua tranquilidade, sua educação avançada (graduação em Harvard e em escolas de Direito) – tudo estava lá. Lowell afastara-se bastante do jeito reservado dos habitantes da Nova Inglaterra ou do desdém fenomenal das famílias aristocratas pelas questões sociais – ele foi um abolicionista precoce e leal.

> "Eu recebi seu poema, que você subestima e eu acho realmente lindo – como, de fato, tudo que você já escreveu – mas, ai de mim! O esquema da minha revista ruiu. Se um dia vier visitar a Filadélfia, lembre-se de que é o único na América de quem eu seguraria a mão." – Poe, para Lowell, 1843.

Em uma era em que vagões de orquestra rodavam por aí divulgando filosofias simplificadas para as massas, Lowell era um livre-pensador, o que o mantinha à margem das tradições antigas e confortáveis dos Lowell e dos Cabot, que falavam apenas com Deus. Ele reconheceu cedo a grandeza promissora de Abraham Lincoln. Lowell escreveu textos contra a guerra. Considerava Thoreau um excêntrico. Satirizava a figura do *yankee*. Viu poder, originalidade e eminência em Poe. Que vergonha, então, que Poe, filho de atores, não pudesse disfarçar sua surpresa ao ver Lowell, que percebeu o estranho desapontamento do outro. Daí, tudo se encaminhou direto para a espécie de turbilhão sobre o qual Poe escreveu. Lowell, da sua parte, achou Poe um pouco tonto, com a pele um tanto pálida e um falso melindre. Esses dois estavam lidando com o tipo de choque geral causado por um encontro às escuras.

Poe não podia deixar assim. Ele precisava fazer com Lowell o que já vinha fazendo a muitos outros no papel: destrinchar e alfinetar. Era uma peculiaridade autodestrutiva de sua natureza: ele às vezes não conseguia evitar retribuir a gentileza com ofensas, porque a gentileza de outra pessoa tornava sua própria necessidade insuportável. Esse foi o caso com Lowell, que realmente foi um amigo. Nessa época, também, Poe declarara uma insensata guerra a Longfellow. Tudo isso – os ataques de Poe a Longfellow e a ele – provaram ser demais até para o bondoso Lowell. Em sua brincadeira, "Uma fábula para críticos", na qual ele faz gozação (em alguns casos alfineta) de escritores americanos, falou o seguinte sobre Poe: "Aí vem Poe com seu Corvo, como Barnaby Rudge/Três quintos dele é gênio, dois quintos, puro disfarce".

Uma Pequena Escuna Esplêndida

Quando Poe foi enterrado de novo em 1875, aconteceu uma cerimônia de consagração. Quase um quarto de século se passara desde que ele morrera e fora enterrado às pressas no cemitério Westminster, com apenas alguns homens presentes – um primo, alguns amigos. O túmulo não tinha identificação. Foi necessário que estudantes fizessem uma campanha por um novo funeral para o filho quase nativo de Baltimore; eles também prepararam uma cerimônia adequada à ocasião. Ele não foi levado para muito longe: foi movido do jazigo de seu avô para um lugar mais proeminente. O primo de Poe, Neilson (que, anos atrás, tentara ganhar a guarda de Virgínia) financiou um monumento esculpido em pedra – que, em uma reviravolta cósmica bizarra própria de um conto de Poe, foi destruído por um trem descarrilado. Não foi tão ruim, na verdade, porque o epitáfio em latim pretendia ser gentil, mas saiu condescendente, com sua estranha insistência de que, agora que estava morto, estava feliz.

Poe e Whitman

A cerimônia de homenagem – sem o monumento, estilhaçado – teve o comparecimento e o reconhecimento de grandes nomes da literatura, coisa que não ocorreu no enterro original. Neste, a única fera literária a achar que a ocasião era importante o suficiente para comparecer foi Walt Whitman. Ele tinha 56 anos, era um velho respeitável e amado, que mancava por causa da idade e pelos efeitos de um derrame sofrido dois anos antes. Dentre os gigantes da literatura norte-americana do século XIX, Walt Whitman estava quase sozinho em sua estima por Poe. Ela não era completa e não era vitalícia. Mas a grande generosidade de espírito presente na poesia de Walt Whitman também existia no homem, e, em seu grande coração receptivo e compassivo, estava um colega literário que emergiu acima das rixas e dos rumores da época e encontrou algo de que gostar em Poe.

> **Fato**
>
> Whitman tinha 26 anos quando ele e Poe conheceram-se, por volta da época em que o artigo "Art-Singing and Heart-Singing" [A canção da arte e a canção do coração] foi publicado no *Broadway Journal,* de Poe. Quarenta anos depois, Walt Whitman lembrava-se do encontro como uma "recordação distinta e agradável".

Eles se encontraram na cidade de Nova York, em meados de 1840. Ambos circulavam por Lower Manhattan. Poe editava o *Broadway*

Journal, e Whitman apresentou um ensaio. Poe publicou o texto de Whitman, "Art-Singing and Heart-Singing", na edição do dia 29 de novembro de 1845. Nela, Whitman clama por uma literatura americana verdadeira, algo que desse as costas para os velhos modelos europeus falidos e descobrisse sua própria força e excelência. Não poderia haver ponto de vista mais alinhado com o de Poe.

Respeito e Afinidade

Muitos anos depois, após a cerimônia de homenagem, Whitman encontrou-se em meio a um pequeno círculo de pessoas, contando a elas que acabara de terminar de ler um volume novo dos poemas de Poe. Ele nunca gostara deles, mas, na meia-idade, reviu sua opinião. "Eu desejava e ainda desejo a poesia", disse ele, "o sol claro brilhando e o ar fresco soprando – a força e o poder da saúde, não do delírio, mesmo em meio às paixões mais tempestuosas – sempre com a prática das moralidades eternas". Isso não era Poe. Como Whitman achou genialidade em Poe, classificou-o entre "as luzes elétricas da literatura (...) brilhante, mas sem calor".

Há uma tendência a gostarmos do que é mais parecido conosco, porque é fácil, familiar e pouco exigente. Em termos de temperamento, Walt Whitman e Edgar Allan Poe eram muito diferentes. Não é surpresa, então, que Whitman, o poeta cantor, andarilho e boêmio, que celebrava o homem onde quer que o encontrasse, não se sentia ameaçado por tipos como Poe. Em um artigo de jornal que apareceu à época do novo epitáfio no túmulo de Poe, Whitman descreveu um sonho no qual uma "pequena escuna soberba" enfrentava uma terrível tempestade

"Nós, do século XIX, precisamos de alguém que faça milagres por nossa regeneração; mas tão degradados nos tornamos, que o único profeta, ou pregador, que poderia nos auxiliar seria São Francisco, que converteu as bestas." – Poe, sobre o estado da humanidade.

à noite, no mar. Ela estava "(...) agora navegando descontrolada com as velas rasgadas e os mastros quebrados pelo granizo selvagem e pelos ventos e ondas da noite. No deque estava uma figura delgada, pequena, linda, um homem sombrio, aparentemente desfrutando de todo o terror e escuridão e do deslocamento do qual ele era o centro e a vítima". Esse homem em seu sonho, Whitman continuou a falar, era Poe.

Homem Terrível

Seus amigos chamavam-no de Rufe. Alguns chamavam-no de Gris. Poe o teria chamado de demônio encarnado, mas, na época em que isso ficou claro, Poe estava morto. Se há uma única razão para justificar a reputação negativa póstuma de Poe, é Rufus Griswold.

Um Retrato de Griswold

Assim como o nova-iorquino Evert Duyckinck, Griswold era um antologista. No entanto, não tinha nada da generosidade de Duyckinck ao reunir e levar o trabalho de escritores norte-americanos aos olhos do público. Com Rufus Griswold, tudo girava em torno do ego. Se possível, ele era ainda mais rápido em ferir – e mais lento em curar – do que Poe. Foi, de certa maneira, somente um mercado literário norte-americano que deu origem aos gostos de Rufus Griswold. Era uma época de invencionices – tanto Griswold quanto Poe aumentavam suas histórias pessoais. Enquanto Poe apenas fabricava um grau de bacharel (com honra ao mérito) na Universidade da Virgínia e pintava uma espécie de vago herói pitoresco lutando no exterior pela independência da Grécia, Rufus Griswold era mais ousado, ambicioso, anexando diplomas de doutorado em Teologia e Direito a seu nome. Que mal tinha? Quem iria saber? Foi uma mudança no ideal do "homem que progrediu por esforço próprio". Com a paisagem americana acessível diante de si, você poderia ser quem quisesse – era só falar (pergunte a Henri Le Rennert). A última coisa que os golpistas da América estavam fazendo era velejar pelo Rio Mississipi.

O Testamenteiro da Obra de Poe

Há vários pontos incríveis sobre a carreira de Rufus Griswold. Considerando-se a forma como o homem era odiado por todos, ele curiosamente conseguiu manter-se empregado, tendo sido contratado por umas 20 publicações e editores ao longo do tempo. Mas, além do seu currículo enfeitado, ele era muito persistente e parecia estar disposto a trabalhar pelo mesmo pagamento baixo de Poe. Por que ele agia assim? Não era um poeta, nem um romancista, nem um contista; mas Rufus Griswold tinha o tipo de ego de quem queria ser o pistolão literário de sua época. Ele queria o poder de determinar carreiras. Com Poe, ele conseguiu realizar seu desejo – pelo menos depois que Poe morreu e Rufus Griswold tornou-se o executor de seu testamento literário. Não

"*Quem vai escrever sobre sua vida para a 'Graham?' É uma pena que muitas dessas biografias sejam confiadas a (...) Griswold. Ele com certeza não tem independência nem julgamento.*" – Poe, para James Russel Lowell, perguntando sobre um esboço biográfico, 1843.

há melhor exemplo de tão mau julgamento de caráter do que a estranha ingenuidade de Poe em considerar Griswold seu amigo, o suficiente para confiar sua obra e reputação a esse homem. Apesar disso, há algum debate sobre se os desejos de Poe haviam sido claros, mas Muddy Clemm – inconsolável com a morte triste de seu menino – parecia pensar que Edgar mencionara Griswold como o responsável por sua obra.

Tudo isso apenas mostra que Muddy, que possuía todo o material de Poe, também não julgava um caráter muito bem. Griswold era mentiroso, dissimulado e manipulador. Se já eram qualidades más o suficiente em alguém que não lhe deseja mal, imagine-as então no homem que tinha rancor de Poe.

Executor da Reputação de Poe

Griswold também foi um homem cujos relacionamentos com mulheres haviam ultrapassado os de Poe em termos de tudo, do horror à tragédia. Quando sua primeira esposa morreu no parto, ele superou os acontecimentos mais macabros dos contos de Poe quando exumou o corpo um mês depois e beijou sua testa pútrida. Três anos depois, encontrou a charmosa Fanny Osgood – e ela, por sua vez, perdidamente, encontrou Poe. Entre o fato de que Fanny não mostrava interesse nenhum em Griswold e muito em Poe, e a mera possibilidade escandalosa de que sua terceira filha pudesse ser a prova desse interesse, começou o ódio profundo de Griswold por Poe. Os dois homens haviam trocado as costumeiras farpas ao longo de suas carreiras literárias, mas agora todas as apostas estavam encerradas. Só que Poe – que implicara cada vez mais com o trabalho de Griswold – não ficou sabendo disso.

"Agir com honradez com um patife é enganá-lo para paralisar seus maiores esforços (...) A verdade é o sexto sentido do homem de astúcia. Ele sente que deve haver algo assim, mas fica desnorteado em suas tentativas de compreender seu uso e sucumbe na hora ante àquele que se veste com um traje tão misterioso e tão augusto."
– Poe, sobre como lidar com patifes, 1840.

O último ainda vivo, Rufus W. Griswold tornara-se o executor do testamento literário de Poe e seu "memorialista": descrições de Poe como um demônio e um louco definiram a percepção do escritor nos anos seguintes. Se você gosta de desforra, o fim de Griswold é uma leitura interessante. Um ataque epiléptico quase o afogou, literalmente, quando ele pegava a balsa do Brooklyn; a recorrência da tuberculose o manteve distante de alguns de seus projetos favoritos; sua filha quase morreu em um descarrilamento de trem; ele ficou com cicatrizes por causa de uma explosão de gás; sua terceira esposa o deixou quando ele estava a ponto de morrer de tuberculose. Morreu em Nova York, em 1857, mas o estrago que ele fez para Poe foi, por ironia, seu trabalho mais eficiente. Com uma estranha premonição, foi Poe, em sua opinião crítica revista de Rufus Griswold, quem previu que Griswold "mergulharia no esquecimento" e seria conhecido para sempre como "o servo infiel que abusara de sua confiança".

Só mais uma nota às "contribuições" de Rufus Griswold para a história literária norte-americana. Poe sempre publicou seu trabalho – todos – com os nomes Edgar Poe, E. A. Poe ou Edgar A. Poe. Ele repudiava, ainda que discretamente, o papel problemático e volátil de John Allan em sua vida. Foi Rufus Griswold que adicionou depois o sobrenome do pai adotivo – criando Edgar Allan Poe apenas em nome.

Os Recantos Lúgubres do Clube Literário

Se você montasse seu próprio "salão literário" de escritores norte-americanos do século XIX, classificaria Poe como uma pessoa má? Se desse ouvidos ao desacreditado Rufus Griswold, teria considerado Poe um demônio e um louco de proporções fabulosas. A "memória" de Griswold não fez bem para Poe: colocou-o no mesmo nível de suas criações narrativas mais perigosas. Por outro lado, desviou a atenção dos defeitos de outros ícones literários norte-americanos do século XIX. Será que todos os outros pareceriam bons, se comparados à imagem errante e demente que Griswold pintara de Poe? Thoreau, aquele campeão do individualismo resoluto, parasitara a casa dos Emerson por anos. Hawthorne passara 12 anos de sua vida adulta vivendo à custa de sua mãe, enquanto trabalhava apenas como escritor. Ele também fugia do exageradamente entusiasmado Melville, que precisava do tipo de compreensão que encontrara em Hawthorne.

"Amo todos os homens que mergulham", declarou Melville, aliando-se "com toda a corporação dos mergulhadores do pensamento, que têm mergulhado & emergido com os olhos vermelhos desde o início do mundo".

> *"...um homem sem a educação escolar mais básica ocupando-se com tentativas de instruir a humanidade sobre os tópicos da literatura refinada. O absurdo (...) não está apenas na ignorância mostrada pelo suposto instrutor, mas na transparência dos (...) esforços para manter sua ignorância oculta." – Poe, sobre T. D. English, 1850.*

Mas mesmo o autor daquela obra central da literatura norte-americana, *Moby Dick*, não estava livre da tragédia e do drama. O filho mais velho de Melville cometeu suicídio aos 18 anos, e seu segundo filho saiu para o mar e ficou longe da família até morrer de tuberculose, em São Francisco, aos 35 anos. Será que os bem-de-vida Longfellow e Lowell poderiam ter ajudado mais esses lutadores, Poe e Melville? O "livre" e desimpedido Whitman perdera a balsa do Brooklyn ao não assumir mais responsabilidades convencionais? Teria Emerson – apelidado por Melville de "esse Platão que fala pelo nariz" – fracassado por discursar muito sobre a intuição e a não-conformidade, sobre Deus como a Alma Superior, e ao não falar o suficiente sobre as questões sociais importantes da época? Poderia Emily Dickinson ter conseguido um trabalho?

Poe tinha dependentes e dependências de todos os tipos que estreitaram seu domínio sobre sua vida. Ao contrário de quaisquer outros dos escritores do século XIX na América, Poe tinha um problema com o álcool.

Ele podia ser um crítico amargo e um amigo que se sentia ofendido muito facilmente. Era provavelmente o que seria chamado hoje de neurótico. Tinha duas dependentes em casa que confiavam profundamente em tudo o que ele pudesse ganhar escrevendo, e sua devoção a elas não era negociável. Era incapaz de lançar qualquer ataque a uma mulher – considerando-se que tinha o que James Russell Lowell chamava de pena de "ácido cianídrico", essa restrição ficou mais profunda e atingiu em cheio sua ternura com as mulheres. Suas fraquezas eram todas autodestrutivas.

Em sua vida adulta, com a exceção de alguns apelos desesperados finais pelo amor e pelo dinheiro de John Allan, e da ocasional "oferta por livre e espontânea vontade" de uma ajuda aqui e acolá, pedida por Muddy em nome de sua pequena família, Poe nunca viveu à custa da generosidade de ninguém. Ele escolheu assumir as responsabilidades familiares e as satisfez. Foi muito difícil, mas ele conseguiu. Ele não tinha muito uso para o que chamava de "semideuses reformistas" de sua época. Temperança, abolição – não, Poe tinha outros peixes para fritar. Nenhuma das questões da época tirou suas energias para seu único objetivo impetuoso: a busca pela excelência na literatura norte-americana.

Capítulo 19

Derrotando o Verme Conquistador

Edgar Allan Poe morreu na iminência de sua fama literária na Europa, onde é apreciado desde então graças aos esforços de um certo Charles Baudelaire. Sua reputação póstuma na América foi determinada pelos esforços de um inimigo que ele não reconheceu como tal durante a vida. Rufus Griswold, que Poe considerava como um amigo, distorceu sua imagem. A sociedade contemporânea aceitou as palavras falsas de Griswold e sua imagem acabou sendo manchada para sempre.

A Correção Francesa

Enquanto Poe viveu, teve sucessos intermitentes, mas nenhum deles abriu aquela janela de oportunidade de uma vez por todas. Ele estava contra um paredão de tijolos tão imóvel quanto aquele que Montresor construiu em "O barril de amontillado". O público geral, cujos gostos literários Poe sempre tentava elevar, não era muito receptivo a seus esforços. Mesmo quando escrevia para vender – o que acontecia na maior parte do tempo –, nenhum único sucesso assegurou seu futuro como escritor. Adicione-se a isso as deficiências pessoais que obstruíram seu sucesso, danificando seus relacionamentos pessoais. Entre um público leitor resistente e uma personalidade difícil, Poe nunca foi um grande sucesso em vida, nem foi considerado um dos grandes da literatura.

Não na América, quer dizer.

Pouco tempo depois da morte de Poe, em 1849, um poeta francês chamado Charles Baudelaire descobriu o escritor norte-americano. Impressionado com o que Poe havia feito, dizendo que "era mais inspirado do que qualquer outra pessoa", Baudelaire traduziu com esmero todas as obras de Poe para o francês. Por esse motivo, ele é o único responsável pela reputação europeia de Poe.

> ### Pergunta
> **Quais foram os outros artistas influenciados pela obra de Poe?**
> O compositor Claude Debussy morreu antes de completar as óperas que ele adaptava de "A queda da casa de Usher" e "O diabo no campanário". Outros franceses que se beneficiaram com a tradução das obras de Poe por Baudelaire foram os poetas Stéphane Mallarmé e Paul Valéry, e o romancista Marcel Proust. Este acreditava que a grandeza de Poe estava em suas tentativas de evocar o que era belo sem introduzir "motivos morais".

Em Poe, Baudelaire encontrou um modelo espiritual para seus próprios gostos e opiniões. Os dois, separados pelo Oceano Atlântico, eram parecidos. "Uma paixão frenética pela arte", disse Baudelaire, "é um câncer que devora todas as outras coisas". Tanto Poe como Baudelaire eram estetas, definidos pela arte, especialistas na arte. Apenas comparado ao francês de vida curta, Poe parecia trabalhador e provinciano.

Enquanto Poe escrevia (e vivia) sobre as beiras dos precipícios e sobre turbilhões, Baudelaire saboreava os precipícios completamente antes de pular. Poe tinha um relacionamento difícil com seu pai adotivo rico, que o deixou sem nada. Baudelaire desprezava seu padrasto, mas adquiriu uma herança de outra fonte. Poe tinha Virgínia, sua amada prima/Sissy/esposa, seguida por cortejos cavalheirescos a muitas mulheres da literatura. Baudelaire tinha uma série de prostitutas. Poe lutava contra o álcool e censurava-se por seus deslizes. Baudelaire bebia, fumava haxixe e usava ópio em busca de estímulos e prazer. O que matou Poe, por fim, não foi a sífilis, que acabou com a vida de Charles Baudelaire.

> **Fato**
>
> Assim como Herman Melville, que mergulhou na semiobscuridade depois que o público norte-americano achou *Moby Dick* ilegível (foram vendidas 500 cópias comparadas com as 15 mil cópias vendidas de "A letra escarlate", de Hawthorne), Poe foi desvalorizado nos Estados Unidos. Mas isso não aconteceu na França, graças a Charles Baudelaire.

O poeta francês, cuja única coleção de poesia é *Les Fleurs Du Mal* [As flores do mal], foi uma espécie de bailarino da morte, um hedonista contemplativo, sempre à procura de estímulo. De certa forma, ele era um artista performático, fazendo de sua vida uma tela logo abaixo dos chocados narizes empinados da burguesia francesa. Poe, por outro lado, estava atrás do Graal da Beleza arrebatadora dos estetas. Baudelaire estava junto nesse percurso, mas não era o Graal que ele almejava. Havia muito significado vinculado a isso. Para o homem que, de muitas formas, personificou um dos narradores extravagantes de Poe, a Beleza era mais sedutora quando era inútil. Poe, seu guru involuntário, discordaria disso.

Walt Whitman comentou, depois da morte de Poe, que era ruim que tenha acontecido naquela época, quando Poe estava na iminência de um sucesso na Europa. Até Whitman não conseguiu prever a influência de Poe sobre a obra de Proust, Dostoievski e Kafka. A fama tardia foi graças a Charles Baudelaire, cuja tradução de 1847 dos contos de Poe deu ao público europeu seu primeiro acesso à obra do escritor norte-americano.

Rumo ao Oeste, Poe

Como era a América depois de Poe? Ele morrera há pouco mais de 25 anos quando uma professora de língua e alguns alunos dedicados realizaram uma cerimônia para consagrar de novo o túmulo de Poe em Baltimore. Esse evento marcou o início palpitante de uma nova apreciação por sua contribuição à literatura norte-americana. Na França, Baudelaire fez o que pôde. É fascinante considerar por que motivo Poe sempre teve uma "reputação" melhor no exterior do que em casa. O que isso mostra? Com certeza, nos últimos anos do século XIX, os defensores de Poe haviam entrado em cena, refutando a autobiografia prejudicial feita por Griswold. Mas os efeitos de Griswold nunca foram extirpados. Por algum motivo, os norte-americanos gostaram de confundir o homem Poe com o "personagem" narrativo de Poe. Por quê?

Uma Realidade Maligna

Primeiro é necessário ver como estava a nação após a Guerra de Secessão. A União fora preservada, mas o conflito fora sangrento e escabroso. Depois veio a Reconstrução, e, com ela, todos os abusos resultantes da paisagem mental segregada e defeituosa que uma vez fora o sul antes da guerra – aventureiros políticos oportunistas, leis de Jim Crow,* o surgimento da KKK, linchamentos. Desencadeou-se o mal, e ele emergiu. Primeiro queimar, depois sangrar. Teria Poe sido capaz de descrever esses horrores? A era romântica era apenas um conto de fadas risível e sem contato com a realidade, em um mundo de ponta-cabeça. E as noções transcendentalistas sobre o valor da intuição e a presença do divino em todas as almas? Talvez a intuição pudesse ajudá-lo a entender seu vizinho o suficiente para sair antes que ele envenenasse sua mula. E onde estava o divino nas figuras iluminadas pela luz assustadora de uma cruz em chamas? Esses encontros com almas restritas à sua essência selvagem demonstraram uma paisagem densa e miásmica, que se tornou depois o gótico na versão do sul, em que se pode ver os vestígios angustiados dos contos de horror de Poe. Mas, na era pós-Guerra Civil, o que surgiu como um contraponto vocal às ruínas no leste?

"*Suas descrições cênicas são vívidas, porque são frescas, genuínas, não são exageradas. Não há nada na inclinação do turista em prol não da natureza, mas do turismo. Essa habilidade para (...) usar as ferramentas da plebe quando necessário, sem sujar ou deixar as mãos ásperas com seu emprego, é um teste raro e infalível do natural em contraste com o aristocrata artificial.*" – Poe sobre as descrições de Charles Fenno Hoffman do oeste norte-americano, 1850.

Enquanto a fronteira expandia-se – as ferrovias ajudaram, a luta com os nativos "ajudou", a Western Union [União Oeste], a situação de Estado, as propriedades rurais, os missionários –, os ventos "prevalecentes no oeste" se fizeram sentir. Uma espécie de realidade apresentou as possibilidades de novas formas de vida, a sensação de algo novo. O futuro americano. Introduzem-se os semelhantes de Mark Twain, que mistura um estilo de prosa forte e coloquial, formas de humor norte-americano clássicas, e o tipo de análise social que nenhum dos grandes norte-americanos pode ficar sem.

---

*N.T.: Leis de Jim Crow: leis estaduais e locais promulgadas nos Estados sulistas e limítrofes dos Estados Unidos, que exigiam que escolas e lugares públicos tivessem instalações separadas para negros e brancos.

Twain Versus *Poe*

A "noite escura da alma" de Huck Finn chega em um ponto no livro em que ele luta com o que acredita ser seu dever moral de entregar Jim, o escravo fugitivo. Quando decide não fazer isso e resolve tomar as rédeas de sua vida e de seu futuro, ele deixa escapar um dos grandes hinos da literatura norte-americana: "Tudo bem, então; vou para o Inferno". De certa forma, esse Twain realista revela-se como um herdeiro natural da linha Hawthorne-Poe-Melville – a próxima parada no Expresso da Cidade das Sombras. Apesar de todas as variações individuais do tema do pecado e do mal, esses escritores estão na mesma frequência.

O que torna interessante o comentário de Twain sobre a obra de Poe. "Para mim, sua prosa não merece ser lida – como a de Jane Austen. Não, há uma diferença: eu poderia ler sua prosa se fosse pago, mas não a de

> ### *Eles disseram...*
> "É impossível que um gênio – pelo menos um gênio literário – possa ser descoberto por seus amigos íntimos; eles são tão próximos dele que ele fica fora de foco para seus amigos, e estes não compreendem suas dimensões; não conseguem perceber que há uma diferença considerável entre a magnitude do amigo e a deles." – Twain, sobre a genialidade literária.

Jane." As intrigas da sala de estar de Jane Austen não eram para Twain. E talvez a América pós-guerra precisasse do "corretivo" de realistas como Twain, durante esse período. A vida real, a vida cotidiana, era o que precisava ser observado, e aí está a salvação. Mas Twain tinha seus golpistas, assim como Melville. E Twain tinha suas selvagerias, que sempre desafiavam qualquer explicação, assim como Poe. "Que coisa curiosa é uma história de 'detetive'", refletiu Twain. "E houve alguma da qual o autor não precisasse sentir vergonha, a não ser pela história 'Os assassinatos da rua Morgue?'"

Nem Tudo que Reluz é Poe

Se Mark Twain afirma que você deve pagá-lo para ler Poe, o poeta Vachel Lindsay é o homem que você teria de pagar para não lê-lo. Twain é o espírito puro da América "expansionista", confiante, reunindo todas as influências e impressões do alegre futuro norte-americano. Ele é um escritor que põe sua imaginação para trabalhar – mais ou menos como Tom Sawyer –, planejando todos os esquemas e as aventuras chamados de "história". Tinha certamente arrepios com as coisas que lia na obra de Poe, ou seja, a imaginação correndo solta por todos os lugares sombrios imagináveis. Uma vez, quando Poe recitava "O Corvo" em um salão de amigos em Richmond, um escravo ouviu o poema e se perguntou por que Poe não pegava uma vassoura e expulsava aquele pássaro velho da casa de uma vez por todas. Twain definitivamente levaria uma vassoura às incursões perigosas e lúgubres nos sórdidos recessos da mente humana – caso demorassem demais.

Vachel Lindsay apareceu 70 anos depois da morte de Poe, e suas próprias experiências fornecem um contraponto real ao período pós-Poe imediato. Nativo do meio-oeste, Lindsay internalizou Poe. E então, de algumas formas, ele passou a levar uma vida de desintegração ambulante. Por fora, ele era a personificação da América rompida, tentando juntar características incompatíveis – um cruzado das artes, porta-voz da temperança, pregador do bucolismo, vagabundo no estilo de Whitman. Ele era Whitman exaltando a mesma grande "massa", só que levado ao desespero, tanto por uma sensibilidade como a de Poe quanto pelo próprio Poe. Ele era um campeão democrático, mas com todo o desespero transgressor de Poe e de seus personagens. Uma coisa é ser Poe, mantendo em execução frenética o esplendor, as necessidades, a crença em um futuro onde a saúde e o reconhecimento trariam a paz. Outra coisa bem diferente é sentir todos os efeitos de Poe na consciência, tentando "convencer" a América a amar a poesia, enquanto se encara um vazio pessoal induzido por Poe.

Vachel Lindsay, um poeta importante do fim dos anos 1800, foi uma figura que tentava reconciliar o irreconciliável de forma heróica. Seu poema mais famoso, "Abraham Lincoln Walks at Midnight" [Abraham Lincoln caminha à meia-noite] – ele e Lincoln eram da mesma cidade –, apareceu em 1914, na véspera da Primeira Guerra Mundial. Havia fonógrafos, cinemas e os primeiros carros com motor a gasolina, magnatas da América industrialista, e não havia uma Liga das Nações. Os índios americanos viviam em reservas e o *Titanic* já afundara. O que o espectro de Abraham Lincoln poderia nos contar?

"A espiritualidade não existe. Deus é material. Todas as coisas são materiais; mesmo assim, a matéria de Deus tem todas as qualidades que nós atribuímos ao espírito: por isso, a diferença, que mal pode ser percebida, está nas palavras. Há uma matéria sem partículas – de composição não atômica: que é Deus. Ela permeia e impele todas as coisas e, portanto, é todas as coisas em si. Sua agitação é o pensamento de Deus, e ela cria."
– Poe, sobre a espiritualidade.

Lindsay tentou expulsar o Poe dentro dele, denunciando seu "brilho artificial". Mas parece ter sido o brilho artificial de vários outros lugares que cobrou o preço desse poeta sucessor. É interessante que Lincoln caminhe à meia-noite, uma visão gótica que cerca o "Grande Libertador" com algo ainda mais sobrenatural do que qualquer coisa em Poe. Lincoln virou um zumbi. Virou um vampiro. Estariam as instituições americanas tão decadentes, que isso é o que resulta delas? Comparado com Mark Twain, que trabalhou o material americano de formas diferentes, Lindsay não conseguiu se separar dos efeitos da obra de Poe. Teria sido o brilho artificial a última coisa que Lindsay viu antes de beber o veneno que acabou com sua vida?

O Jogo Não Terminou

É verdade que *sir* Arthur Conan Doyle desenvolvera um relacionamento de amor e ódio com seu famoso detetive ficcional, Sherlock Holmes. Após se livrar do brilhante e arrogante solucionador de crimes, lançando-o sobre as Cataratas Reichenbach, em 1893, Conan Doyle ficou atordoado com o clamor público, e viu-se na posição desagradável de ter de ressuscitar seu herói defunto. Além disso, no fim do século XIX, o escritor daquele personagem amado e imortal, marco do desenvolvimento da ficção de detetive, colocou o detetive de Poe, C. Auguste Dupin, à frente de seu Sherlock Holmes. "Dupin", disse Conan Doyle, "é incomparável".

Doyle tomou o estimado Dupin como modelo e, 50 anos depois e a um quarteirão de distância da Harvey Street, de Londres – onde sua profissão de oftalmologista não prosperava –, criou o personagem do detetive, acrescentando mau humor, exuberâncias, gostos e hábitos. Holmes ainda é o Homem Pensativo, só que agora temos alguém que sente medo, o qual ele alivia tocando seu violino e consumindo cocaína. Ele tem relacionamentos – Watson, a proprietária, os membros do The Baker Street Irregulars, seu irmão Mycroft – e inimigos formidáveis, principalmente o Napoleão do crime, aquele titã do submundo londrino, o brilhante dr. Moriarty. Holmes mora no número 221B da Baker Street, sua toca aconchegante tão idiossincrática quanto a de Nero Wolfe, na West 35th Street, em Manhattan. Ele tem um perturbador quase relacionamento com seu par intelectual, Irene Adler. Sob certos aspectos, na Era de Ouro da virada do século, as soluções (ou aperfeiçoamentos?) de Doyle são curiosamente domésticas. Mesmo quando ele cai nas Cataratas Reichenbach, Conan Doyle o manda entrelaçado em um embate mortal com Moriarty. Exatamente assim, como meninos de repúblicas rivais em algum trote impensado. A irmandade peculiar da morte.

Ao contrário das três aparições de Dupin nos contos de Poe, Sherlock Holmes aparece em 56 contos e quatro romances, convidando o leitor com sua declaração: "Que comece o jogo!". Então, o que Poe começou com suas histórias com Dupin, Doyle amplificou com um detetive-herói que se tornou sinônimo da resolução de crimes na literatura. Como seu colega norte-americano mais antigo, Doyle também tinha interesse no espiritualismo. "Quando nossas fadas forem aceitas", afirmava o médico Doyle, "outros fenômenos psíquicos encontrarão uma aceitação mais fácil".

Além disso, em uma era onde os escritores norte-americanos desvalorizavam o conterrâneo Poe ou internalizavam-no de tal forma que não

> **Fato**
>
> O interesse de Conan Doyle na espiritualidade teve uma reviravolta embaraçosa em 1917, quando duas jovens em Cottingley, Inglaterra, alegaram provar a existência de fadas, fotografando-as em seu jardim. Conan Doyle defendeu a história das garotas, fazendo circular as fotos que ficaram famosas no mundo todo. É de se perguntar o que o astuto e cético Sherlock Holmes teria dito quando, mais tarde, se descobriu que as duas garotas em Cottingley haviam falsificado as fotos.

conseguiam reconciliar as "paisagens" do Poe interior com as realidades da terra seca, ou da fronteira sem limites, como Vachel Lindsay, Doyle trazia as boas-vindas de uma terra onde o menino Edgar vivera cinco anos. Nisso, Doyle não estava sozinho. Como notou o dramaturgo George Bernard Shaw, "Acima de tudo, Poe é ótimo porque ele é independente das atrações baratas...".

Poe Vai Para Hollywood

Em 1942, a reputação de "rapina" de Poe chegou até a Costa Oeste. Viajaram como seu próprio personagem Julius Rodman, explorando as Montanhas Rochosas, parando em Hollywood, arrastando sua biografia esfarrapada atrás de si. O estúdio o aceitou, examinando o escritor morto com cuidado, para ver o que eles podiam colocar na tela de forma a ter lucro. Era 1942, o quase centenário da morte de Poe em Baltimore, e com todos os filmes patrióticos, sem mencionar o sapateado gostoso de Shirley Temple, as palhaçadas dos Irmãos Marx e os filmes com os adorados Humphrey Bogart, Henry Fonda e Errol Flynn, bem – tragam o poeta morto. Poe havia feito aparições na era do cinema mudo, mas agora ele poderia passar para outro estágio e encantar uma nova geração frequentadora de cinemas com sua vida trágica e recitações românticas.

A Identidade de Poe no Cinema

A questão era como torná-lo *sexy* cem anos depois. Afinal, seria possível testar o poeta real entoando "O Corvo". Então, o que Hollywood conseguiu foi *The Loves of Edgar Allan Poe* [Os amores de Edgar Allan Poe]

> **Pergunta**
>
> **Quantos contos de Poe foram adaptados por Hollywood?**
> Durante a década de 1960, o cineasta de filmes de terror Roger Corman produziu um ciclo de filmes baseados em Poe para a American Pictures International. Quando o primeiro deles, *A queda da casa de Usher* (1960), teve sucesso, Corman adaptou livremente outros contos e poemas para um total de 13 filmes, incluindo *O poço e o pêndulo*, *O túmulo de Ligeia* e *A máscara da morte rubra*, estrelados pelos grandes atores de terror Vincent Price, Peter Lorre, Boris Karloff e Lon Chaney Jr.

– Poe retratado como um David Copperfield deste lado do Atlântico. O filme apresentava um ator chamado John Sheppard como Poe, e a confiante atriz Linda Darnell como a jovem tímida Sissy. O enredo mostra, com inexatidão, Poe pensando para sempre em sua namoradinha da infância Elmira, provando para sua família adotiva que ele era um desajustado infame e desorientado, até Virgínia aparecer. Sua "Ma", Frances Allan, é retratada como uma mãe amorosa e forte por trás de seu gênio criativo, e seu talento é, por fim, enterrado pelo vício em drogas e no álcool. Tudo isso em 67 minutos de filme.

Quando se trata de filmes sobre Poe, talvez Hollywood continue a ir pelo caminho do Poe-como-um-romântico-mal-compreendido – ou (e isso é mais provável) o Poe-como-um-louco-pervertido-viciado – porque, quase 200 anos depois de seu nascimento, ele tornou-se uma espécie de herói popular sombrio da América. Por algum motivo, transformou-se no que os leitores precisam que ele seja. Talvez Poe se saia melhor não como o assunto de filmes hollywoodianos, mas como influência para eles.

O Mestre em Contar Histórias

Veja Alfred Hitchcock, por exemplo, que credita seu primeiro acesso à obra de Poe a seu interesse pelo suspense. Hitchcock tinha 16 anos. Ele foi além e teve uma carreira como diretor no cinema que durou uns 50 anos. Quando se pensa em um mestre do suspense e do terror no cinema – com doses generosas de humor aqui e acolá –, pensa-se em Hitchcock.

Ele e Edgar Allan Poe, Hitchcock disse uma vez, eram ambos pioneiros do suspense. Os temas do engano e do autoengano, confusão de identidade, batalhas psicológicas, o desvendar do crime – tudo isso ocorre nas obras dos dois. Hitch usou técnicas de ângulos de câmera estranhos para sugerir distorção moral, ou um mundo "conhecido" inseguro; Poe conse-

> **Fato**
>
> O que Alfred Hitchcock internalizou dos contos de Poe foi o jeito do escritor de expor uma história inacreditável com uma "lógica tão fascinante" que persuadia os leitores de que poderiam ser vítimas de qualquer um daqueles horrores a qualquer momento. É possível ver como a admiração de Hitchcock por esse tipo de conto se traduzia na grande tela.

guiu o mesmo efeito com passagens descritivas lúgubres. Os dois perturbaram suas audiências ao tirar de proporção tudo o que nos mostravam. A mente humana, em toda sua proximidade com coisas que assustam a qualquer hora do dia, é o verdadeiro grande assunto. Quando Hitchcock comentou que "o medo é uma emoção que as pessoas gostam de sentir quando sabem que estão seguras", parece mostrar também a opinião de Poe.

Gótico Sulista

Você conhece a pintura: 1930, óleo sobre tela, "Gótico Americano". O artista: Grant Wood nascido em Iowa. Retratava sua irmã Nan e o dentista da família, posando como as figuras de um fazendeiro do meio-oeste e sua filha mais velha e solteira. Ao fundo, há uma casa branca de fazenda com tábuas em bom estado e com sua janela superior ostentando uma cortina transparente, mostrando aquele estilo gótico pontudo. A princípio, as figuras humanas parecem triviais, austeras, empertigadas e inflexíveis em uma paisagem enfadonha do meio-oeste que parece não ser atingida pelo tempo. Tudo está em bom estado, em ordem – o avental dela, o macacão dele, o anexo vermelho na parte de trás, até o forcado limpo e brilhante. Um tridente. Como um Netuno desprovido de seu reino e de sua divindade.

Seria a pintura uma paródia do zelo maçante e inquestionável, peculiar ao norte-americano? Seria um tributo ao zelo maçante e inquestionável, peculiar ao norte-americano? Olhe mais de perto e as coisas aparecerão, como sempre fazem. Ele está olhando para a frente, com seus lábios finos fechados e seus olhos sem foco? O que se passa em sua cabeça? Ela está de pé um pouco atrás dele, não olhando para a frente, mas olhando ou para ele ou através dele – sua testa e seu queixo estão enrugados e tensos, da maneira que ficamos quando guardamos algum sentimento. Lágrimas? Uma discussão? Raiva?

Poe penetra pelas bordas do "Gótico Americano". A pintura de Grant Wood parece retratar apenas à primeira vista o mundo cuidadosamente ordenado e controlado desse fazendeiro e de sua filha solteira e preocupada. Não é difícil imaginar seu corpo fechado por um muro no celeiro ou o dela retalhado e empurrado para baixo do assoalho na sala de estar daquela bonita e bem cuidada casa branca. Quando se pensa como Poe, ao invés de ver a pintura de Wood como o retrato de uma vida imutável, você a vê agora como um mundo à beira da explosão. O assassino esquartejador da "rua Morgue" está sempre fora de cena; sempre fora da página em Poe e em seus herdeiros literários. O pintor Wood, nativo do meio-oeste, pinta uma cena característica. Adicione um pouco de musgo espanhol, e ligue o termostato, você conseguirá um elemento do gótico sulista na literatura americana, desenvolvido na obra de Poe.

Eles disseram...

"O sr. Poe, vestido, como sempre, de preto, subiu ao palanque e, curvando-se com graça, começou sua palestra (...) Durante toda a palestra ele nunca mudou sua posição ou fez um gesto com suas mãos, mas sua expressão mudava constantemente e era quase impossível tirar os olhos da sua face." – Susan Archer Talley, descrevendo a última palestra pública de Poe, com a presença em peso de velhos amigos da família, em Richmond, 1904.

O maior escritor do movimento gótico sulista é William Faulkner, cujas paisagens sufocantes no ficcional Condado Yoknapatawpha, Mississipi, lembra as lagoas ao redor de "Usher". Desejos indomáveis, obrigações hereditárias e condições sufocantes que levam à insanidade – isso é Poe, isso é Faulkner. Aquele grande caráter dominante do sul que permeia a obra de Faulkner, Flannery O'Connor, Robert Penn Warren, Thomas Wolfe e Carson McCullers, apenas para mencionar alguns, é a fonte da gênese, da criação e das batalhas mortais pela sobrevivência dos homens e das mulheres que habitam as páginas. E nem toda morte termina em morte.

Poe mostrou isso.

Capítulo 20

Em Busca de Eldorado

Os séculos XX e XXI encontraram formas únicas de honrar Edgar Allan Poe. Os tributos a Poe estão em todos os lugares, da capa de um álbum dos Beatles ao nome de um time de futebol. As gerações posteriores finalmente reconheceram suas conquistas e construíram monumentos em homenagem a ele. Poe tornou-se o ícone moderno do artista torturado. Mas sua sensibilidade literária o fez presente no interior das grandes mentes norte-americanas preparada para o combate.

Só mais um Gótico

Com a publicação de "O Corvo" em 1845, Poe tornara-se *sexy*. Agora, quase duzentos anos depois de seu nascimento, ele tornou-se moderno. Seu retrato "Ultima Thule" é popular, de uma autoindulgência que parece atual; é o que você encontra em tampas de garrafa, logotipos e camisetas. As gerações atuais são, falando bem francamente, um grupo difícil de assustar, porque o mundo atual é um lugar mais assustador. Um poço e um pêndulo? Você precisa fazer melhor que isso. Então, que venham as imagens culturais populares de Ultima Thule – apenas outro gótico na lanchonete.

Mas os contos de horror e os lamaçais emocionais e hipnóticos de poemas como "Ulalume" não são tudo sobre Poe. Em seu poema de 1849, "Eldorado", ele descreve em quatro estrofes uma busca vitalícia: "Vestido com elegância,/Um cavaleiro galante,/Sob sol e sombra,/Seguiu adiante,/Cantando uma canção,/Em busca do Eldorado". Ao longo do caminho encontra-se com um "vulto andarilho" que lhe dá informações aparentemente absurdas sobre que direção tomar; diz a ele que vá por sobre as montanhas da lua e atravesse o vale da sombra – da morte, presume-se. O poema é considerado a resposta de Poe às notícias sobre a Corrida do Ouro no oeste. Mas você também pode lê-lo como uma declaração sobre sua vida – uma busca fiel como *sir* Galahad, no caso de Poe, pela Arte, pela Beleza. Para qualquer outra pessoa, essas orientações soariam como algo absurdo. Para o artista, não.

> **Fato**
>
> Na capa do álbum dos Beatles *Sgt. Pepper's Lonely Hearts Club Band* (1967), Poe está na multidão. Passe os olhos pela última fileira de figuras "reunidas" e você verá a face de Poe aparecendo no centro.

O sucesso de Poe pela Europa não parecia causar reações de seus conterrâneos pouco entusiasmados. Por quê? Qual é o legado literário essencial de Poe? Onde sua influência acabou sendo maior? Como ele se fez presente na música, no cinema e na cultura americana em geral? Que esforços foram feitos para honrá-lo? É possível resumi-lo? Por fim – por que você desejaria isso?

E Como Isso Faz Você se Sentir?

Será que algum dia os leitores deixarão Poe sair do divã? Tornou-se algo comum que estudiosos, críticos, fãs e psicanalistas analisem a mente de Poe. Quase não importa o fato de que o paciente está ausente. Vamos basear a análise na obra. Afinal, a obra é o homem, certo?

> **Eles disseram...**
>
> "Nós sempre previmos que o sr. Poe atingiria um alto nível na literatura norte-americana, mas também pensávamos, e ainda pensamos, que ele é por demais ligado ao lúgubre misticismo alemão para que seja um escritor útil e eficiente, totalmente separado daquela escola sombria." – James Heath, editor do *Southern Literary Messenger* e um dos revisores dos *Contos* de Poe.

Em 1847, após a morte de Virgínia, a enfermeira e vizinha Loui Shew consultou um amigo médico sobre o caso tristíssimo de Poe. Pelo que ela descrevera, naqueles dias em que não existiam tomografias computadorizadas e ressonâncias magnéticas, esse doutor apresentou a possibilidade de lesão cerebral, o que poderia explicar aqueles períodos de atividade fervorosa (mania) alternados com períodos de melancolia profunda (depressões). Um diagnóstico preciso pode até ter sido dado a Loui Shew com um melhor entendimento do comportamento de Poe durante o período de luto, mas não parecia ajudá-lo. Então surgiram aqueles que atribuíam a acidez de Poe (pessoalmente e no papel) à supercompensação de um complexo de inferioridade, resultante do fato de ele ser filho de atores, não importando quantas Moldávia e Russel Squares tenham sido seus lares quando morava com os Allan, aliada a uma amargura provocada pelas aclamações que ele via serem feitas para outros escritores – inferiores a ele. De volta aos velhos modelos de excelência em Poe – teriam estes ficado mais rigorosos, maiores, mais inatingíveis para os outros quanto mais o "complexo de inferioridade" o afligia?

Outras deduções mais apressadas sobre a psique de Poe apareceram. Complexo de Édipo. Morbidez em razão de uma completa assexualidade. Mentalidade pré-adolescente. E, aliás, aproveite e dê uma checada naqueles conteúdos latentes de sonhos. Um professor de Cambridge afirma que, na crítica psicanalítica, tanto o sonho como a obra de arte servem ao propósito em um artista: a gratificação de um desejo proibido inconsciente. Mas essa abordagem não leva em consideração a contribuição da consciência.

Não seria uma grande história algo mais do que a elaboração de um material retirado do inconsciente, material que pode não ser reconhecido totalmente, considerado ou até conduzido de um modo deliberado? Poderia o gato, em "O gato preto", conto repulsivo de Poe, significar realmente uma transferência de seu ódio materno? Entre esses dois extremos, o gato como símbolo da transferência do ódio materno e o gato como gato, tem-se o significado do gato para o narrador e para o próprio Poe, e o que é possível concluir da história sobre a crueldade do narrador com o animal. Esses fatores são o que Poe, o artista, faz de forma consciente com esse material.

> **Eles disseram...**
> "Eu não dou a mínima para *o que* um homem diz, se eu vejo que ele tem *seus* fundamentos & sabe completamente sobre o que fala. Você pode me criticar o quanto quiser & eu lerei o que você disser com respeito & e com muito mais satisfação do que muitos dos elogios que recebo." – James Russell Lowell, para Poe, 1844.

É o que leva "O gato preto" para fora da área do mero relato jornalístico, ou assunto para uma sessão de um clube de psicanálise sobre a fixação materna, e transforma o conto em arte.

A hora do divã é apenas outro meio limitado de entender o que fazia Poe agir daquela forma. Mas perde-se muito ao não se ter o próprio paciente, em pessoa. Tudo o que nos resta é nossa habilidade em fazer inferências e tirar conclusões. Em uma versão anterior de seu poema "Romance", cuja primeira versão ele escreveu aos 20 anos e publicou em 1831, Poe escreve: "Ser jovem e imerso em loucura/Apaixonei-me pela melancolia,/(...) Não conseguia amar exceto quando a Morte/Misturava-se com o sopro da Beleza". Poe acabou suprimindo esse poema, talvez porque ele o expusesse muito. Poe, no divã, pode contar algumas coisas para você. Assim como Poe na selva. Poe na sala de estar. Ou Poe no papel.

Siga-me Até a Sala do Corvo

Para viajantes cibernéticos, a Edgar Allan Poe Society of Baltimore [Sociedade Edgar Allan Poe de Baltimore] tem um *site* excelente (www.eapoe.org), com material para estudiosos e fãs. A sociedade reuniu um registro bibliográfico abrangente de tudo o que foi escrito por Poe, e isso inclui textos muito interessantes da sociedade sobre muitos aspectos de sua vida e obra.

Richmond, Virgínia, tem o Museu Poe na East Main Street, perto da fábrica da Philip Morris. Dentro da Old Stone House, que é o edifício mais

> **Fato**
> Em um primeiro momento, a Sociedade Edgar Allan Poe de Baltimore (fundada em 1923) apresentava leituras públicas, concertos apresentando composições baseadas na obra de Poe e exposições de objetos do escritor. Além disso, os membros da sociedade foram úteis na preservação da casa de Poe em Baltimore. Nos últimos 30 anos, suas atividades passaram a incluir publicações, a palestra comemorativa anual e a construção do *site* como uma fonte para estudiosos e fãs do autor.

antigo da Richmond histórica, você pode assinar o registro de visitantes e pagar uma taxa de admissão (há taxas reduzidas para idosos e estudantes) para uma visita guiada. Então, se tiver sorte, seu guia será o tipo de nativo da Virgínia cujo modo suave de falar torna "Poe" uma charmosa palavra de duas sílabas. Primeiro você passa por retratos de Poe e de seus pais biológicos, Eliza e David, a caminho de uma sala contendo uma maquete de Richmond à época – você pode ver a casa dos Allan, "Moldávia", na Fifth Street, o escritório de Poe e o hotel onde ele palestrava. A maquete contém 20 quarteirões da cidade, terminando na John's Church, na 25th Street, onde, nos dias pré-Guerra Revolucionária, Patrick Henry vociferava sobre a liberdade e a morte.

O museu hoje em dia é um enclave de cinco edifícios. Quando a visita deixa a Old Stone House, levam você a um edifício vizinho que abriga uma das maiores coleções de objetos de Poe no mundo. De certo modo, o que é mais notável é como ela é pequena. A escrivaninha que pertencia a John Allan, pai adotivo de Poe, e que ele provavelmente usou. Era mais provável que Poe estivesse familiarizado com os vários móveis da casa de Allan. O pequeno baú era mesmo dele e contém todos seus bens pessoais da época de sua morte, em 1849: uma bengala, ganchos para colocar botas e a caixa de bijuterias e o espelho da falecida Virgínia. Você pode ter certeza de que Poe tocou esses últimos objetos; assim, tocar o pequeno espelho de Virgínia é tocar a mão de Poe.

A Old Stone House, Richmond, Virgínia, 1865. Hoje ela abriga o Museu Poe.

Ao pé de uma escada velha há uma placa com uma flecha apontando para cima: Raven Room [Sala Corvo]. Suba. Estão expostas nessa sala as 43 ilustrações emolduradas que o artista britânico James Carling apresentou para os Harper and Brothers Publishers para a edição de 1882 de "O Corvo". O editor-chefe escolheu o trabalho de Gustave Doré, em vez disso, e um grupo dessas está à mostra na Casa Poe em Baltimore. Mas, na Richmond do século XXI, é impossível subir as escadas para a Raven Room sem esperar que ela o leve a um portal para a imaginação obscura de Poe. É quase como uma espécie de diorama negro tamanho família, em que você é um jogador – vapores saindo das tábuas no chão, uma veneziana ruidosa, bafejos de ópio – e, é claro, um busto de Palas Atena adornado com um pássaro preto profético de 60 centímetros.

> *Pergunta*
>
> **Richmond tem o único lugar dedicado a Poe?**
> Há vários outros locais dedicados a Edgar Allan Poe abertos ao público. Tem o Poe House and Museum, no número 203 da North Amity Street, em Baltimore, o Edgar Allan Poe National Historical Site, no número 532 da North Seventh Street, na Filadélfia, a Poe Cottage em Poe Park, Kingsbridge Road, e o Grand Concourse, no Bronx.

Centavos por Poe

"80". Identificado apenas por um número em um pequeno bloco de arenito. Esse foi o túmulo de Poe nos primeiros 26 anos após sua morte. Demorou dez anos, de 1865 até a cerimônia de consagração de seu túmulo em 1875, feita por uma professora de língua inglesa local, Sara Sigourney Rice, para levantar dinheiro a fim de projetar e esculpir um memorial. Com a ajuda de alunos entusiasmados, Rice organizou uma campanha de arrecadação e reuniu outros arrecadadores, alguns dos quais também ajudaram a irmã de Poe, Rosalie Poe.

Ficando Esquelético

Alguns dias antes da verdadeira cerimônia de consagração, quando o novo monumento seria apresentado, o coveiro teve de remover o caixão de sua cova original no jazigo da família de Poe e enterrá-lo de novo em seu local mais proeminente, no canto noroeste do cemitério. O mesmo homem, George Spence, que enterrara Poe em 1849, ainda estava à disposição, e supervisionou a abertura do túmulo. O coveiro, um rapaz chamado Tuder, começou seu trabalho com vigor ao pôr-do-sol, e finalmente conseguiu escavar a terra com uma picareta até atingir o caixão, batendo na tampa. Um público norte-americano que demorara, imperdoavelmente, para vir, estava agora à procura do autor.

> **Fato**
>
> Se você quiser olhar mais do que livros, a Enoch Pratt Free Library [Biblioteca Gratuita Enoch Pratt], no número 400 da Cathedral Street, em Baltimore, abriga a coleção Amelia F. Poe de cartas e documentos relativos a Poe. Além disso, a biblioteca tem um fragmento do caixão original de Poe e uma madeixa de seu cabelo.

Quando o caixão foi tirado do túmulo, ficou claro que a tampa fora danificada pela picareta ou pela deterioração natural, de modo que pedaços dela caíram e expuseram os restos mortais. Esse não foi um enterro prematuro, como se encontra em alguns de seus contos. Não havia arranhões sangrentos frenéticos na parte de dentro do caixão. O que os espectadores viram era tudo o que restava de Poe, o esqueleto. Todo o tecido e a carne haviam virado pó, mas o esqueleto estava em boas condições – com exceção das costelas, que haviam caído para os lados, e dos dentes superiores, que estavam espalhados. Os dentes inferiores estavam exatamente no mesmo lugar quando Poe os usou pela última vez e ainda eram muito brancos. Em seu crânio permanecera um pouco de seu cabelo crespo preto.

Morto e (Re)Enterrado

George Spence levou os ossos para outra caixa de madeira e os restos mortais foram reenterrados quando a noite se aproximava. Por um lado, a história do levantar de seu caixão parece combinar com os contos macabros de Poe, mas, por outro lado, há algo estranhamente tranquilizador em saber que os restos mortais são irrelevantes, na verdade, se comparados à beleza eterna de sua obra.

Três trabalhadores do cemitério sentavam-se conversando sobre cadáveres e comendo pêssegos colhidos das árvores próximas. Três dias depois, a cerimônia foi um evento soberbo e o monumento para Poe foi revelado. Apenas o velho Whitman compareceu, mas cartas de outros notáveis que não haviam podido ir foram lidas para celebrar a ocasião. Todos elogiavam Poe – Longfellow, Whittier, Tennyson, Mallarmé –, todos menos William Cullen

"Fama! Glória! – elas são o sopro da doação da vida e do sangue. Nenhum homem vive, a não ser que seja famoso! Como fui amargo em não corresponder à minha natureza e às minhas aspirações quando disse que não desejava fama e que a desprezava." – Poe, sobre a fama.

Bryant, que dizia em sua carta que se recusara a vir com base no que ouvira sobre o caráter de Poe.

Rosas, Conhaque – E Quem Está Ganhando?

Todo ano, desde 1949, uma misteriosa figura com uma capa visita o túmulo de Poe depois da meia-noite, no dia 19 de janeiro, aniversário dele. (A data de 20 de janeiro na pedra memorial está errada). Sua face é coberta por um lenço – às vezes preto, às vezes branco –, ele carrega uma bengala com a ponta de prata e usa um chapéu preto. Sua missão é como a de Poe: motivado por uma inexplicável fidelidade pessoal. A figura solitária, que é chamada de "Poe Toaster" [Aquele que Brinda Poe], deixa sempre três rosas vermelhas e meia garrafa de conhaque.

O lugar de descanso original de Poe é marcado hoje com uma lápide.

Um grande monumento marca o local atual onde Poe está enterrado.

Intérpretes acreditam que as rosas se referem à pequena unidade doméstica que ainda está junto, Eddie, Sissy e Muddy. Há conhaque disponível para um 'brinde'. Meio cheio? Talvez seja uma amostra do hábito da "hospitalidade sulista" de que Poe gostava – e contra o qual lutava –, sugerindo mais noites misteriosas de prazeres compartilhados. Assim, o Poe Toaster parte, e,

"Eu amo a fama – estou louco por ela – eu a idolatro – eu beberia até a última gota da embriaguez gloriosa. Teria incensos acesos em minha honra em cada aldeia e montanha, em cada vila e cidade dessa terra." – Poe, sobre a fama.

apesar das testemunhas respeitáveis que já presenciaram o ato ao longo dos anos, em geral não há nenhuma tentativa de interferir em um ritual que dá tantos "calafrios" quanto os contos. Ao contrário de Auguste Dupin, é melhor que alguns mistérios não sejam resolvidos.

Troca da Guarda

Mas o ritual anual do brinde de aniversário a Poe experimentou certa turbulência em 1993 quando foi deixado um bilhete dizendo, "A tocha será passada". Muito alarmante. Estaria doente? Ou cansado da tradição? Haveria algum sentido em acreditar que Poe ainda estava vivo de alguma forma, enquanto aquele que brinda em seu nome estivesse também? Durante os anos seguintes, o brinde seguiu normalmente, até que, em 1999, testemunhas notaram que o cabelo de Poe Toaster (visto por debaixo do chapéu) passara de branco para preto. Mas a fama tornara-se um personagem, finalmente. O túmulo de Poe fora "aperfeiçoado" pelo Toaster, que deixa com frequência bilhetes que o fazem se parecer com alguma espécie de Tirésias de chapéu, prevendo (e errando) a derrota dos Ravens no Super Bowl de 2001. (Em uma referência da NFL no capacete ao "filho adotivo" de Baltimore, os três mascotes do time de futebol americano Baltimore Ravens chamam-se Edgar, Allan e Poe.)

Em 2004, o bilhete do Toaster atingiu os franceses (intérpretes veem nisso uma correlação com a recusa da França em unir-se aos Estados Unidos nos ataques ao Iraque), sugerindo que ele preferiria deixar outra bebida que não conhaque [*cognac*, bebida de origem francesa], mas o que fazer, se essa é a tradição?

Para...

...todos os que estão abertos às novas formas de pensar sobre Edgar Allan Poe. No fim das contas, é bom que não se desvendem todos os aspectos sobre a vida e a obra. Qual é a graça de se expor algo por completo, como uma pobre borboleta presa com um alfinete, apenas para ficar olhando volta e meia e não encontrar nenhuma informação nova? Os que preferem ter toda a informação possível de uma vez sempre sentirão falta de alguma coisa, porque uma vida e um grande talento nunca revelam todas suas verdades.

Um homem pode escrever sobre um monstro e mesmo assim não ser um monstro. Um homem pode viver uma vida mais satisfatória no papel do que na vida real. Um homem pode falhar um pouco em todo lugar que for ao longo da vida – e ter sucesso, em lugares que nunca mais poderá ver, após a morte. Os vários mistérios sobre Poe não são muito diferentes, na verdade, do que aqueles que você encontra em muitas outras vidas. Dentre todos os boatos, horrores e dedos que nos atraem para o miasma das complicações da vida, Poe era uma voz autêntica. Quando ele tinha 20 anos, escreveu um poema, "Para –", que era longo, como as coisas juvenis. No fim de sua vida – apenas 20 anos depois –, retornou a esse poema e resumiu-o em uma única estrofe com oito versos. Parece endereçado aos leitores 150 anos depois, e, em sua forma simples de falar, é um dos seus melhores poemas.

"*Eu discordo do que você diz a respeito do avanço do homem em direção à perfeição. O homem, hoje, só é mais feliz do que era 6000 anos atrás*". — Poe, sobre o progresso humano.

Para —
Não atento que minha porção terrena
Tenha — pouco da Terra em si —
Que anos de amor foram esquecidos
No ódio de um minuto:
Não lamento que os desolados
Sejam mais felizes, mais doces do que eu,
Mas que você sofra por meu destino
Que passo pelo caminho.

Apêndice A

Servindo Calafrios

Horror? Terror? Ou um pouco dos dois? Eis aqui dois dos contos mais populares de Edgar Allan Poe – "O coração delator" e "O poço e o pêndulo" –, textos que combinam entre si. Em um deles, um narrador homicida o agarra pelo colarinho e confessa seu crime terrível; no outro, um prisioneiro político descreve sua tortura implacável nas mãos da Inquisição. Qual deles faz o *seu* sangue gelar?

"O Coração Delator"

VERDADE! Nervoso, muito, muito nervoso sempre fui e sou, mas por que *dirias* que sou louco? A doença aguçou meus sentidos, não os destruiu, não os entorpeceu. Acima de tudo, o sentido da audição era aguçado. Eu ouvia todas as coisas no céu e na terra, ouvia muitas coisas no inferno. Como, então, seria louco? Ouve! E observes de que forma lúcida e calma sou capaz de contar toda a história.

É impossível dizer como a ideia entrou primeiro no meu cérebro; mas, uma vez concebida, ela perseguia-me dia e noite. Não havia propósito. Não havia paixão. Eu adorava o velho. Ele nunca me fizera mal. Ele nunca me insultara. Seu ouro, eu nunca quis. Eu penso que foi seu olho! Sim, foi isso! Um de seus olhos parecia com o de um abutre – um olho azul pálido, coberto pela catarata. Sempre que ele caía sobre mim, meu sangue gelava; e, assim, pouco a pouco, lentamente, decidi tirar a vida do velho e dessa forma livrar-me do olho para sempre.

Aí é que está a questão. Achas que sou louco. Loucos não sabem de nada. Mas deverias ter-me visto. Deverias ter visto como procedia com sabedoria e com que precaução, com que previsão, com que dissimulação, pus as mãos à obra! Nunca fui mais gentil com o velho do que durante toda a semana antes de matá-lo. Toda noite, por volta da meia-noite, eu girava o trinco de sua porta e abria – oh, com tanta gentileza! E então, quando eu a abria o suficiente para colocar minha cabeça, introduzia uma lanterna tampada, toda fechada, fechada, para que nenhuma luz brilhasse e então enfiava a cabeça. Oh, tu ririas ao ver com que astúcia eu a enfiava! Movia-me tão devagar, muito, muito devagar, para que não perturbasse o sono do velho. Demorou uma hora para colocar toda minha cabeça dentro da abertura para que eu pudesse vê-lo deitado na cama. Há! – um louco seria tão sábio assim? E, então, quando minha cabeça estava bem dentro do quarto, eu abria a lanterna com tanto cuidado, tanto cuidado, com muito cuidado, pois as dobradiças rangiam, eu abria de modo que apenas um único raio débil caísse sobre o olho de abutre. Eu fiz isso por sete longas noites por volta da meia-noite, mas achava o olho sempre fechado. Assim era impossível fazer o trabalho, porque não era o velho que me incomodava, mas seu Olho Maligno. Toda manhã, ao raiar o dia, eu ia atrevidamente para o aposento e falava com coragem com ele, chamando-o pelo nome em um tom amigável e perguntando como ele passara a noite. Então, podes ver, ele teria de ser um velho muito perspicaz, na verdade, para suspeitar que toda noite, à meia-noite, eu o olhava enquanto ele dormia.

Na oitava noite, fui mais do que cuidadoso ao abrir a porta. O ponteiro dos minutos de um relógio movia-se mais rápido do que minha mão. Nunca antes sentira a extensão de meus próprios poderes, de minha sagacidade. Mal podia conter meus sentimentos de triunfo. Pensar que lá eu estava, abrindo a porta, aos poucos, e ele nem sequer sonhava com meus atos ou pensamentos secretos. Ri entre os dentes com a ideia e talvez ele tenha me ouvido, pois se moveu na cama de repente, como que assustado. Agora pensas que recuei – mas não. Seu quarto estava escuro como o piche com o breu espesso, pois os postigos estavam trancados, por medo de ladrões e, assim, eu sabia que ele não poderia ver a abertura da porta. Continuei a avançar mais e mais.

Estava com a cabeça para dentro e estava prestes a abrir a lanterna, quando meu polegar deslizou sobre o fecho da lata e o velho levantou-se da cama de sopetão, gritando – "Quem está aí?".

Mantive-me em silêncio e não disse nada. Por uma hora não movi um músculo e por todo esse tempo não o ouvi se deitar. Ele ainda estava sentado na cama ouvindo, assim como eu fizera, noite após noite, ouvindo a ronda da morte próxima.

Logo ouvi um leve gemido e soube que era o gemido do terror mortal. Não era um gemido de dor ou sofrimento, não! Era o som grave e sufocado que surge do fundo da alma quando sobrecarregada de medo. Conhecia bem o som. Por muitas noites, à meia-noite, quando todo o mundo dormia, ele irrompia do meu peito, aprofundando com seu eco espantoso os terrores que me distraíam. Disse que conhecia bem. Eu sabia o que o velho sentia, e sentia pena dele, embora eu risse dentro do meu coração. Sabia que ele ficara acordado desde o primeiro leve rumor, quando se voltara para a cama. Desde então seus medos foram crescendo. Ele tentara imaginá-los sem causa, mas não conseguira. Ficava dizendo para si: – "É apenas o vento na chaminé", "É apenas um rato andando no chão" ou "É apenas um grilo começando a cantar". Sim, ele tentava confortar-se com essas suposições, mas tudo fora em vão. *Tudo em vão*, porque a Morte, ao aproximar-se dele, espalhou sua sombra negra e envolveu a vítima. Era a influência pesarosa da sombra imperceptível que o levava a *sentir*, ainda que não a visse nem a ouvisse, a presença da minha cabeça no quarto.

Quando já esperara por muito tempo, com muita paciência, sem ouvi-lo deitar-se, resolvi abrir um pouco, uma muito pequena fenda na lanterna. Então eu a abri. Não podes imaginar quão furtivamente, até. Por fim, um único raio de luz, como a teia de uma aranha, passou pela fenda e caiu sobre o olho de abutre.

Ele estava aberto, bem aberto e eu fiquei furioso ao contemplá-lo. Vi com perfeita distinção, todo em um azul desbotado, com um véu horrendo sobre ele, que fez gelar a medula de meus ossos, mas não podia ver nada mais da face ou da pessoa do velho, pois eu direcionara o raio como que por instinto precisamente sobre aquele maldito local.

Agora não disse que o que você pensa ser loucura é apenas uma superacuidade dos sentidos? Agora, digo, chegou a meus ouvidos um som baixo, monótono e rápido como o de um relógio quando envolto em algodão. Eu conhecia bem *aquele* som, também. Eram as batidas do coração do velho. Elas aumentaram minha fúria, como a batida de um tambor estimula a coragem de um soldado.

Mesmo assim, porém, contive-me e fiquei quieto. Mal respirava. Mantinha a lanterna parada. Tentei manter o mais firme quanto pude o raio de luz sobre o olho. Entretanto, o infernal tum tum do coração aumentara. Ficava cada vez mais rápido e mais alto a cada instante. O terror do velho *devia* ser demasiado! Ficou mais alto, repito, mais alto a cada momento! Entendeste-me bem? Disse-te que sou nervoso: sou mesmo. Então, naquela hora morta da noite, em meio ao silêncio terrível daquela velha casa, um som tão estranho como esse despertou em mim um terror incontrolável. Contudo, por mais alguns minutos, contive-me e permaneci quieto. Porém, as batidas ficaram cada vez mais altas! Pensei que o coração fosse explodir. Depois, nova angústia apoderou-se de mim, o som seria ouvido por um vizinho! A hora do velho chegou! Com um berro alto, escancarei a lanterna e pulei para dentro do quarto. Ele guinchou uma vez, só uma vez. Em um instante, derrubei-o no chão e virei a cama pesada sobre ele. Sorri, então, alegremente, por ver a façanha realizada. Mas, por muitos minutos, a batida do coração continuava com um som surdo. Isso, porém, não me perturbava. Ele não seria ouvido através da parede. Por fim, cessou. O velho estava morto. Retirei a cama e examinei o cadáver. Sim, estava morto, completamente morto. Coloquei minha mão sobre o coração e a mantive ali por muitos minutos. Não havia pulsação. Ele estava mesmo morto. Seu olho não me perturbaria mais.

Se ainda me achas louco, não acharás mais quando eu descrever as precauções sábias que tomei para ocultar o cadáver. A noite avançava e eu trabalhava com pressa, mas em silêncio. Primeiro, esquartejei o corpo. Cortei a cabeça, os braços e as pernas.

Então, arranquei três tábuas do assoalho do quarto e depositei tudo entre os vãos. Coloquei as tábuas com tanta engenhosidade e astúcia que nenhum olho humano, nem mesmo o *dele*, poderia distinguir algo de errado. Não havia nada para lavar, nenhuma mancha, nenhuma gota de sangue. Eu fora muito prudente com isso. Uma tina pegara tudo. Ha! Ha!

Quando terminei essa tarefa, eram quatro horas da madrugada, ainda estava escuro como à meia-noite. Quando o sino soou a hora, bateram à porta da rua. Desci para abri-la com um coração leve, pois o que tinha a temer *agora*? Entraram três homens, que se apresentaram, com uma perfeita suavidade, como oficiais da polícia. Um grito fora ouvido pelo vizinho durante a noite. Levantou-se a suspeita de um crime. Fora feita uma denúncia à polícia e eles (os oficiais) foram designados para investigar o caso.

Sorri, pois *o que* tinha a temer? Dei boas-vindas aos cavalheiros. O grito, disse, fora o meu em um sonho. O velho, mencionei, estava fora, no interior. Levei meus visitantes por toda a casa. Pedi-lhes que fizessem uma vistoria *completa*. Conduzi-os, por fim, ao quarto *dele*. Mostrei-lhes suas riquezas, seguras, intactas. No entusiasmo de minha confiança, trouxe cadeiras para o quarto e quis que ficassem *ali* para descansarem de suas fadigas, enquanto eu, na audácia desenfreada de meu triunfo perfeito, colocava a cadeira sobre o local onde repousava o cadáver da vítima.

Os oficiais ficaram satisfeitos. Meus modos os haviam convencido. Eu estava singularmente à vontade. Sentaram-se, e, enquanto eu respondia com júbilo, eles conversavam sobre coisas familiares. Mas, logo, senti-me empalidecer e desejei que fossem embora. Minha cabeça doía e pareceu-me ouvir um zumbido nos ouvidos, mas eles ainda estavam sentados e conversavam. O zumbido ficara mais distinto, ele continuava e ficava cada vez mais distinto. Eu falava mais para livrar-me da sensação, mas ele continuava e ganhava definição, até que, enfim, descobri que o barulho *não* vinha de meus ouvidos.

Sem dúvida eu agora estava *muito* pálido, mas falava mais fluentemente e com um tom de voz elevado. Entretanto, o som aumentava e o que eu podia fazer? Era um *som grave, monótono, rápido, como o som que um relógio faz envolto em algodão*. Respirava com dificuldade e, entretanto, os oficiais não o ouviam. Falei mais rápido, com mais veemência, mas o barulho aumentava constantemente. Levantei-me e discorri sobre ninharias, em tom elevado e com gesticulação violenta, mas o barulho aumentava constantemente. Por que não *iam* embora? Andava para um lado e para o outro com passos largos, como se estivesse furioso com as observações dos homens, mas o barulho ainda aumentava. Oh, Deus! O que *poderia* fazer? Espumei, enfureci-me, praguejei! Balancei a cadeira em que estava sentado e arrastei-a sobre as tábuas, mas o barulho elevava-se acima de tudo e aumentava. Tornou-se mais alto, mais alto, *mais alto!* E os homens ainda conversavam agradavelmente e sorriam. Seria possível que eles não ouvissem? Deus do céu! Não, não! Eles ouviam! Eles suspeitavam! Eles *sabiam*! Eles zombavam do meu horror! Isso eu achava e isso eu acho. Mas qualquer coisa era melhor do que essa agonia! Qualquer coisa era mais tolerável do que esse escárnio! Não conseguia mais suportar esses sorrisos hipócritas! Senti que devia gritar ou morrer! E agora, de novo! Ouve! Mais alto! Mais alto! Mais alto! *Mais alto!*

"Patifes!", gritei. "Não finjam mais! Confesso o crime! Arranquem as tábuas! Aqui, aqui! Eis a batida de seu horrendo coração!"

"O Poço e o Pêndulo"

Estava exausto, extremamente exausto com aquela longa agonia e, quando eles finalmente me desamarraram e pude sentar, senti que perdia os sentidos. A sentença, a horrível sentença de morte, foi a última frase que chegara clara a meus ouvidos. Depois disso, o som das vozes dos inquisidores parecia mergulhar naquele zumbido indeterminado de um sonho. Ela transmitia, para minha alma, a ideia de rotação, talvez de sua associação na minha imaginação com o ruído de uma roda de moinho. Isso durou apenas um breve período, pois logo depois não ouvi mais nada. Contudo, por um tempo, eu vi, mas com que terrível exagero! Vi os lábios dos juízes vestidos de preto. Eles me pareciam brancos, mais brancos do que a folha na qual traço estas palavras, e grotescamente finos, finos pela intensidade de sua expressão de firmeza, de resolução inflexível, pelo desprezo severo ao suplício humano. Vi que os decretos do que era o Destino para mim ainda saíam de seus lábios, vi-os contorcerem-se em um discurso mortal. Vi-os pronunciarem as sílabas de meu nome e estremeci, pois som nenhum saía. Vi, também, por alguns momentos de um horror delirante, a suave e quase imperceptível ondulação das cortinas de zibelina que cobriam as paredes do aposento. Então, minha visão caiu sobre as sete velas grandes em cima da mesa. A princípio, elas tiveram o aspecto de claridade e pareciam anjos brancos e magros que me salvariam. Mas então, de repente, veio uma náusea mortal sobre meu espírito e eu senti que cada fibra de meu corpo tremia como se tivesse tocado os fios de uma bateria galvânica, enquanto as formas angelicais tornavam-se espectros inexpressivos com cabeças de fogo e eu vi que de lá elas não poderiam ajudar. Então assomou em minha mente, como uma rica nota musical, o pensamento do doce descanso que me aguardava no túmulo. O pensamento chegou, suave e furtivamente, e pareceu demorar para que eu conseguisse apreciá-lo totalmente. Mas, assim que meu espírito começou a sentir e nutrir essa ideia, as figuras dos juízes desapareceram, como que por mágica, diante de mim. As velas grandes reduziram-se a nada, suas chamas apagaram-se por completo. O negrume das trevas sobreveio, todas as sensações pareceram desaparecer em uma queda louca como a da alma indo para o Hades. Depois o universo transformou-se em uma noite silenciosa e calma.

Eu desfalecera, mas ainda não posso dizer que perdera toda minha consciência. O que restou dela, não tentarei definir, nem mesmo descrever. Porém, nem tudo estava perdido. No sono mais profundo, não! No delírio, não! Em um desmaio, não! Na morte, não! Nem mesmo no túmulo tudo estava perdido. Do contrário, não haveria imortalidade para o homem. Despertando do mais profundo sono, nós rompemos a teia de algum sonho. E, contudo, um segundo depois, tão frágil era a teia, não nos lembramos do que estávamos sonhando. Na volta à vida, após o desmaio, há dois estágios. Primeiro, o sentimento do mental ou do espiritual, segundo, o sentimento do físico e da existência. Parece provável que se, ao atingir o segundo estágio, nós pudéssemos evocar as impressões do primeiro, acharíamos essas impressões eloquentes nas memórias do abismo do além. O que é esse abismo? Como pelo menos poderíamos distinguir suas sombras daquelas do túmulo? Mas, se as impressões do que denominei o primeiro estágio não são voluntariamente evocadas, mesmo assim, após um longo intervalo, elas não chegariam sem ser solicitadas, enquanto nos perguntamos de onde elas vieram? Quem nunca perdeu os sentidos não encontrará palácios estranhos e faces familiares nas chamas ardentes; não verá, flutuando no ar, as tristes visões que muitos talvez jamais verão; não meditará sobre o perfume de alguma flor nova; nem seu cérebro ficará desconcertado com o significado de alguma cadência musical que nunca antes prendera sua atenção.

Em meio a meus esforços frequentes e solícitos para recordar, em meio à minha luta honesta para readquirir algum indício do estado de vácuo aparente no qual minha alma mergulhara, houve momentos breves, brevíssimos, em que sonhei com o sucesso; houve momentos breves, brevíssimos, em que evoquei lembranças que a razão lúcida de uma época tardia me assegura relacionarem-se apenas àquela condição da aparente inconsciência. Essas sombras da memória falam, indistintamente, de figuras altas que me carregavam e conduziam-me em silêncio para baixo, baixo, mais para baixo, até uma vertigem horrível que me oprimia perante a mera ideia de que a descida não tinha fim. Falam-me também do horror vago no meu coração, por causa do sossego não natural dele. Então vem uma sensação de uma repentina imobilidade por todas as coisas, como se aqueles que me carregavam (um cortejo espectral!) ultrapassassem, em sua descida, os limites do ilimitado e pausassem, vencidos pelo cansaço de seu esforço. Depois disso, lembro-me da sensação de monotonia e umidade, e depois tudo é loucura, a loucura de uma memória que se agita entre coisas proibidas.

Muito de repente voltam à minha alma o som e o movimento, o movimento tumultuoso do coração e, nos meus ouvidos, o som da sua batida. Em seguida veio uma pausa em que tudo é vazio. Depois, de novo, som, movimento e toque, uma sensação de formigamento percorrendo meu corpo. Logo após, a mera coincidência da existência, sem pensamento, condição que durou muito. Depois, de repente, o pensamento, o terror arrepiante e um empenho honesto para compreender meu estado verdadeiro. Logo após, um forte desejo de mergulhar na insensibilidade. Depois, um precipitado renascer da alma e um esforço bem-sucedido para mover-me. E agora uma memória completa do julgamento, dos juízes, das cortinas de zibelina, da sentença, da fraqueza, do desmaio. Por fim, inteiro esquecimento de tudo o que acontecera, de tudo que o dia seguinte e muita honestidade de esforço me habilitaram vagamente a lembrar.

Até agora, não abrira meus olhos. Sentia que estava deitado de costas. Estendi a mão e ela caiu pesadamente sobre algo úmido e duro. Deixei que ela ficasse lá por muitos minutos, enquanto eu tentava imaginar onde estava e o que teria acontecido. Desejava, mas não ousava usar minha visão. Receava o primeiro olhar sobre as coisas que me cercavam. Não que eu temesse olhar coisas terríveis, mas tinha medo de não haver nada para ver. Por fim, sentindo um desespero desvairado no meu coração, rapidamente abri os olhos. Meus piores pensamentos, então, foram confirmados. As trevas da noite eterna envolviam-me. Lutava para respirar. A intensidade das trevas parecia me oprimir e sufocar. A atmosfera estava intoleravelmente pesada. Eu ainda estava deitado quieto e fazia um esforço para exercitar minha razão. Lembrei-me dos procedimentos inquisitoriais e tentei desse ponto deduzir minha condição real. A sentença fora proferida e parecia para mim que um longo intervalo de tempo se passara. Entretanto, nem por um momento eu supus que estava morto.

Tal suposição, apesar de tudo o que lemos na ficção, não condiz com a existência real, mas onde e em que estado eu estava? Os condenados à morte, que eu saiba, pereciam geralmente nos autos de fé e um desses aconteceu na noite do dia de meu julgamento. Será que fui recolocado no calabouço para esperar meu próximo sacrifício, que só se realizaria dentro de muitos meses? Isso eu vi que não poderia ser. As vítimas eram exigidas de imediato. Além disso, meu calabouço, assim como todas as celas de todos os condenados em Toledo, tinha piso de pedra e a luz não era totalmente excluída.

De repente, uma ideia terrível fez acelerar meu sangue no coração e por um período breve mergulhei de novo na insensibilidade. Ao recobrar os sentidos, fiquei logo de pé, tremendo convulsivamente. Estiquei meus braços desvairadamente para cima e ao meu redor em todas as direções. Não senti nada, mas temia dar um passo, com medo que fosse impedido pelas paredes de um túmulo. O suor saía de todos os poros e gotas grandes e frias corriam sobre minha testa. A agonia do suspense aumentou a um nível intolerável e movi-me com cuidado para a frente, com meus braços estendidos e meus olhos saltando das órbitas, na esperança de descobrir algum tênue raio de luz. Dei muitos passos, mas tudo ainda era escuridão e vazio. Respirava melhor. Parecia evidente que o meu não era, pelo menos, o mais terrível dos destinos.

Agora, enquanto ainda continuava a caminhar adiante com cuidado, vieram-me coagir minha memória milhares rumores vagos dos horrores de Toledo. Eram narradas coisas estranhas do calabouço, que eu sempre considerara fábulas, mas estranhas e horrendas demais para repetir, a não ser em um sussurro. Fora eu deixado para morrer de fome nesse mundo subterrâneo das trevas? Ou que destino, talvez ainda mais temeroso, aguardava-me? Conhecia muito bem o caráter de meus juízes para duvidar que o resultado seria a morte e uma morte de uma crueldade insólita. O modo e a hora eram tudo o que me ocupavam ou distraíam.

Minhas mãos estendidas, enfim, encontraram um obstáculo sólido. Era uma parede, aparentemente construída com pedras, muito lisa, viscosa e fria. Acompanhei-a, caminhando com toda a desconfiança cuidadosa que certas narrativas antigas me inspiravam. Esse processo, porém, não me dava meios de determinar as dimensões do meu calabouço, pois eu podia percorrê-la e retornar ao ponto de onde partira sem perceber, de tão uniforme parecia a parede. Por essa razão procurei a faca que estava no meu bolso, quando fui conduzido à sala inquisitorial, mas ela desaparecera. Trocaram minhas roupas por uma vestimenta de sarja grosseira. Pensara em forçar a lâmina em alguma fenda pequena na parede, para identificar meu ponto de partida. A dificuldade, entretanto, era apenas trivial, embora, na desordem da minha mente parecesse insuperável a princípio. Rasguei uma parte da bainha da roupa e coloquei o fragmento estendido e nos ângulos da parede. Tateando para encontrar meu caminho em torno da prisão, não podia deixar de encontrar os trapos e completar o circuito. Isso eu achava, pelo menos, mas não contava com a extensão da prisão nem com minha própria fraqueza. O chão estava úmido e escorregadio. Cambaleei para a frente por algum tempo, quando tropecei e caí. Minha fadiga excessiva induziu-me a permanecer deitado e o sono apoderou-se de mim naquele estado.

Ao despertar e esticar um braço, achei ao meu lado um pão e uma bilha com água. Estava exausto demais para refletir naquela circunstância, mas comi e bebi com avidez. Logo depois, retomei minha volta pela prisão e com bastante trabalho cheguei enfim ao fragmento de sarja. Até o momento em que caí contara cinquenta e dois passos e ao retomar minha caminhada contei mais quarenta e oito, quando cheguei no pedaço de sarja. Havia ao todo, portanto, uns cem passos e, considerando dois passos como sendo uma jarda, presumi que o calabouço teria cinquenta jardas ao todo. Encontrara, porém, tantos ângulos na parede que, dessa forma, não podia conjecturar a forma da catacumba, pois não podia deixar de achar que estava em uma catacumba.

Não tinha objetivo e esperanças com essas pesquisas, mas uma vaga curiosidade levara-me a continuá-las. Deixando a parede, resolvi cruzar a área da minha prisão. A princípio, procedi com extrema cautela, pois o chão, embora parecesse revestido de material sólido, era traiçoeiro por causa do limo. Por fim, porém, tomei coragem e não hesitei em pisar com firmeza, procurando seguir na linha mais reta possível. Avancei uns dez ou doze passos dessa forma, quando o restante da bainha rasgada de minha roupa enroscou-se na minha perna. Pisei nele e caí violentamente de bruços.

Na confusão que se seguiu à minha queda não apreendi uma circunstância surpreendente, o que, contudo, poucos segundos depois e enquanto jazia prostrado, chamou minha atenção. Era isto: meu queixo pousava sobre o chão da prisão, mas meus lábios e a porção superior de minha cabeça, embora parecesse estar menos elevada do que o queixo, não tocavam em nada. Ao mesmo tempo, minha testa parecia banhada de um vapor viscoso e o cheiro peculiar de fungos pútridos chegou-me às narinas. Estiquei meu braço e tremi ao descobrir que havia caído à beira de um poço circular, cuja extensão, é claro, eu não tinha meios de medir no momento. Tateando a alvenaria abaixo da borda, consegui deslocar um pequeno fragmento e deixei-o cair no abismo. Por muitos segundos, ouvi com atenção suas reverberações ao bater de encontro aos lados da abertura, seguidas de ecos altos. No mesmo momento, ouviu-se um som lembrando o de uma porta abrindo e fechando depressa, enquanto um fraco clarão de luz brilhava de repente na escuridão e com a mesma rapidez desapareceu.

Vi claramente a condenação que fora preparada para mim e congratulei-me pelo acidente oportuno que me salvara. Outro passo antes da minha queda e o mundo não me veria mais. E a morte, de que escapara por pouco, era daquelas que considerava como fabulosas e frívolas nas narrativas sobre a Inquisição. Para as vítimas de sua tirania, havia a escolha da morte com suas agonias físicas imediatas ou a morte com seus mais medonhos horrores morais. Reservaram para mim esta última. Em razão dos sofrimentos, meus nervos estavam à flor da pele, a ponto de tremer ao som da minha voz e me tornara em todos os aspectos uma vítima adequada às espécies de tortura que me aguardavam.

Tremendo dos pés à cabeça, voltei, tateando, à parede, resolvido antes ali perecer do que me arriscar aos terrores dos poços, que minha imaginação descrevia muitos agora em várias direções no calabouço. Em outros estados de espírito, poderia ter a coragem de acabar de vez com meu sofrimento jogando-me em um daqueles abismos, mas eu seria, então, o maior dos covardes. Tampouco poderia esquecer o que lera a respeito daqueles poços, que a súbita extinção da vida não fazia parte dos planos dos inquisidores.

A agitação do espírito manteve-me desperto por muitas horas, mas acabei adormecendo de novo. Ao despertar, encontrei do meu lado, como antes, um pão e uma bilha de água. Uma sede abrasadora consumia-me e eu esvaziei o recipiente em um gole só. Deveria conter alguma droga, pois, mal acabara de beber, fiquei irresistivelmente sonolento. Um sono profundo apoderou-se de mim, um sono como o da morte. Quanto tempo durou, eu não sei, mas quando, uma vez mais, abri os olhos, os objetos ao meu redor estavam visíveis. Um forte clarão sulfuroso, cuja origem não conseguia determinar a princípio, permitiu-me ver a extensão e o aspecto da prisão.

Enganei-me completamente quanto ao seu tamanho. Todo o circuito das paredes não excedia vinte e cinco jardas. Por alguns minutos, tal fato causou-me um mundo de perturbação inútil. Inútil, de fato, pois o que poderia ter menos importância, sob as terríveis circunstâncias que me cercavam, do que as meras dimensões de meu calabouço? Mas minha alma interessou-se com ardor por insignificâncias e empenhei-me em explicar a mim mesmo o erro que cometera em meus cálculos. Por fim, a verdade ficou clara para mim. Em minha primeira tentativa de exploração, contara cinquenta e dois passos, até o período em que caíra, deveria então estar a um passo ou dois do pedaço de sarja. De fato, quase completara toda a volta da catacumba. Foi então que adormeci e, ao acordar, devo ter voltado sobre meus próprios passos, supondo, assim, que a volta fosse o dobro do que era realmente. Minha confusão de espírito impediu-me de observar que começara minha volta com a parede à esquerda e a acabara com a parede à direita.

Enganara-me, também, a respeito do formato da cela. Ao tatear meu caminho encontrei muitos ângulos e deduzi daí a ideia de uma grande irregularidade, tão poderoso é o efeito da escuridão total sobre alguém que desperta do sono ou da letargia! Os ângulos eram apenas umas poucas depressões ou nichos em intervalos desiguais. A prisão tinha, em geral, uma forma quadrada. O que me parecera alvenaria parecia-me, agora, ferro ou algum outro metal, em imensas chapas, cujas suturas ou juntas causavam aquelas depressões. Toda a superfície desse recinto metálico estava grosseiramente revestida com todos os emblemas repulsivos e horrendos nascidos das superstições sepulcrais dos monges. As figuras de demônios de aspectos ameaçadores enchiam e desfiguravam as paredes. Observei que os contornos dessas monstruosidades eram bem distintos, mas que as cores pareciam desbotadas e borradas por causa, talvez, da atmosfera úmida. Notei agora que o chão, também, era de pedra. No centro, abria-se o poço circular de cujas mandíbulas escapara, mas era o único que se achava no calabouço.

Tudo isso vi indistintamente e com muito esforço, pois minha condição pessoal mudara muito durante meu sono. Estava estendido agora de costas em uma espécie de armação de madeira baixa ao qual estava atado por uma longa tira parecendo uma correia. Ela dava muitas voltas nos meus membros e no meu corpo, deixando livre apenas minha cabeça e meu braço esquerdo de forma que eu poderia, com muito esforço, suprir-me da comida em um prato de barro colocado do meu lado no chão. Vi, para meu horror, que a bilha fora removida. Digo para meu horror, porque uma sede intolerável consumia-me. Parecia ser a intenção de meus perseguidores exarcebar essa sede, pois a comida no prato era uma carne com um tempero picante.

Olhando para cima, examinei o teto da prisão. Tinha uns nove ou doze metros de altura e era construído como as paredes laterais. Em um dos painéis uma figura muito singular prendeu minha atenção. Era a figura pintada do Tempo como é comumente representado, exceto que, no lugar de uma foice, ele segurava o que pareceu ser, a um primeiro olhar, um imenso pêndulo como os que vemos nos antigos relógios. Havia algo, no entanto, na aparência dessa máquina que me fez olhá-la com mais atenção. Enquanto olhava diretamente para ela (pois ela se achava sobre minha cabeça), tive a impressão de que se movia. Um instante depois, isso foi confirmado. Seu balanço era breve e vagaroso. Observei-o por alguns minutos, com certo receio, mas principalmente com espanto. Cansado, enfim, de observar seu movimento monótono, voltei a olhar para outros objetos na cela.

Um leve ruído chamou minha atenção e, olhando para o chão, vi que enormes ratos o atravessavam. Eles saíram do poço que se achava bem à vista no meu lado direito. Enquanto os observava, eles vinham em bandos, apressados, com olhos vorazes, atraídos pelo cheiro da carne. Foi preciso muito esforço e atenção para afugentá-los.

Deve ter transcorrido meia hora, talvez até uma hora, pois só podia medir o tempo imperfeitamente, antes de erguer os olhos de novo para o teto. O que eu vi então causou-me perplexidade e espanto. O balanço do pêndulo aumentara quase uma jarda na extensão. Como uma consequência natural, sua velocidade também era muito maior. Mas o que mais me perturbava era a ideia de que havia perceptivelmente descido. Observava agora, nem preciso dizer com que horror, que sua extremidade inferior era formada por um crescente de aço resplandescente, com cerca de trinta centímetros de comprimento de ponta a ponta. As pontas estavam para cima e o fio inferior era, evidentemente, afiado como uma navalha. Como uma navalha também, ele parecia pesado e maciço, alargando-se, desde o fio, até uma estrutura larga e sólida. Estava preso a uma pesada haste de bronze e o conjunto assoviava, balançando-se no ar.

Não podia mais duvidar da sorte preparada para mim pela engenhosidade monacal na tortura. Os agentes inquisitoriais souberam que eu descobrira o poço, cujos horrores eram destinados a um rebelde tão audacioso como eu. O poço, imagem do inferno e considerado a Última Thule de todos os seus castigos. Pelo mais fortuito dos acasos eu evitara a queda nesse poço e sabia que a surpresa ou uma armadilha da tormenta formavam uma porção importante de tudo o que havia de grotesco nessas mortes em calabouços. Tendo fracassado em minha queda, não era parte do plano demoníaco me lançar no abismo e, assim, sem outra alternativa, uma destruição diferente e mais suave de destruição. Mais suave! Quase sorri em minha agonia ao pensar no emprego de tal termo.

De que adianta falar sobre as longas, longas horas de horror mais do que mortal, durante as quais contei as precipitadas oscilações do aço? Polegada a polegada, linha a linha, com uma descida apreciável apenas a intervalos que pareciam séculos... descia cada vez mais! Passaram-se dias, pode ser até que tenham sido muitos dias, até que balançou tão perto de mim a ponto de me abanar com seu sopro acre. O odor do aço afiado penetrava-me as narinas. Rezei, cansei o céu com minhas orações, para que a lâmina descesse mais rápido. Fiquei freneticamente louco e esforcei-me para erguer o corpo e ir ao encontro do balanço da terrível cimitarra. Mas depois fiquei calmo e fiquei sorrindo para a morte cintilante como uma criança diante de um brinquedo raro.

Houve outro intervalo de completa insensibilidade. Foi curto, pois, voltando de novo à vida não houve descida perceptível do pêndulo. Mas é possível que tenha sido longo, pois sabia que havia demônios que tomavam nota de meus desmaios e que podiam ter parado a oscilação quando quisessem. Ao voltar a mim, sentia-me, também, bastante doente e fraco, como o resultado de uma grave inanição. Mesmo entre as agonias daquele período, a natureza humana ansiava por alimento. Com um esforço doloroso, estiquei meu braço esquerdo até onde meus grilhões permitiam e apanhei o pequeno resto que os ratos me deixaram. Ao colocar um pedaço entre meus lábios, passou-me pelo espírito um pensamento impreciso de alegria, de esperança. Não obstante, que havia de comum entre mim e a esperança? Foi, como disse, um pensamento impreciso, desses que muitos têm e nunca se completam. Sentia de que era de alegria, de esperança, mas parecia também que perecera antes de sua formação. Em vão lutei para aperfeiçoá-lo, para completá-lo. O longo sofrimento quase aniquilou todos os meus poderes comuns de pensamento. Eu era um imbecil, um idiota.

O balanço do pêndulo acontecia em ângulos retos com meu comprimento. Vi que fora projetada de modo a atravessar a região do coração. Rasgaria a sarja da minha roupa, voltaria e repetiria a operação, de novo e de novo. Apesar da extensão terrivelmente larga de sua oscilação (uns nove metros ou mais) e do vigor sibilante de sua descida, suficiente para partir as paredes de ferro, tudo que ele faria durante alguns minutos seria cortar minha roupa. Após pensar nisso, fiz uma pausa. Não ousava ir além dessa reflexão. Insisti nela com uma atenção pertinaz, como se assim pudesse parar a descida da lâmina. Obriguei-me a meditar sobre o som que faria enquanto atravessava minhas roupas e sobre a sensação peculiar e arrepiante que a fricção do tecido produziria em meus nervos. Meditei sobre toda essa frivolidade até meus dentes doerem de tanto rangê-los.

Para baixo... a lâmina descia cada vez mais. Tive um prazer frenético em comparar sua velocidade para baixo com sua velocidade lateral. Para a direita... para a esquerda... para lá e para cá... com o grito de um espírito danado; para o meu coração, com o passo furtivo de um tigre! Eu ora ria, ora uivava quando uma ou outra ideia predominava.

Para baixo... com certeza, implacavelmente para baixo! Oscilava agora a três polegadas do meu peito! Eu lutava violentamente, furiosamente, para libertar meu braço esquerdo. Ele estava livre apenas do cotovelo até a mão. Conseguia mover a mão do prato ao meu lado até minha boca com grande esforço e nada mais. Se eu pudesse romper as amarras acima do cotovelo, teria pego o pêndulo e tentado fazê-lo parar. Poderia até ter tentado parar uma avalanche!

Para baixo... ainda sem cessar, ainda inevitavelmente para baixo! Eu arfava e debatia-me a cada vibração. Encolhia-me convulsivamente a cada oscilação. Meus olhos seguiam seu movimento para cima ou para baixo com a avidez do mais insensato desespero; eles fechavam-se espamosdicamente a cada descida, embora a morte fosse um alívio, oh! E um alívio indescritível! Entretanto, todos os meus nervos tremiam ao pensar que bastaria apenas uma descida da máquina para precipitar aquele machado afiado e cintilante sobre meu peito. Era a esperança que fazia com que meus nervos tremessem e meu corpo encolhesse. Era esperança... a esperança que triunfa sobre o cavalete de tortura, que sussurrava nos ouvidos dos condenados à morte, mesmo nos calabouços da Inquisição.

Vi que umas dez ou doze oscilações colocariam a lâmina em contato com minha roupa e com essa observação veio de repente em meu espírito toda a calma aguda e condensada do desespero. Pela primeira vez durante muitas horas, ou talvez dias, eu pensei. Ocorreu-me que a amarra ou a correia que me envolvia era única. Não estava amarrado por cordas separadas. O primeiro golpe decrescente como uma navalha em qualquer parte da amarra cortaria-a de modo que eu poderia desamarrar-me com a mão esquerda. Mas como era terrível, nesse caso, a proximidade da lâmina! O resultado do mais leve movimento seria mortal! Seria verossímil, aliás, que os subordinados do torturador não previram e preveniram essa possibilidade? Seria provável que a amarra atravessava meu peito justamente no lugar onde o pêndulo passaria? Temendo ver frustrada minha fraca e, ao que parece, última esperança, levantei minha cabeça o bastante para conseguir uma visão distinta do meu peito. A correia envolvia meus membros e meu corpo em todas as direções, exceto no caminho do crescente aniquilador.

Mal deixara voltar minha cabeça à posição original e surgiu-me em minha mente o que não poderia descrever melhor do que uma metade não formada daquela ideia de libertação à qual aludi anteriormente e da qual apenas uma metade flutuava vagamente em meu cérebro quando levei comida a meus lábios abrasados. O pensamento inteiro agora estava presente, fraco, apenas razoável, apenas definido, mas ainda inteiro. Pus-me de imediato a tentar sua execução com a energia nervosa do desespero.

Por muitas horas a vizinhança imediata da baixa armação sobre a qual estava deitado estivera literalmente fervilhando de ratos. Eles eram ferozes, audaciosos, vorazes. Seus olhos vermelhos fixavam-se sobre mim como se esperassem apenas por uma parada de movimento da minha parte para tornar-me sua presa. "Com que comida", pensei, "eles estavam acostumados no poço?"

Eles devoraram, apesar de todos os meus esforços para impedi-los, quase tudo o que estava no prato, exceto um resto do conteúdo. Minha mão contraíra um vaivém habitual ou balanço em torno do prato e, por fim, a uniformidade inconsciente do movimento privou-o de seu efeito. Em sua voracidade, os bichos cravavam frequentemente suas presas nos meus dedos. Com as migalhas de carne gordurosa e temperada que agora restavam, esfreguei a correia até onde podia alcançar. Depois, erguendo a mão do chão, fiquei imóvel e sem respirar.

A princípio, os animais vorazes espantaram-se e apavoraram-se com a mudança, com a cessação do movimento. Eles fugiram, alarmados. Muitos buscaram o poço. Mas só por um momento. Não contara em vão com sua voracidade. Observando que eu permanecia imóvel, um ou dois dos mais audazes pularam sobre o catre e cheiraram a correia. Esse pareceu o sinal para uma correria geral. Vinham correndo do poço tropas frescas. Eles agarraram na madeira, correram sobre ela e saltaram às centenas sobre mim. O movimento cronometrado do pêndulo não os perturbava de jeito nenhum. Evitando seu movimento, trabalhavam sobre a correia besuntada de gordura. Precipitaram-se, aglomeravam-se sobre mim em pilhas sempre crescentes. Contorciam-se sobre minha garganta, seus lábios frios tocando os meus. Estava meio sufocado pelo peso daquela aglomeração. Um nojo, ao qual o mundo não deu nome, aumentava em meu peito e gelava meu coração com uma pesada viscosidade. Mais um minuto, porém, e eu sentia que a luta terminaria. Percebi claramente o afrouxamento da correia. Sabia que em mais de um lugar ela já deveria estar rompida. Com uma resolução sobre-humana, permaneci imóvel.

Nem errei meus cálculos nem suportei aquilo em vão. Finalmente senti que estava livre. A correia pendia de meu corpo aos pedaços. Mas o movimento do pêndulo já comprimia meu peito. Ele dividira a sarja da minha roupa. A camisa por baixo fora cortada. O pêndulo oscilou mais duas vezes e uma aguda sensação de dor atingiu todos os meus nervos. Mas chegara o momento de escapar. A um gesto da minha mão, meus libertadores saíram tumultuadamente em fuga. Com um movimento firme, cuidadoso, encolhendo-me para o lado lentamente, livrei-me das amarras da correia e do alcance da cimitarra. Por ora, pelo menos, estava livre.

Livre! E nas garras da Inquisição! Mal escapara daquele meu leito de horror sobre o piso de pedra da prisão quando o movimento da máquina infernal cessou e observei que alguma força invisível a puxava através do telhado. Essa foi uma lição que guardei desesperadamente no coração. Não há dúvida de que meus movimentos eram todos observados. Livre! Acabara de escapar da morte em uma forma de agonia para ser entregue à outra ainda pior do que a morte. Com esse pensamento, girei meus olhos nervosamente sobre as barreiras de ferro que me cercavam. Algo incomum, certa mudança que, a princípio, não podia perceber distintamente, era óbvio, acontecera no aposento. Por vários minutos de uma abstração sonhadora e trêmula, ocupei-me com vãs e incoerentes conjecturas. Durante esse período, certifiquei-me, pela primeira vez, da origem da luz sulfurosa que iluminava a cela. Ela vinha de uma fissura, de cerca de meia polegada de largura, que se estendia completamente em torno da prisão na base das paredes, que assim pareciam que, de fato, eram completamente separadas do chão. Tentei, mas em vão, olhar pela abertura.

Ao levantar-me dessa tentativa, o mistério da mudança no aposento revelou-se logo ao meu entendimento. Observei que, embora os contornos das figuras nas paredes fossem suficientemente distintas, as cores pareciam manchadas e indefinidas. Essas cores assumiram agora e a cada momento um brilho apavorante e mais intenso, que dava às espectrais e demoníacas imagens um aspecto capaz de fazer os nervos mais firmes do que os meus tremerem. Olhos demoníacos, de uma vivacidade selvagem e sinistra, olhavam-me vindos de milhares de direções, onde antes nada era visível, e brilhavam com o clarão lúrido de um fogo que não podia forçar minha imaginação a considerar como irreal.

Irreal! Mesmo quando respirei, veio-me às narinas o bafo do vapor de ferro aquecido! Um odor sufocante invadiu a prisão! Um fulgor mais profundo fixava-se a cada momento nos olhos cravados em minhas agonias! Uma coloração carmesim mais rica difundia-se sobre as horrendas pinturas de sangue! Ofegava! Respirava com dificuldade! Não poderia haver dúvida sobre os desígnios dos meus torturadores. Oh! Os mais impiedosos! Oh! Os mais demoníacos dos homens! Recuei diante do metal incandescente para o centro da cela. Entre os pensamentos da destruição pelo fogo iminente, a ideia do frescor do poço caiu em minha alma como um bálsamo. Corri para suas bordas mortais. Lancei para o fundo um olhar ansioso. O brilho do teto inflamado iluminava seus recessos mais recônditos. Contudo, por um breve momento, meu espírito recusou-se a compreender o significado do que via. Afinal, ele forçou, abriu um caminho em minha alma e aquilo gravou-se em brasa em minha razão trêmula. Oh! Uma voz para falar! Oh! Horror! Oh! Qualquer horror, menos esse! Com um grito, fugi da margem e afundei minha face entre minhas mãos, chorando amargamente.

O calor aumentou rapidamente e mais uma vez olhei para cima, a tremer como num acesso de febre. Houve uma segunda mudança na cela e agora a mudança era obviamente na forma. Assim como antes, foi em vão que eu, a princípio, tentei apreciar ou entender o que acontecia. Mas não fui deixado em dúvida por muito tempo. A vingança inquisitorial fora apressada por minha dupla fuga e não havia mais motivo para perder tempo com o Rei dos Terrores. O quarto era quadrado. Vi que dois de seus ângulos de ferro agora eram agudos e dois, por consequência, obtusos. A terrível diferença aumentou rapidamente com um ruído grave ou um gemido surdo. Em um instante o aposento mudara sua forma para a de um losango. Mas a alteração não parou aqui, nem eu esperei ou desejei que parasse. Poderia ter apertado as paredes rubras no meu peito como uma veste de paz eterna. "A Morte", disse, "Qualquer morte, menos a do poço!" Louco! Não compreendia que o objetivo dos ferros incandescentes era empurrar-me para dentro do poço? Poderia resistir a seu fulgor? Ou, mesmo que conseguisse, suportaria sua pressão? E então, o losango achatou-se cada vez mais, com uma rapidez que não me dava tempo para refletir. Seu centro e, é claro, sua largura maior, veio sobre o abismo escancarado. Recuei, mas as paredes que me apertavam empurravam-me para a frente. Afinal, para meu corpo queimado e retorcido não havia mais nenhuma polegada de solo firme no chão da prisão. Não lutei mais, mas a agonia da minha alma extravasou em um grito alto, longo e final de desespero. Senti que cambaleava sobre a borda... Desviei meus olhos.

Houve um ruído discordante de vozes humanas! Houve um estrondo elevado como de muitas trombetas! Houve um rugido áspero como de mil trovões! As paredes incandescentes recuaram! Um braço estendido agarrou o meu quando eu caía, desfalecido, no abismo. Era o general Lasalle. O exército francês tomara Toledo. A Inquisição estava nas mãos de seus inimigos.

Apêndice B

Cronologia sobre a vida de Edgar Allan Poe

1787	Eliza Arnold nasce na Inglaterra.
1784	David Poe Jr. nasce em Baltimore.
1796	Eliza Arnold e a família chegam aos Estados Unidos.
1806	Eliza e David Poe casam-se.
1809	Edgar Poe nasce em Boston.
1810	David Poe abandona a família.
1811	Eliza e David Poe morrem pouco tempo depois um do outro. John e Frances Allan levam Poe para sua casa em Richmond, Virgínia.
1815	Poe e a família Allan mudam-se para a Grã-Bretanha.
1820	Poe e a família Allan voltam para Richmond, Virgínia.
1826	Poe frequenta a Universidade da Virgínia, saindo de lá um ano depois.
1827	Poe alista-se no Exército dos Estados Unidos.
1827	Publicação de *Tamerlão e outros poemas*.
1829	Frances Allan morre.
1829	Poe abandona o Exército e inscreve-se em West Point.
1829	Publicação de *Al Aaraaf, Tamerlão e poemas menores*.
1830	Poe matricula-se em West Point.
1831	West Point expulsa Poe, que se muda para Baltimore e passa a viver com seus parentes Poe.
1833	Poe ganha o primeiro prêmio por "Manuscrito encontrado em uma garrafa".
1834	John Allan morre, não deixando nada para Poe.
1835	Poe muda-se para Richmond, Virgínia.
1835	Poe e Virgínia casam-se em uma cerimônia secreta.
1836	Poe começa a trabalhar como editor para o *Southern Literary Messenger*.
1836	Poe e Virgínia casam-se em uma cerimônia pública.
1837	Poe muda-se para Nova York.

1838	Poe muda-se para a Filadélfia.
1838	Publicação de *A narrativa de Arthur Gordon Pyms*.
1838	Publicação de "Ligeia".
1839	Publicação de "A queda da casa de Usher".
1842	Virgínia começa a mostrar os sintomas da tuberculose.
1843	Poe ganha um prêmio de 100 dólares pelo conto "O escaravelho de ouro".
1843	Publicação de "O poço e o pêndulo".
1843	Publicação de "O coração delator".
1844	Poe muda-se para Nova York.
1845	Publicação de "O Corvo".
1847	Virgínia morre.
1848	Publicação de *Eureka*.
1849	Poe morre.

Apêndice C

Bibliografia

BENTON, Richard P. "Friends and Enemies: Women in the Life of Edgar Allan Poe". *Myths and Reality*. Baltimore: The Edgar Allan Poe Society of Baltimore, 1987.
BLEDSOE, Thomas & MABBOTT, Thomas. "Poe and Armistead Gordon" in *Phylon* (1940-1956), Vol. 7, nº 4 (4th Qtr., 1946).
BLOOM, Harold (ed.). *The Tales of Poe.* New York: Chelsea House Publishers, 1987.
BROOKS, Van Wyck. *The Times of Melville and Whitman.* New York: E. P. Dutton, 1947.

Carlson, Eric W., (Ed.) *Critical Essays on Edgar Allan Poe.* Boston: G.K. Hall & Co., 1987.
Herzberg, Max .J. *The Reader's Encyclopedia of American Literature.* New York: Thomas Y. Crowell, 1962.
Hutchisson, Jamen M. *Poe.* Jackson: University Press of Mississippi, 2005.
Kenin, R. and Wintle, J., (Eds.) *The Dictionary of Biographical Quotation of British and American Subjecft:* New York: Knopf, 1978.
Linton, Calvin D., (Ed.) *The Bicentennial Almanac.* Nashville: T. Nelson, 1975.
Mabbort.T.O., (Ed.) *Selected Poetry and Prose of Edgar Allan Poe.* New York: The Modern Library, 1951.
On the Expediency of Fitting Out Vessels of the Navy for an Exploration of the Pacific Ocean and South Seas," 25 March 1828, *American State Papers:* Naval Affairs Vol. 3, pp. 189-197
Ostrom, John Ward, (Ed.) *The Letters of Edgar Aiinn Poe.* New York: Gordian Press. 1966.
Poe, Edgar Allan. *The Complete Tales and Poems.* New York: Vintage Booka, 1975.
Poe, Edgar Allan. *The Narrative of Arthur Gordon Pym of Nantucket.* London: Penguin Books, 1986.
Poe, Edgar Allan. *Poetry, Tales, and Selected Essays.* U.S.A.: Library of America, 1996.
Quinn, Arthur Hobson. *Edgar Allan Poe: A Critical Biography.* Baltimore: Johns Hopkins University Press, 1998.
Thomas, Dwight and Jackson David K., *The Poe Log: a Documentary Life of Edgar Man Poe,* 1809 -1849. Boston: G.K. Hall & Co., 1987.
Walker, I.M. (Ed.) *Edgar Allan Poe: The Critical Heritage.* London and New York: Routledge & Kegan Paul, 1986.
Wright, Elizabeth, "Modern Psychoanalytic Theory." *Modern Literary Theory.* Jetferson, A. and Robey, D. (Eds.) U.S.A.; Barnes & Noble Books-Imports, 1982.

www.eapoe.org
www.lva.lib.va.us
www.pbs.org
www.wikipedia.org

Índice Remissivo

A

A adormecida 173
A carta roubada 181, 184
A filosofia do mobiliário 144, 145
A queda da casa de Usher 73, 137, 206, 213, 245
Academia Militar em West Point 56
Al Aaraaf 107, 170, 175, 176, 244
Alexander Shelton 42, 123
Alfred Hitchcock 213, 214
amores de Edgar 213
anatomia da melancolia 126
Annabel Lee 16, 177, 178
Anne Lynch 74, 94, 120
Annie Richmond 10, 119, 120, 123, 127, 128, 167, 177
Arnold Hopkins 22, 23
Arthur Conan Doyle 129, 211
assassinatos na rua Morgue 140
Auden 123
Aventuras de Huckleberry Finn 42

B

Baltimore 16, 22, 23, 220, 222, 223, 247
Baudelaire 205, 206, 207
Billy Burton 92, 95, 136, 151
Boston 20
Bret Harte 47
Brook Farm 115

C

casamento 5, 23, 28, 36, 67, 73, 88, 103, 112, 119, 120, 121, 122, 123, 128, 142, 161, 167, 168, 178
Catharine 69
Charles Dickens 31, 91, 105
Charles Ellis 29, 41
Charles Richmond 119
Charles Tubbs 21

Charles Wilkes 132
Claude Debussy 206
Collyer 157
Como crítico 103
como crítico 73, 93, 102
Como editor 197
como editor 15, 90, 92, 140, 197, 244
como palestrante 106
Contos de Poe 219
contos de Poe 83, 132, 135, 137, 154, 202, 207, 211, 213, 214
Criptografia 10, 139, 141
criptografia 13, 91, 158, 179
Cronologia 243

D

David Poe 9, 22, 23, 25, 38, 65, 129, 244
Decoração de Interiores 10, 144
decoração de interiores 144, 145
Delia Bacon 83
Dial 102, 115, 141
drogas 69, 128, 213

E

E. L. Didier 127
Edgar Allan 3, 31, 49, 52, 61, 65, 99, 109, 125, 147, 159, 169, 179
Edgar Allan Poe 5, 10, 11, 13, 15, 16, 24, 28, 42, 51, 52, 61, 62, 72, 88, 95, 99, 100, 109, 119, 120, 125, 131, 143, 161, 162, 165, 169, 171, 179, 180, 184, 193, 196, 200, 203, 213, 220, 222, 227, 247
Edgar Awards® 191
Edgar Poe 29, 62, 122, 202, 244
Edward Coote Pinkney 76, 100
Edward Crump 47
Eldorado 11, 16, 217, 218
Eliza Poe 23, 24, 54, 57, 63, 65, 173
Elizabeth Arnold 21
Elizabeth Barrett (Browning) 101
Elizabeth Ellet 112, 113, 114, 116
Elizabeth Oakes 38, 62, 115
Elizabeth Poe 62, 87
Emily Dickinson 68, 107, 174, 203
enterro 25, 50, 118, 199, 223
Epes Sargent 167
Eureka 15, 120, 162, 163, 164, 165, 166, 245
Evert Duyckinck 110, 143, 201
Exército dos Estados Unidos 13, 52, 244

F

fé religiosa 77, 78
Felix Darley 93
Filadélfia 72, 73, 75, 83, 84, 86, 90, 91, 92, 95, 103, 106, 110, 130, 137, 139, 182, 198, 222, 245

Frances Keeling Valentine Allan 55
Franz Anton 157, 158
Franz-Joseph 79
Frenologia 158
frenologia 71, 79, 80, 121

G

gato preto 219
Gentleman's Magazine 91, 136, 151
George Lippard 92, 130
George Ripley 114
George Spence 222, 223
George W. Eveleth 173
Godey 72, 113, 188
Gótico Americano 214
Graham 91, 92, 95, 127, 139, 140, 175, 181
Grant Wood 214
Grimké 72, 73
Griswold 16, 68, 87, 107, 122, 136, 200, 201, 202, 203, 208
Grotesco e Arabesco 31, 185
grotesco e arabesco 137

H

Helen Whitman 37, 67, 119, 120, 121, 122, 123, 126, 127, 128, 167, 174, 177, 178
Henry 10, 21, 23, 24, 31, 36, 46, 47, 62, 63, 64, 65, 75, 94, 103, 105, 107, 129, 160, 165, 194, 212, 221

Henry David Thoreau 46, 165, 194
Henry Leonard Poe 23, 47, 62
Henry Wadsworth Longfellow 103, 105, 107
histórias de detetive 182, 184
Hopkins 22, 23, 24, 130

I

Irene 173, 211
Israfel 11, 15, 170, 171

J

James Heath 219
James Russel 50, 66, 90, 115, 127, 137, 173, 188, 196, 197, 201, 204, 220
Jane Stith 36, 37
Joan Baez 178
John Allan 28, 29, 30, 31, 33, 34, 36, 37, 38, 40, 41, 42, 45, 47, 52, 54, 55, 56, 57, 58, 59, 62, 64, 65, 78, 82, 87, 96, 155, 175, 176, 177, 203, 204, 221, 244
John e Jane Poe 22
John Henry 62
John Howard 65
John J. Moran 130
John Moncure 172
John Neal 50, 51, 176
John Pendleton Kennedy 76, 78, 86, 87

John Valentine 118
Joseph Snodgrass 130, 131

L

Ligeia 73, 141, 142, 143, 144, 145, 148, 173, 213, 245

M

Manuscrito encontrado 84, 85, 86, 90, 244
manuscrito encontrado 84
Marcel Proust 206
Margareth Fulle 114
Margareth Fuller 102
Marian Osborne 170
Marie Louise 118, 119
Mark Twain 31, 42, 93, 154, 171, 208, 209, 211
marquês de Lafayette 38
Mary Grove 144
Matthew Pearl 131
Metzengerstein 83, 84
mistério de Marie 181
Morte 55, 118
morte 17, 21, 24, 25, 34, 36, 37, 40, 51, 63, 68, 80, 83, 92, 101, 104, 105, 113, 114, 118, 119, 121, 126, 129, 130, 131, 133, 136, 137, 142, 143, 144, 153, 154, 155
Muddy 10, 62, 65, 68, 72, 81, 87, 88, 90, 105, 110, 112, 118, 119, 123, 201, 202, 204, 224

N

Nancy Locke 119
Nancy Valentine 29
Narrativa de Arthur 132, 151
narrativa de Arthur 91, 139, 153, 164, 187, 245
Nathaniel Beverley 100, 101
Nathaniel Hawthorne 46, 101, 102, 115, 196
Nathaniel Parker Willis 126
Newgate Calenda 180, 181
Nielson Poe 87, 88
Nova York 10, 37, 38, 46, 51, 71, 73, 74, 75, 82, 90, 91, 93, 94, 106, 110, 111, 112, 113, 116, 118, 119, 166, 181, 197, 199, 202, 244, 245

O

O Barril de Amontillado 69
O barril de amontillado 188, 191, 206
O caso do sr. Valdemar 155, 157, 158
O Coração Delator 10, 11, 17, 117, 226
O coração delator 185, 187, 188, 197, 227, 245
o coração delator 187
O Corvo 17, 64, 66, 104, 119, 131, 189, 231
O corvo 119, 150, 172, 180, 185, 187, 188, 189, 194, 229,

233, 235, 245
o Corvo 122
o corvo 43, 64, 188
O Diário de Julius Rodman 155
O Duc De L'Omelette 156
O duc de L'Omelette 156
O escaravelho de ouro 93, 106, 140, 141, 163, 170, 245
o escaravelho de ouro 16
Os sinos 119, 166, 167, 168, 169
os sinos 168
Osgood 111, 112, 113, 114, 116, 120

P

Para Annie 119, 166, 167, 168
para Annie 127, 128, 167
Para Helena 122, 169, 174, 175, 177
Pioneer 187, 188, 197
Poço e o Pêndulo 11, 231
poço e o pêndulo 185, 186, 187, 188, 213, 227, 245
Poe House and Museum 222
Poe Toaster 224, 225
Poesia 11, 106, 170, 177
poesia 17, 35, 43, 47, 49, 50, 51, 62, 64, 74, 81, 82, 85, 87, 90, 101, 104, 106, 111, 113, 143, 145, 161, 173, 174, 175, 176, 199, 200, 207, 210
Pratt Free 223

Primeiro livro de Concologia 160
psicologia 77, 79, 80, 149
Pym 91, 132, 139, 151, 153, 164, 166, 187, 245

R

Ralph Waldo 114, 141, 194, 195
Reynolds 10, 131, 132
Richmond 24, 25, 28, 30, 32
Robert Burton 126
Roger Corman 213
Rosalie Mackenzie Poe 64

S

Samuel Stillman 67, 112
Sara Sigourney 222
Sarah Elmira Royster 42, 123
Sarah Elmira Royster Shelton 123
Saturday Courier 83, 156
Sissy 10, 62, 65, 81, 87, 88, 106, 110, 112, 117, 118, 123, 207, 213, 224
Sociedade Edgar 220
Sombra – uma fábula 153
Southern Literary 86, 87, 88, 90, 154, 219, 244
sozinho 47, 58, 59, 79, 90, 136, 175, 193, 199, 212
Stylus 10, 95, 96, 97, 105, 120, 188, 197
Susan Archer Talley 122, 155, 175, 215

T

Tamerlão 51, 175, 244
The Light-House 136
Thomas Carlyle 115
Thomas Ellis 33, 34, 38
Thomas Gibson 59
Thomas Jefferson 35, 43, 44
Thomas Wentworth Higginson 68
Thomas Willis 90, 91
Thomas Wyatt 160
tragédia de Kentucky 161, 162
Transcendental 11, 141, 194
transcendental 142, 143, 148
Transcendentalismo 77, 116, 141, 165, 195
transcendentalismo 148
tuberculose 24, 64, 110, 112, 113, 177, 202, 203, 245

U

Universidade da Virgínia 39, 42, 43, 45, 51, 54, 56, 58, 82, 129, 150, 201, 244

V

Vachel Lindsay 209, 210, 212
Virgínia Clemm Poe 118
Virgínia Poe 112, 113, 118
Vladimir Nabokov 178

W

Walt Whitman 37, 66, 82, 164, 174, 199, 200, 207
West Point 5, 9, 13, 23, 38, 49, 56, 57, 58, 59, 62, 64, 65, 72, 170, 175, 244
William Faulkner 215
William Galt 41
William Gilmore 106, 161
William Henry Leonard 23
William Henry Leonard Poe 23, 47, 62
William Wilson 11, 63, 148, 149, 150
Winfield Scott 34

MADRAS Editora® CADASTRO/MALA DIRETA

Envie este cadastro preenchido e passará a receber informações dos nossos lançamentos, nas áreas que determinar.

Nome _____

RG _____ CPF _____

Endereço Residencial _____

Bairro _____ Cidade _____ Estado ____

CEP _____ Fone _____

E-mail _____

Sexo ❏ Fem. ❏ Masc.   Nascimento _____

Profissão _____ Escolaridade (Nível/Curso) _____

Você compra livros:
❏ livrarias   ❏ feiras   ❏ telefone   ❏ Sedex livro (reembolso postal mais rápido)
❏ outros: _____

Quais os tipos de literatura que você lê:
❏ Jurídicos   ❏ Pedagogia   ❏ Business   ❏ Romances/espíritas
❏ Esoterismo ❏ Psicologia ❏ Saúde   ❏ Espíritas/doutrinas
❏ Bruxaria   ❏ Autoajuda   ❏ Maçonaria ❏ Outros:

Qual a sua opinião a respeito desta obra? _____
_____

Indique amigos que gostariam de receber MALA DIRETA:

Nome _____

Endereço Residencial _____

Bairro _____ Cidade _____ CEP _____

Nome do livro adquirido: ***O Livro Completo de Edgar***

Para receber catálogos, lista de preços e outras informações, escreva para:

MADRAS EDITORA LTDA.
Rua Paulo Gonçalves, 88 — Santana
CEP 02403-020 — São Paulo — SP
Caixa Postal 12299 — CEP 02013-970 — SP
Tel.: (11) 2281-5555 – Fax: (11) 2959-3090
www.madras.com.br

Este livro foi composto em Times New Roman, corpo11/12.
Papel Offset 75g
Impressão e Acabamento
Sumago Gráfica Editorial Ltda — Rua Itauna, 789 — Vl. Maria — São Paulo/SP
Tel.: (011) 2955-5636 — e-mail: sumago@terra.com.br